攀西民族地区
乡村振兴与康养小镇耦合协同发展研究

胥刚 陈江 姜嫄 著

西南财经大学出版社

中国·成都

图书在版编目(CIP)数据

攀西民族地区乡村振兴与康养小镇耦合协同发展研究/
胥刚,陈江,姜嫄著.--成都:西南财经大学出版社,
2023.12
ISBN 978-7-5504-5757-7

Ⅰ.①攀⋯　Ⅱ.①胥⋯②陈⋯③姜⋯　Ⅲ.①民族地区—农村—社会
主义建设—研究—四川②民族地区—养老—服务业—产业发展
—研究—四川　Ⅳ.①F327.71②F726.9

中国国家版本馆 CIP 数据核字(2023)第 080425 号

攀西民族地区乡村振兴与康养小镇耦合协同发展研究

PANXI MINZU DIQU XIANGCUN ZHENXING YU KANGYANG XIAOZHEN OUHE XIETONG FAZHAN YANJIU

胥刚　陈江　姜嫄　著

策划编辑:李邓超
责任编辑:李特军
责任校对:杨婧颖
封面设计:墨创文化　张姗姗
责任印制:朱曼丽

出版发行	西南财经大学出版社(四川省成都市光华村街55号)
网　　址	http://cbs.swufe.edu.cn
电子邮件	bookcj@swufe.edu.cn
邮政编码	610074
电　　话	028-87353785
照　　排	四川胜翔数码印务设计有限公司
印　　刷	成都市金雅迪彩色印刷有限公司
成品尺寸	170 mm×240 mm
印　　张	15
字　　数	248 千字
版　　次	2024 年 10 月第 1 版
印　　次	2024 年 10 月第 1 次印刷
书　　号	ISBN 978-7-5504-5757-7
定　　价	78.00 元

总序

　　党的十八大以来，在以习近平同志为核心的党中央坚强领导下，怎样解决好"三农"问题始终为全党工作的重中之重。2017 年 10 月，党的十九大报告将乡村振兴战略作为党和国家重大战略提出，这既是我国经济社会发展的必然要求，也是中国特色社会主义建设进入新时代的客观要求。2021 年 4 月，第十三届全国人民代表大会常务委员会第二十八次会议通过《中华人民共和国乡村振兴促进法》，为全面指导和促进乡村振兴提供了法律保障。2022 年 10 月，党的二十大报告进一步提出要"全面推进乡村振兴"，明确把乡村振兴战略作为"构建新发展格局，推动高质量发展"的一个重要方面进行了系统部署，并提出全面推进乡村振兴要主动服务、融入和支撑全体人民共同富裕的中国式现代化。2023 年作为全面贯彻落实党的二十大精神的开局之年和加快建设农业强国的起步之年，全国各级各部门以习近平新时代中国特色社会主义思想为指导，全面贯彻落实党的二十大精神和中央经济工作会议、中央农村工作会议精神，加快构建新发展格局，着力推动高质量发展，扎实推进乡村发展、乡村建设、乡村治理等重点任务，为全面建设社会主义现代化国家开好局起好步打下坚实基础。

　　全面推进乡村振兴，加快农业农村现代化，对于全力推动巩固拓展脱贫攻坚成果再上新台阶具有重要意义。作为脱贫攻坚的"硬骨头""最短板"，民族地区依然是巩固拓展脱贫攻坚成果的重点区域。2022

年 11 月，国家民委等九部门联合印发《关于铸牢中华民族共同体意识，扎实推进民族地区巩固拓展脱贫攻坚成果同乡村振兴有效衔接的意见》，将民族地区乡村振兴作为铸牢中华民族共同体意识的重要路径，着眼于有效衔接，着力于促进各民族群众在实现乡村振兴进程中不断铸牢中华民族共同体意识，确保民族地区在铸牢中华民族共同体意识及巩固拓展脱贫攻坚成果和乡村振兴中不掉队，在共同富裕道路上跑出好成绩。

攀西地区是"攀枝花市"与凉山州首府"西昌市"两地名的合称，地处川西南地区，行政区划上包括凉山彝族自治州和攀枝花市两市州，共 20 个县，其中凉山州是全国最大的彝族聚居区。长期以来，受气候、地形地貌、历史等因素影响，该区域生态极其脆弱、经济发展水平不高，人民生活水平较低，社会发育程度低，社会不稳定因素多，交通基础薄弱。凉山州属于国家"三区三州"深度贫困地区，有彝、汉、藏、回、蒙等 14 个世居民族，少数民族人口约有 311.85 万，占总人口的 57.94%，是四川省少数民族人口最多的地区。攀枝花市是全国唯一以花命名的城市，原名渡口市，1987 年 1 月 23 日经国务院批准更名为现名，全市有 43 个民族，其中少数民族人口约 17.5 万。在习近平新时代中国特色社会主义思想指导下，作为全国脱贫主战场和多民族聚居地区之一，四川攀西地区脱贫攻坚任务完成后必须适应新形势、新任务的转变，要把推进巩固拓展脱贫成果、扎实推动各民族共同富裕、不断铸牢中华民族共同体意识等重要行动同乡村振兴有效衔接，切实推进区域内乡村振兴战略全面深化和提质增效。

当前，学术界对乡村振兴战略的实质内涵、逻辑理路和实践进路等方面进行了深入研究，成果颇丰。但乡村振兴战略研究目前还存在研究视角重理论而轻实践，研究思路缺乏问题意识，研究方法缺乏系统性思维，研究内容分布不均衡等问题。在这样的背景下，作为四川省社会科学重大项目研究成果的"攀西民族地区乡村振兴系列丛书"付梓出版可谓恰逢其时,是社会科学工作者以实际行动将社科研究为民族地区乡村振兴服务落到了实处。该丛书汇聚了众多专家学者的智慧和经验,围绕乡村振兴"产业兴旺、生态宜居、乡风文明、治理有效、生活富裕"的总要求,立足攀西民族地区经济、政治、社会、文化和生态"五位一体"整体建设的实际情况和需求,将理论与实践相结合,以多元视角阐述乡村振兴的重要意义、发展现状及未来趋势与推进方向,旨在为攀西民族地区乡村振兴战略的深入实施提供有力的理论支持和实践指导。该丛书一套八部,约160万字,具有体系逻辑性强、现实指导性强和学科交叉性强等几大特点和优势。

一是体系逻辑性强。丛书按照乡村振兴的内在逻辑关系建立颇有创新特点的阐述体系,从理论到实践,从宏观到微观,构成了一个以乡村振兴战略的理论创新和实践分析为核心,乡村振兴区域特色发展路径为重点,以及促进乡村产业振兴、人才振兴、文化振兴、生态振兴和组织振兴"五位一体"总体布局为主线的"一心两翼五轴"体系架构。

"一心"指丛书以《攀西民族地区乡村振兴理论与实践》为核心,从理论逻辑和实践路径两方面进行宏观层面的分析与构建。这部书首先阐释了攀西民族地区实施乡村振兴战略的必要性和重大意义,接着深入分析了有关乡村振兴的理论。本书的重点在按照乡村振兴的五个要求,对攀西民族地区乡村振兴实践展开分析,并阐述五个振兴的内在逻辑以及对攀西民族地区乡村振兴的意义。同时还对国外乡村振兴理论和实践进行了参照透视,最后,对攀西民族地区乡村振兴的政策供给以及实施步骤进行了分析。

"两翼"指丛书以《攀西民族地区乡村振兴与康养小镇耦合协同发展研究》和《攀西民族地区乡村振兴特色发展路径研究》两部书为重点,分别选取攀西地区旅居康养与特色农业两大优势特色产业作为切入点，深入探析二者如何更好地与这一地区乡村振兴、城乡融合发展相契合。前一部书以系统论、系统耦合理论、协同论理论等相关理论为指导，在宏观层面，剖析攀西地区乡村振兴与康养特色小镇建设之间的内涵及特征，构建耦合发展整体研究框架，重点分析 2017—2021 年二者耦合协同发展的内在演变过程，从内生性揭示内在耦合机理。在中观层面，依据攀西地区乡村振兴与康养小镇建设耦合研究框架，评价二者耦合发展过程，构建各自的指标体系。在微观层面，通过调研数据分析小农户参与耦合乡村振兴与康养小镇建设，实现"小农户和现代农业发展有机衔接"的有效途径。后一部书结合攀西地区农业产业基础情况，探索攀西地区乡村振兴背景下特色农业发展路径、生态农业发展的路径、特色休闲观光农业发展路径、旅居康养发展路径以及开放路径、特色文化产业发展路径和品牌路径等内容，重点阐述了如何发挥区域优势，发展生态、休闲、观光等特色农业产业形态。

"五轴"是指丛书从"五个振兴"角度，分别论述攀西民族地区在产业、人才、文化、生态和组织领域统筹推进情况、应对策略和发展方向。其中《攀西民族地区乡村产业振兴：夯实发展根基》一书以构建具有攀西民族地区特色的绿色高效乡村产业体系为目标，通过系统深入的调查和研究，分析攀西民族地区农村产业发展的潜力、困境和主要发展路径。《攀西民族地区乡村人才振兴：抓实第一资源》一书针对当前攀西地区乡村振兴人才发展的困境与瓶颈，通过系统梳理当下攀西民族地区农业农村人才队伍建设和作用发挥等方面存在的问题及国内外乡村人才振兴的措施与启示，紧扣实施乡村振兴战略的现实需求，研究并提出攀西民族地区人才振兴体系、人才聚集的机制、人才振兴的路径、强化攀西民族地区乡村振兴人才支撑的对策措施。《攀西民族地区乡村文化振兴：筑牢精神基础》一书分别从攀西地区乡村公共文化服务体系建设、乡村文化特色产业发展、乡村传统文化保护、乡村生态构建四个维度，在调研基础上对攀西民族地区乡村文化建设概况进行评述，通过典型案例的剖析，总结成功经验，分析存在问题，进而提出相应发展路径，为攀西地区乡村文化振兴实践开展提供参考。《攀西民族地区乡村生态振兴：建设美丽乡村》一书以乡村生态振兴视角，结合攀西民族地区乡村生态振兴的建设实际，从乡村系统质量提升、农业资源合理利用与可持续发展、农业生产环境综合治理与绿色农业发展、农村生活环境综合治理、农村生态聚落体系建设、农村人居环境改善和生态资源利用与生态补偿等方面剖析了在攀西民族地区美丽宜居乡村建设的实施路径和政策建议。最后，《攀西民族地区乡村组织振兴：构建治理体系》一书则围绕乡村组织振兴，深入攀西民族地区开展实地调查研究，重点介绍乡村振兴与乡村组织振兴、乡村组织振兴发展历程与现状、乡村基层党组织建设、乡村基层政权建设、乡村自治实践、乡村德治建设、乡村法治建设与乡村人才队伍建设等方面内容。五部书各有特色，各有侧重，但又有密切逻辑关系。

二是现实指导性强。作为目前唯一一套全面梳理攀西民族地区乡村振兴发展现状和成效，并通过大量实地调研及案例分析，提出了一系列推动乡村振兴发展具体策略和方法的丛书，不仅为地区民族地区乡村振兴提供了理论分析与指导，还针对攀西民族地区的实际情况，深入挖掘了该地区的特色资源，从乡村经济建设、政治建设、文化建设、社会建设、生态文明建设和组织建设等多维度提出了全面推进乡村振兴的具体策略和方法。同时，每个板块均从理论基础、政策导向和实践经验层面开展论述，具有很强的地域针对性和实用指导意义，这使得丛书能够提供对攀西民族地区乡村振兴的独特见解和观点，不仅对于关注攀西民族地区乡村振兴的读者和学者具有很强的实用参考意义，也能为政府部门、企业和社会组织以及乡村工作人员提供政策决策支持和借鉴。

三是学科交叉性强。本丛书在注重专业性的同时突出了学科交叉性，涵盖了地理科学、环境科学、生态学、经济学、社会学、管理学和文化学等多个学科领域。如，丛书中的《攀西民族地区乡村组织振兴：构建治理体系》一书，运用了管理学、社会学和文化学的相关理论和方法，对乡村组织的构建、治理体系的完善等方面进行了深入研究，为读者提供了乡村组织振兴的实用方法和建议。同时，丛书借鉴了国内外涉及乡村振兴的多学科理论和实践应用经验，通过多学科的交叉融合，为读者提供了一个全面、深入的视角来理解和研究攀西民族地区乡村振兴问题。

总之，这套丛书具有较强的系统逻辑、实用指导性和学科交叉创新性等特点。丛书中的八部著作，各自独立而又相互联系，调查充分，视野开阔，资料翔实，案例实证性强，从不同角度，全面、深入、系统地揭示了攀西民族地区乡村振兴的理论内涵与实践路径。借此机会，向作者们表示热烈祝贺，为他们的创新精神热烈鼓掌。

民族要复兴，乡村必振兴。实现中华民族伟大复兴的中国梦，归根到底要靠 56 个民族共同团结奋斗。希望并相信这套丛书能对广大读者有所启示，对攀西民族地区的乡村振兴有所推动。同时，也期待广大读者和学者能对这套丛书提出宝贵的意见和建议，让我们共同为攀西民族地区的乡村振兴贡献智慧和力量。

是以为序，与读者共勉！

赵一恩

2023 年 12 月

前言

    攀西民族地区相对于全国其他地区，受自然、历史、区位等多重因素影响，大部分地区的发展相对落后，甚至有些地区刚完成脱贫攻坚，面临实现乡村振兴的艰巨任务。因此，将攀西民族地区的独特资源优势同乡村振兴的战略目标结合起来显得格外重要。攀西民族地区应充分发掘资源潜力，走特色乡村振兴的发展路径。同时，推进乡村振兴与特色小镇的耦合协同发展，以此作为推动攀西民族地区乡村振兴的关键举措。这样不仅能增进民族团结，也能缩小与国内发达地区的发展差距，从而达到实现共同富裕的目标。

    攀西民族地区大力发展旅居康养产业、建设特色康养小镇，将推动资源环境硬约束背景下攀西农业供给侧结构性改革，进一步拓宽农民的增收渠道。在经济发展新常态下，以及构建新发展格局的过程中，培育新的消费增长点意义重大，这也是攀西民族地区实施乡村振兴战略的重要切入点和有效路径。

    攀西民族地区的乡村振兴应该从自身实际出发，依托丰富的自然资源、独特的区位优势和地形地貌，以及彝族等少数民族的独特民族风情园、宜人的气候环境、优质的农林特产品等资源，深度挖掘并融合民族文化精髓，发展具有民族特色的康养小镇。通过特色康养小镇的建设，集聚多元化产业，特别是发展以旅居康养产业为主导，走好特色乡村振兴的发展路径。同时，利用攀西民族地区自然与文化资源的比较优势，充分发挥政府引导和市场机制的双重力量，大力开展特色康养产业，推进特色康养小镇建设，实现乡村振兴与特色康养小镇的耦合协同发展，为攀西民族地区的乡村振兴注入强劲动力。

攀西民族地区的乡村振兴与特色康养小镇建设战略在多个方面具有内在的联系，实现了部分与整体、时间与空间、功能与价值等维度的统一。但在实践中仍需要避免一些误区，如政策制定中的偏向和分散、执行中的不连续性和过于强制性、目标设置中的不均衡性和人文关怀缺失等。为了更好地实现两者之间的耦合协同，政府需要从政策制定、执行监控和目标协同三个层面进行联合发力，建立科学有效的考核评价标准，实行差异化的激励与约束措施，完善相关配套保障措施。特色产业的聚集发展是特色康养小镇建设的基础条件，其通过同一产业内企业的空间集聚，可以促进产业创新和经济增长。产业集聚可分为"专业化集聚"和"多元化集聚"，其形成的机理机制是不相同的。一些特色小镇围绕经济的链条纵向延伸和横向扩张，以此实现产业集聚；而另外一些小镇则以服务业为主，形成多样化的产业集聚模式。

攀西民族地区的特色康养小镇是新型城镇化和乡村振兴的重要载体，是传统旅游业的升级，是推动攀西民族地区经济高质量发展的重要方式。特色康养小镇的发展要充分体现"特色"二字。这不仅是特色康养小镇可持续发展的基础，也是其核心竞争力的体现。如果在建设和发展过程中丢掉"特色"二字，舍本逐末，易造成同质化现象，比如用现代模板打造的没有底蕴和内涵的特色康养小镇。因此，建设特色康养小镇要坚持挖掘并利用地方特色文化、自然和历史资源，推动产业和文化的融合发展，打造独具特色的小镇形象。这既需要政府的支持和引导，也需要市场的协同发力，从而共同促进攀西民族地区的经济发展和社会进步。

特色康养小镇的发展可以有效推动乡村振兴。特色康养小镇的长远目标和愿景决定了其功能深化和提升的方向。特色康养小镇的规划需要综合考量区位条件、资源禀赋等多元因素，制定具体目标并进行市场定位，规划建设发展具体细则。特色康养小镇通过对中小企业的集聚和促进相关产业发展，从而成为驱动乡村振兴的增长极。因此，在推动乡村振兴的过程中，政府要充分运用区位、资源、人文等优势，注重功能深化和提升，不断推进特色康养小镇的发展和进步。

特色康养小镇不是行政区划单元，而是产业集聚与发展的载体。它通过企业和企业家的集聚，给小镇的发展带来新的生机，并逐渐形成上下游相关企业，扩展企业价值链，实现特色康养服务的附加价值。同时，特色康养小镇也是产业集聚的空间载体。企业可以在小镇内形成特色产业，通过小镇扩大自身的影响力。特色康养小镇以农村产业特色和资源优势为基础，集聚科技、人才、资金等现代生产要素，深化经济特色，形成集聚效应和扩散效应，从而创造攀西民族地区农村发展的增长极。特色康养小镇的发展需要与当地的文化、历史和自然资源等特色相结合，发挥产业带动作用，推动当地经济的转型升级，为实现攀西民族地区乡村振兴贡献力量。

攀西民族地区乡村振兴与特色康养小镇建设的耦合协同发展不是随机的互动，而是客观的历史契合。这一过程中，攀西民族地区农业农村现代化建设与特色康养小镇的建设融合，形成了有效的契合和互动关系。通过对两者互动关系以及协同推进的动力机制的分析，我们可以清晰地了解攀西民族地区特色康养小镇在促进中小企业发展和乡村振兴中的功能定位和作用，从而加快攀西民族地区中小企业集聚、升级和发展，进而促进攀西民族地区乡村振兴和农业农村现代化发展。

就攀西民族地区特色康养小镇而言，产业、旅游、文化与社区等要素的有机融合构成了其发展核心。具体来看，康养产业将成为特色小镇的核心基础，是特色小镇的存在前提与核心要素，也是特色小镇发展特色的来源；文化要素则是特色康养小镇独特品位和灵魂的体现，是特色小镇文化标签、文化魅力的客观表现，也是特色小镇发展潜力的直接来源。乡村现有的资源要素则将成为特色小镇的物质基础，其不仅是生态、文化等资源的融合基础和特色康养产业发展的基础所在，也是提升攀西农业农村总体发展水平、农民收入水平的关键所在。在康养产业聚集发展的过程中，特色康养小镇将对周边地区和关联领域表现出显著的吸引力，在其公共服务水平不断提升的同时，实现显著的聚集效应，从而实现特色康养小镇的持续发展壮大，构建起城市、乡村之间的良好交互关系，促进二者的均衡发展。

在建设特色康养小镇时，攀西民族地区不应仅局限于特色小镇自身的发展与完善，还应关注其对周边乡村发展和现代化建设的影响和带动作用。特色小镇最大的特点是其吸引和提升中小企业集聚的能力。因此，地区政府制定政策措施时不能只关注中小企业，而应从整个攀西民族地区乡村振兴和现代化建设的全局出发，深度激发农业农村、康养产业、医疗卫生及民族文化等多种资源潜力，以增强对现代经济的拉动效应。同时，以中小企业为切入点，引进科学管理、文化、经济、基础设施和服务系统等现代要素，加速乡村振兴进程。

通过产业对接，将攀西民族地区特色康养小镇的建设融入现代经济发展体系中，这是发挥平台作用的关键，但这仅仅局限于物质层面。与之相对应的是文化层面的融入，这对攀西民族地区的乡村振兴具有深远的意义，也是农村现代化发展的基石。现代发展的灵魂在于文化。文化的意义又体现在社会约定的风俗习惯、思维方式、思想潮流和行为规范中。攀西民族地区通过产业对接和民族文化的融合，将现代经济所蕴含的文化特色，包括诚信守纪、市场观念、合作开放、互助共赢和科学管理等，甚至现代生活方式也巧妙地引入其中并进行再造。随着攀西民族地区现代文化的发展，人们必然会产生新的消费需求。因此，攀西民族地区应不断优化乡村文化创新生态，增强高端元素下乡村的适应度，从而进一步推动特色康养小镇的可持续发展，以及农村生产生活生态的全面改善。

随着新发展阶段对城乡融合发展的要求不断提高，攀西民族地区乡村振兴与特色康养小镇的耦合协同在实现城乡融合发展方面具有重要意义。为此，我们必须深入挖掘其理论、政策和实践层面的多重意义。未来攀西民族地区乡村振兴与特色小镇耦合协同研究可以从三个方面入手：一是提炼不同城乡发展理论的核心命题，深入分析二者耦合协同的内在逻辑，综合建构具有攀西特色的城乡融合发展理论；二是概括在攀西民族地区不同区域中，二者耦合协同的多样化类型和模式，总结不同区域耦合协同模式的优势特征，提炼二者耦合协同的一般经验，将其转化为城乡融合发展的具体政策思路；三是在全面建设社会主义现代化国家的时间节点和城乡融合发展阶段性特征的基础上，跟踪把握二者耦合协同的趋势和存在的问题，设计整体性的动态的治理路径，有效推进攀西民族地区城乡融合发展。总之，攀西民族地区乡村振兴与特色康养小镇的耦合协同作为新型发展路径，需要在理论、政策和实践层面联合发力，从而推进攀西民族地区乃至整个四川地区的城乡融合发展。

作　者

2023 年 8 月

目录

1 **导论** / 1

   1.1 攀西民族地区乡村振兴与特色康养小镇耦合协同发展的意义 / 2

   1.2 国内对乡村振兴的研究情况 / 11

   1.3 特色小镇的相关研究 / 17

   1.4 产业集聚的相关研究 / 24

   1.5 耦合协同的相关研究 / 26

2 **乡村振兴与特色康养小镇耦合协同发展理论基础** / 29

   2.1 乡村振兴战略 / 29

   2.2 特色康养小镇概念及相关理论 / 42

   2.3 产业集聚理论 / 49

   2.4 特色康养小镇与乡村振兴耦合协同发展的理论基础 / 55

3 **攀西民族地区特色康养小镇发展历程、问题及解决路径** / 62

   3.1 攀西民族地区区划沿革和特色康养小镇发展历程 / 62

   3.2 攀西民族地区发展特色康养小镇面临的问题 / 76

   3.3 发展特色康养小镇助力攀西民族地区乡村振兴 / 80

4 特色小镇产业集聚效应及其影响机理 / 86

4.1 规模效应对特色小镇的影响 / 86

4.2 专业化和多样化集聚效应 / 88

4.3 市场内生和政府外推驱动力对特色小镇影响 / 93

4.4 开放条件经济一体化 / 97

4.5 经济全球化对服务业的影响 / 100

5 攀西民族地区特色小镇推动乡村振兴的功能分析 / 108

5.1 乡村振兴的阶段性要点及理论解释 / 109

5.2 攀西民族地区乡村振兴特色发展路径探讨 / 114

5.3 攀西民族地区特色小镇推动乡村振兴的功能 / 119

5.4 攀西民族地区特色小镇对乡村振兴的促进功能 / 125

6 攀西民族地区乡村振兴与特色康养小镇耦合协同推进的动力机制 / 132

6.1 二者互动关系所反映攀西民族地区的现实发展困局 / 132

6.2 攀西民族地区乡村振兴与特色康养小镇契合互动的内在逻辑 / 139

6.3 攀西民族地区乡村振兴与特色康养小镇耦合协同关系的理论阐释 / 144

6.4 攀西民族地区乡村振兴战略中特色康养小镇的动力机制 / 150

7 攀西民族地区乡村振兴与特色康养小镇耦合协同机制研究 / 155

7.1 发达国家乡村发展与中国乡村发展的历程梳理 / 155

7.2 攀西民族地区发展特色康养小镇的条件 / 158

7.3 攀西民族地区乡村振兴与特色康养小镇耦合协同的逻辑关系 / 162

7.4 攀西民族地区乡村振兴与特色康养小镇耦合协同机制分析 / 165

7.5 攀西民族地区乡村振兴与特色康养小镇耦合度分析 / 172

7.6 攀西民族地区乡村振兴与特色康养小镇耦合协同发展方向 / 176

8 攀西民族地区乡村振兴与特色康养小镇耦合协同推进机制的思考 / 180

8.1 加强宏观层面的政府制度供给 / 180

8.2 特色康养小镇产业的网络化复合发展 / 186

8.3 强化微观内部动力的形成 / 190

8.4 攀西民族地区特色康养小镇规范发展思路 / 194

8.5 建立攀西民族地区乡村振兴与特色康养小镇耦合协同机制体系 / 204

参考文献 / 209

1　导论

　　攀西民族地区是我国彝族的主要聚居地，也是一个多民族聚居地。攀西民族地区推行乡村振兴战略，其战略意义非常重大。2021 年 4 月 29 日，十三届全国人民代表大会第二十八次会议通过了《中华人民共和国乡村振兴促进法》，以法律形式对乡村振兴战略给予保障。这是新时代我国推进农村共同富裕，开启中国特色社会主义现代化强国建设新征程的重大举措。习近平总书记指出："中华民族是一个大家庭，一家人都要过上好日子。"①2021 年 3 月 5 日，习近平总书记出席十三届全国人大四次会议内蒙古代表团审议时指出，牢记汉族离不开少数民族、少数民族离不开汉族、各少数民族之间也相互离不开。西部欠发达少数民族地区也不例外，要通过推进民族地区乡村振兴，让广大少数民族群众共享经济发展成果，从而促进民族团结，并增强攀西民族地区人民对伟大祖国的认同感。同时，没有民族地区的乡村振兴，便不会有全国性的乡村振兴。攀西民族地区在完成脱贫攻坚任务后，应顺势而为，努力实现精准脱贫和乡村振兴的有效衔接，夯实脱贫成果，防止大规模返贫。在这一过程中，我们必须坚持以人民为中心的发展思想，把解决好农民问题作为根本出发点，不断提高攀西农牧民群众的获得感和幸福感。实施乡村振兴战略，是全面建设社会主义现代化国家面临的一项重大阶段性任务，也是做好新时代攀西民族地区"三农"问题的总抓手，直接关系到攀西民族地区扶贫成果的巩固和农业农村现代化的推进以及农民农村共同富裕的实现，对整个国家农业农村发展以及现代化强国建设具有重要意义。

---

　　①　2019 年 9 月 27 日，习近平总书记在全国民族团结进步表彰大会上的讲话。

1.1 攀西民族地区乡村振兴与特色康养小镇耦合协同发展的意义

当前，我们比历史上任何时期都更加接近实现中华民族伟大复兴的目标，这就要求我们在"三农"领域要有所作为，以追梦的姿态在新时代田野上结出自己劳动的丰硕成果。"人间万事出艰辛"，一切美好梦想的实现，都需要付出不懈的艰苦努力。作为少数民族聚居地的攀西民族地区是全国脱贫攻坚主战场，取得精准脱贫的胜利后，我们需要付出更大努力，加大扶持力度，精准发力攀西企业发展、新兴产业发展、先进技术应用，拓展新市场和开发新产品，采用新技术和新工艺，深化改革，开展国际贸易、科技创新等，提高农民获得感和幸福感，以实现精准脱贫和乡村振兴有效衔接、防止大规模返贫，使攀西民族地区群众能够共享经济社会发展的成果。党的十九大报告强调了农业农村农民问题是关系国计民生的根本性问题，必须始终把解决好"三农"问题作为全党工作重中之重，实施乡村振兴战略。因此，我们要以党的十九大精神为指导，结合新时代要求，更加全面、系统地推进攀西民族地区乡村振兴。由于自然、历史、区位等原因，攀西民族地区与全国其他地区相比，大部分地区的发展相对落后。一些地区刚刚完成脱贫攻坚，实现乡村振兴目标尤为艰巨。如何将攀西民族地区资源优势同乡村振兴目标结合起来显得格外重要，充分挖掘资源潜能，走出一条特色乡村振兴的路径，实现攀西民族地区的乡村振兴，对增进民族团结、缩小与我国发达地区的发展差距、实现共同富裕的目标意义重大。

1.1.1 乡村振兴已经成为攀西居民在新时代的奋斗目标

纵观我国乡村发展历程，农业农村的发展在很大程度上一直影响着，甚至主导着整个社会的发展。中华人民共和国成立以后，面对贫穷落后的农业农村，中国共产党领导着亿万农民团结奋进，筚路蓝缕，砥砺前行，谱写出波澜壮阔的历史篇章，创造了举世瞩目的农业农村发展改革"中国奇迹"，为全面建成社会主义现代化强国、实现中华民族伟大复兴提供了重要支撑。但就推进社会主义现代化强国建设的全局来看，农业依然是

"短腿"，农村依然是"短板"，农业农村发展依然相对滞后。长期重城市轻农村、重工业轻农业所带来的历史遗留问题并非短时间内能够解决，实现城乡平衡发展还需要一个过程。在工业化与城市化快速发展的今天，农业和农村发展滞后，是一个无可争议的现实，乡村振兴成为全面建设社会主义现代化强国奋斗目标的重要内容和主要途径。

党的十八大以来，党中央始终坚持把解决好"三农"问题作为全党工作重中之重，提出并深刻阐释了坚持农业农村优先发展的总方针，历史性地把农业农村工作摆在党和国家事业发展全局的优先位置，进一步明确了在工农城乡发展中的优先序战略考量，出台了一系列政策措施，推动我国农业农村工作取得了巨大成就。乡村振兴战略在中共中央十九大报告中正式提出，党中央对乡村振兴战略的奋斗目标、任务与发展路径进行了全面部署，并对新时代加快农业农村现代化作出周密安排。习近平总书记参加十三届全国人大一次会议山东代表团审议时，清晰描绘了乡村振兴的路线图，即推动乡村产业、人才、文化、生态、组织的"五个振兴"。2020年11月，中共十九届五中全会又一次强调"全面落实乡村振兴战略"，2021年中央一号文件指出，"把全面推进乡村振兴作为实现中华民族伟大复兴的一项重大任务"。从众多报道和文件中都可以看出，党和政府对农业农村问题非常重视。新时代解决"三农"问题的战略目标是乡村全面振兴，实现农业高质高效、农村宜居宜业、农民富裕富足，这不是轻轻松松就可以完成的，而是一个艰巨的历史性课题，因为工业化、城镇化进程中"三农"问题会在较长时期内延续。实现全面乡村振兴，实际上是对"三农"问题的破解，其中的难度和复杂性不言而喻，这要求我们既要有历史担当，也要有不畏艰难的巨大勇气、足够的历史耐心、解决难题的科学精神和智慧。

推进攀西民族地区乡村振兴，涉及产业、人才、文化、生态、组织等多方面，是攀西民族地区农业农村的全面振兴。我们要在巩固脱贫攻坚成果的基础上，做好有效衔接重点工作，防止大面积返贫，协调推进产业振兴、人才振兴、文化振兴、生态振兴与组织振兴。脱贫攻坚让攀西民族地区整体面貌发生了历史性变化，为乡村全面振兴奠定了坚实基础。下一步，我们要在巩固拓展脱贫攻坚成果的基础上，做好攀西乡村振兴这篇大文章，接续推进脱贫地区发展和群众生活改善；要持续提升脱贫地区基础设施条件和基本公共服务水平，增强脱贫地区发展活力和后劲。攀西民族地区作为曾经的全国扶贫主战场，曾经贫困程度深、发展欠账多，自我发展能力不够强，我们要充分利用国家对攀西民族地区的政策支持，实现巩固拓展脱贫攻坚成果同乡村振兴的有效衔接，以乡村振兴为统揽，引领新发展阶段"三农"各项工作的全面推进，做好领导体制、工作体系、发展规划、政策举措、考核机制等的有效衔接，加快推进脱贫地区乡村全面振兴，让攀西民族地区脱贫群众过上更加美好的生活，朝着逐步实现共同富裕的目标继续前进。

1.1.2 乡村振兴是攀西民族地区农业农村发展的重大历史任务与机遇

乡村振兴战略提出以来，中央各部委先后出台了城乡一体化发展、农村人居环境、村社规划、土地经营权归属、农村产业一体化、基本农田建设、农产品质量安全、农村信息工程、农村就业创业、农村污染治理等方面推进乡村振兴的具体化政策和实施意见。全国各地积极响应，陆续出台各项具体政策和实施办法，加快将乡村振兴战略落到实处。攀西民族地区凉山州和攀枝花市结合本地资源环境条件和农业农村发展实际，制定了乡村振兴战略规划，从产业整合、环境治理、农业农村现代化等方面全面推进乡村振兴战略。具体来说，攀枝花市从产业规划、旅居康养业推进、特色小镇建设等方面促进农业产业融合、集聚，从科技创新、高标准粮田建设、供给侧结构性改革到农业农村现代化等方面推进乡村振兴；凉山州从巩固扶贫、旅居康养产业、易地搬迁、环境治理、文化传承等方面推进农业乡村发展。攀西民族地区各地应将巩固农村脱贫攻坚成果与其结合起来，在产业发展、基础设施建设、生态保护、文化传承、特色小镇建设、基层党建和社会治理等方面整体推进，以促进乡村振兴。

我国是一个多民族国家。少数民族作为中华民族大家庭的一员，应当和全国各族人民一样，享有改革开放和现代化建设的红利。少数民族虽然总人口少，但分布广泛。这一特殊国情，决定了我国民族地区的经济和社会发展对国民经济和社会发展起着举足轻重的作用。可以说，没有民族地区的乡村振兴，就不可能实现全国的乡村振兴。没有乡村的振兴，就没有中华民族伟大复兴。因此，攀西民族地区要用好自身优势资源，发展特色产业，提升价值链，推动农村创业创新工作的高质量发展。攀西民族地区资源丰富，在发展特色种植业、养殖业、旅居康养业和手工业方面占有优势。但攀西民族地区要突破资金、人才和品牌瓶颈，需采取差别化的政策来扶持特色产业的中小微企业发展，采取产品、营销、价格、渠道的组合策略来打造攀西特色品牌，建立产业集群，拉长产业链条，发挥规模效应，更多地带动本地居民就业；将脱贫攻坚工作中形成的组织推动、要素保障、政策支持、协作帮扶、考核督导等工作机制，根据实际情况运用到推进乡村振兴战略中，建立健全上下贯通、精准施策、一抓到底的乡村振兴工作体系；重点做好专项工作小组设立等组织领导机制衔接、常态化驻村工作机制衔接、规划实施和项目建设衔接、领导干部考评等考核机制衔接、常态化帮扶和东西部协作等帮扶机制衔接的工作。

从整体上看，攀西民族地区的农村区域是我国经济社会发展中不平衡较为突出的区域，其农村产业发展落后，农业现代化、产业化程度不高，农民缺乏内生发展能力，基础设施建设落后，生态环境退化，民族传统文化失落，缺乏完善的农业支持体系和农村空心化比较严重等，这些客观存在的问题导致其离发达地区的农村还有相当大的距离。攀西民族地区曾经是我国最贫困的地区之一，是曾经的全国扶贫主战场，也是新时代全面推进乡村振兴重点和难点。攀西民族地区地处横断山脉与长江中上游之间，是国家重要生态屏障和重要水源地。作为脱贫攻坚的主战场和硬骨头，攀西民族地区如期完成了脱贫攻坚任务，经济社会发展和群众生产生活有了质的提升。但脱贫摘帽不是终点，攀西民族地区要在巩固脱贫攻坚成果的基础上将工作重心转移到实施乡村振兴战略上来，加快发展旅居康养业、改进交通条件、改善村容村貌等，推动攀西民族地区全面振兴。从实践情况来看，攀西民族地区在推动乡村振兴、实现可持续发展方面还有诸多问题和挑战，存在一些难点和痛点，需要花大力气给予解决。

对于攀西民族地区来说，打赢脱贫攻坚战，把这个"硬骨头"啃下来不容易，守得住巩固好更不容易。一些地方的自然条件恶劣、基础设施等公共品供给短缺，公共服务短板依然没能得到全面解决，脱贫基础比较脆弱，一旦出现自然、市场风险，就容易产生新的贫困，部分居民就会面临返贫风险，因而巩固脱贫成果仍需要付出艰苦努力。

攀西民族地区农业农村发展仍然不充分。一方面，攀西民族地区自身承载力有限，要素配置效率低。这具体体现在部分偏远脱贫地区与信息、技术相关的基础设施建设薄弱，一些地方城乡融合层次低，导致资金和劳动力在城乡间的自由流动受阻。另一方面，攀西民族地区小农户与大市场的衔接不畅，具体体现在少数民族"流动性"或"半工半耕"的家计模式以及农地地块分散等问题，这些因素抑制了规模种植的发展和市场主体进入农业的积极性，内生动力有待进一步激发。健全乡村治理体系是实现乡村振兴的重要基础，也是推动高质量发展的重要保障。但受制于民族区域治理问题，攀西民族地区乡村治理体系尚不完善，村民参与自治的积极性较为有限，内生发展动力需要持续激发。为此，攀西民族地区应坚持具体问题具体分析的原则，全面掌控并协调推进攀西农村经济、政治、文化、社会、生态、组织等各方面的工作，强化生态文明建设与党的建设，不仅要把握攀西民族地区农业农村现代化进程加速发展的大好历史机遇，还要抢抓实现农村社会全面进步的窗口期。

1.1.3 发展特色康养产业、建设小镇是攀西民族地区乡村振兴的重要切入点和路径

1.1.3.1 自然地理特点

（1）独特的自然景观资源

攀西民族地区是高品质、多类型的旅居康养资源集聚地，这里自然景观独树一帜，特色鲜明，无一不是大自然的馈赠。

攀西民族地区拥有多样的自然景观，包括攀西大裂谷、含有多种金属和非金属矿床的冰川景观、螺髻山、恰朗多吉雪山、公母山、龙肘山等；水景资源有金沙江、雅砻江、大渡河、安宁河等主要水系，湖泊有盐源泸沽湖、西昌邛海、雷波马湖、冕宁彝海和会理仙人湖；水电资源丰富，拥有著名的溪洛渡、白鹤滩、锦屏、二滩等大型水电站大坝，其中二滩水电站与其库区的高峡平湖形成了壮丽的景观。此外，该地区地貌多样、降雨充沛，泉水遍布，山水流淌，瀑布悬垂，构成秀丽的山水美景。

（2）宜人而得天独厚的气候资源

攀枝花是著名的"阳光城"，西昌是知名的"月亮城"。攀枝花年均日照时数在2 700小时以上，年平均气温为22.5摄氏度，气温随海拔的升高而降低，顺序是亚热带、暖温带、寒温带、亚北极气候，通常山顶和山谷的气候有很大的不同，有"一山有四季、十里不同天"之称。攀枝花降水分雨季和旱季，雨季多分布在5至10月，降水丰富，旱季多分布在11月至第二年5月，干燥温和。位于高原的西昌山川秀丽、草木葱茏、四季如春，常年雾气较小，能见度较高，光的折射与散射较小。早在清朝，四川

便有"清风、雅雨、建昌月"的说法。建昌就是西昌，每逢月圆之夜，邛海就成了西昌赏月最佳处。此外，还有迷人的宝兴阳光景观、金沙夜月景观、西昌晚霞景观、甘洛夜雨景观等。这一切都使这里成为我国的天然绿色屏障和著名旅游避暑胜地，也被称为"天然氧吧"。

（3）丰富的生物资源

生物资源包括拥有世界上纬度最北、面积最大的天然苏铁林，数百万公顷原始森林奇观，以及遍布螺髻山的万余株杜鹃花，美丽端庄的泸山；攀枝花有美丽的山茶花，粗壮的汉唐柏树，生机勃勃的明桂，四季皆宜的梅花等奇花异草；亚热带林区植物群落茂盛，瓜果植被的种类很多，攀枝花有芒果等著名的热带水果，西昌有枇杷，盐源有苹果，会理有石榴等珍品水果，其口感甜度皆为水果类极品。独特的自然环境不仅造就了一个个天然植物园、野生动物园及药草园，还吸引了很多珍稀动物在这里聚集。珍稀动物有牛羚、猕猴、白唇鹿、金丝猴、大熊猫和小熊猫等，独特的气候和地理环境为它们提供绝佳的栖息环境。这里的环境也孕育了很多名贵中药材，如虫草、贝母、鹿茸、麝香等。除了攀枝花、西昌两座中心城市外，所辖其他大部分县城都有独特的山地、原始而特别的古村落。辖区由于开发较晚，工业污染较少，为珍稀动植物提供天然栖息地。

1.1.3.2 历史文化资源

（1）历史文化悠久

风景秀丽、神秘莫测的攀西民族地区拥有丰富的历史文化遗迹，包括古人类聚集地遗迹、南方丝绸之路遗址、墓碑石雕、平江天主教堂、晚霞红浮雕壁画等名胜古迹。除此之外，还有很多纪念碑在全国享有盛誉，比如，西昌泸山地震碑林被列为"神州四大碑林"之一，内有2 000多件文物和图像。攀枝花及邻近地区，已发现多处远古人类遗址，如回龙洞、西草原等智人居住过的山洞，历史可追溯到约1.8万年至1万年。距西昌市50余千米处的博什瓦黑森林，现存唐南诏时期岩画多处；冕宁县建有刘伯承总参谋长和彝族首领小叶丹结盟的纪念地；金沙江上的拉鲊古渡口是诸葛亮南下"五月渡沪"的地方，金沙江陶家渡是朱德1922年从滇北过江的地方；距会理县城南70千米处的渡口，是1935年5月红一军主力渡金沙江的地方。这些都说明了这里曾经有过灿烂辉煌的历史文化。此外，大龙潭彝族乡、仁和迤沙拉等地也散布着众多历史文化古迹。西昌市礼州古镇内，有西禅寺、礼州文昌宫等南方丝绸之路遗址；金沙江流域内有大型石墓、瓮棺墓葬、盐边石棺墓葬等。但这些古迹大多位于偏远地区，交通不便，也没有与其他周边风景名胜合作开发，因此对外的吸引力有限。

（2）多民族聚集

攀西民族地区地处山区，较为封闭的社会环境孕育了彝族、傈僳族、回族、苗族、白族、傣族、满族、壮族等30多个不同的民族。每个民族都有丰富且独特的风俗习惯。各民族的舞蹈、民居、节庆、婚丧习俗、工艺美术和饮食文化对旅居康养者具有很强的吸引力。在攀西众多的民族文化旅居养生资源中，最具特色的是摩梭人的婚嫁形式。攀西民族地区各族人民的盛大节日也颇具神秘感和地方特色，深受中外游客的喜爱，尤其是凉山彝族自治州的火把节，已成为推向世界的重要旅居康养节庆。

攀西民族地区在生态保护和文化传承方面的地位十分突出，在生态方面主要面临着自然灾害频发、经济社会发展相对滞后等多重困难。攀西民族地区发展旅居康养产业、建设特色康养小镇，能推动资源环境硬约束背景下攀西民族地区农业供给侧结构性改革，成为拓宽农民增收渠道的又一有效途径。在经济发展进入新常态的背景下，在新发展格局下，培育新的消费增长点意义重大，这也是攀西民族地区实施乡村振兴战略的重要切入点和路径。

攀西民族地区实施乡村振兴战略，需要充分利用当地自然文化资源，发展旅居康养产业、建设康养小镇，重点开发利用分散的旅居康养产业，并将旅居康养产业作为攀西民族地区乡村振兴的重要抓手；以发展康养小镇和乡村振兴为重要支点，统筹推进攀西民族地区经济社会发展。旅居康养产业的发展，直接或间接地带动了攀西民族地区农村特色种植、加工和各种服务业，加快了攀西民族地区农业产业化和现代化进程。同时，旅居康养产业的发展也将改善攀西民族地区的交通、通信、人居环境、文化保护传承、基层党组织建设和农村社会治理等方面。

1.1.4 双循环经济格局、乡村振兴战略下的攀西民族地区农业农村发展新局面

1.1.4.1 积极构建新的战略支撑

攀西民族地区乡村振兴战略要全面统筹生产、生活、生态、历史人文传统的空间布局。按照乡村振兴"产业兴旺、生态宜居、乡风文明、治理有效、生活富裕"的总体要求，实现农村经济、政治、文化、社会和生态

的全面发展，物质文明与精神文明协同推进，坚持以党建为引领，贯彻落实乡村振兴战略的全面工作，加快建设攀西民族地区农村社会治理现代化，提升治理能力，实现农业农村现代化，走出一条中国特色的民族地区乡村振兴之路，以农业建设为基础，以农民为中心，建设好美丽宜居的攀西民族家园。鉴于此，积极探索如何通过加强党对新时代攀西民族地区基层党组织领导来推动实施乡村振兴战略，具有十分重要的意义。攀西民族地区实施乡村振兴战略，应根据乡村振兴总体要求进行合理谋划和整体推进，全面实现乡村在政治、经济、文化、社会、生态和党的建设等各个方面的协调发展，推进农业农村治理体系和治理能力的现代化进程。我们应按照可持续发展的内在要求，推动农村三次产业融合发展，推动自然生态景观和特色宜居的有机融合、互动交融；将民族文化、现代人文与优秀传统道德作为内生动力，给攀西农村的民族文化插上"现代化翅膀"，为攀西民族地区乡村振兴注入文化魅力。

从供给端来看，进入新时代，随着人们收入的不断增长，人们已不满足于城市旅游，对自然风光的追求逐渐成为新时尚。攀西民族地区旅居康养产业发展，正好契合了人们的新追求。攀西民族地区发展旅居康养产业，使攀西民族地区居民的收入构成将不仅限于农业生产，其多元化产业布局使攀西居民收入构成也呈现多样化，收入的增长能进一步刺激旅居康养行业的发展，从而构建起内循环经济格局，为攀西民族地区旅游业和乡村振兴发展提供了新的战略支撑和重要发展机遇，同时也对攀西民族地区旅居康养产业发展和乡村振兴提出了更高、更加紧迫的要求。因此，我们要进一步完善体制机制，优化攀西民族地区农村资源配置，赋予农村居民更多财产权。

从需求端来看，我们要进一步完善攀西民族地区的旅游资源开发，满足日益增长的旅居康养游客的需求，提升攀西民族地区的旅游服务水平，进一步拓展旅游产品的结构，加大对攀西民族地区的景观旅游的投资，改善周边环境，建设更加舒适的康养小镇，努力把攀西民族地区打造成一个美丽的旅居康养胜地。因此，相关部门还要加强攀西民族地区的旅居康养宣传，积极推广攀西民族地区的旅游资源，把攀西民族地区的魅力展示给更多的游客，让更多的人了解到攀西民族地区的风土人情，吸引更多的游客来到攀西民族地区旅居康养。

1.1.4.2 把握攀西民族地区农业农村发展新阶段

农业农村发展必须融入现代发展体系，其中最重要的一环是与现代产业的衔接、融合。攀西民族地区特色康养小镇建设在这一过程中发挥了重要的衔接、平台作用。

在产业衔接与融合的过程中，乡村生态环境、特色产业、特色产品和城郊区位优势成为衔接融合特色康养城市与现代产业的有利因素。建设特色康养小镇要结合攀西民族地区的独特优势，合理、科学地选择与自身发展相适应的有益产业，比如开展特色农副产品精深加工、特定制造区域的商业和产业集群、现代商贸物流、特色旅游休闲等，将其融入现代经济和市场，利用资金、人才、技术、信息、市场等多种资源，打造特色民宿、康养产业，并将产业做大做强。更好地利用攀西民族地区独特的康养资源，打造旅居康养产业。在特色康养小镇的主导平台下将现代经济的触角延伸到攀西民族地区的每一个村落。

将特色康养小镇通过产业衔接融入现代产业发展体系，其中一个重要方面是物质层面的融入，但更为重要的是文化层面的融入，这不仅对文化传承和保护而言十分关键，同时对攀西民族地区农村的现代化建设具有深远的意义，也是攀西农业农村现代因素不断生长的基础。

文化的含义分为广义与狭义两种。广义的"文化"指人类在生存、繁衍、发展和社会实践的历程中所创造的物质财富和精神财富的总和。它是人类在生活、生产、生存的实践活动中创造的各种形态的事物所组成的有机复合体，它体现着一定社会区域的物质文明和精神文明的发展水平、人们的价值观念和行为规范、特定的组织结构和生活方式。狭义的"文化"指社会意识形态（政治、法律、知识、信仰、艺术、道德等）及与之相适应的各种社会制度和组织结构（如政府、政党、社团、法庭和学校等）。"文化"是一种以物质为基础的复杂的社会现象，它包括物质文化、精神文化和文化载体（机制），或由物质文化、制度文化、精神文化和价值与规范文化组成。有关学者认为，每一时代、每一社会以及一个国家、一个地区甚至一个民族都有与其相适应的特殊文化。攀西民族地区通过产业衔接和文化渗透，将现代经济所蕴含的现代文化特色，包括诚信守纪、市场理念、合作开放、互助共赢、科学管理等，乃至现代生活方式等都呈现出来。这将潜移默化地影响和改变传统农村。随着农村现代文化的逐步培育，人们必然会产生新的消费需求，优化农村创新生态，增强现代化元素下乡的适应度，从而进一步推动攀西特色康养小镇的发展，整体持续改善农村生产生活生态。

乡村振兴战略的实施，为攀西民族地区的居民福祉和特色康养小镇建设赋予了新的内涵，也将使其进入一个新的发展阶段。在乡村振兴战略下，旅居康养发展不再是简单的产业发展问题，而是涉及经济、文化、生态、基层治理等各个方面的问题。按照乡村振兴五个方面的总要求，如何将攀西民族地区特色康养小镇建设与乡村振兴战略目标耦合协同起来，是新发展阶段对攀西民族地区的农业农村发展时代任务和具体要求。

1.2 国内对乡村振兴的研究情况

2017 年 10 月，党的十九大报告明确提出实施乡村振兴战略的任务。这是中央在新时代农业农村工作中关注的焦点问题，在中国现代经济体系建设中占有举足轻重的地位。2018 年，中共中央、国务院先后发布了《中共中央 国务院关于实施乡村振兴战略的意见》和《乡村振兴战略规划（2018—2022 年）》，提出具体实施方案，这是党中央国务院的重大决策；这是我国全面建成社会主义现代化强国所面临的一项重大的历史任务，是党和政府在新时代农业农村工作的中心内容。为此，国内学者对乡村振兴的内涵、路径和政策体系进行了广泛系统的研究，取得了丰硕的成果。

1.2.1 乡村振兴的内涵、路径研究

实施乡村振兴战略，应把农业农村放在优先发展的战略地位，并建立城乡融合发展体制机制。党的十九大对乡村振兴提出了总要求，即"产业兴旺、生态宜居、乡风文明、治理有效、生活富裕"五个方面。同时，报告指出，当前我国经济进入新常态，面临着诸多挑战和难题，必须要有新思路、新举措来推动乡村振兴。乡村振兴的内涵在于，要加快农业农村现代化进程，着力解决发展不平衡不充分的问题；以实施乡村振兴战略为引领，统筹推进"五位一体"总体布局，协调推进"四个全面"战略布局；完善城乡融合发展体制机制与政策体系，为乡村振兴创造良好的政策环境。

1.2.1.1 乡村振兴的内涵
（1）从历史角度研究乡村振兴的内涵
很多学者对乡村振兴的内涵的分析，主要从我国乡村发展的历史演进

逻辑来探讨。蒋永穆（2018）分析了改革开放后我国农村发展历程，他认为把握乡村振兴战略的内涵需要从七个方面理解：要深刻认识从实现农业现代化到实现农业农村现代化的过程，不仅农业要实现现代化，农村也要实现现代化；由坚持城乡融合发展向坚持农业农村优先发展转变；由生产发展走向产业兴旺；由村容整洁向生态宜居转变；从社会主义新农村的"乡风文明"到乡村振兴战略的"乡风文明"；从实现管理民主向有效治理的转变；从生活宽裕向生活富裕的七大转变。马义华等（2018）认为乡村振兴的内涵实质就是四大关系，即农户家庭经营与壮大集体经济的关系，城镇化与乡村优先发展的关系，土地权益与农村劳动力自由流动的关系，财政支持与发挥市场机制作用的关系。乡村振兴是中国特色社会主义现代化建设的必然要求，其发展的必然性表现为历史和现实相统一。牟少岩（2018）认为乡村振兴的内涵就是各种关系的变化。他认为乡村振兴战略是新时代下对"三农"政策的完善，标志着"三农"政策由城乡统筹向城乡融合关系的提升和飞跃，也是对新时代农业与各产业的关系进行重新定位与反思。乡村振兴战略是国家现代化的重要组成部分，它不仅要解决农业问题，还要解决农民问题，实现共同富裕。李周（2018）将乡村振兴与社会主义新农村建设行了对比，认为乡村振兴战略较之社会主义新农村建设在内容上更加完善，要求更高，在这一过程中坚持以产业兴旺为根本。提出各地要因地制宜，先行做好规划，整合各项政策，发挥市场机制作用。李孝忠（2018）认为，乡村振兴是中国农业农村发展的必然选择，是实现城乡一体化发展的内在要求，这一战略的提出有其历史必然性。

（2）从其他视角研究乡村振兴内涵

以具体案例、相关文献等角度探讨乡村振兴内涵。叶敬忠（2018）认为，乡村振兴战略的目标价值是农业农村优先发展和城乡融合发展，其内容要求是产业兴旺、生态宜居、乡风文明、治理有效、生活富裕，其总体布局是保持农业、农村、农民、农地、人员配置五个方面的政策宽松。蒋永穆等（2018）对近年来有关文献进行了梳理，提出乡村振兴的主题是产业振兴、乡村文化复兴、农民社会保障和农村生态建设。乡村振兴实现了"农村改革"到"乡村发展"的重大变革。刘合光（2018）提出乡村振兴的最终归属就是实现农业农村现代化。杨新荣等（2018）对广东省农业农村进行了考察，认为乡村振兴的内涵有七个方面。第一，乡村振兴的战略目标是实现农业农村现代化；第二，乡村振兴的首要任务是保障国家粮食安全；第三，乡村振兴的基本要求是乡村生态文明；第四，乡村振兴的智力先导是农业科技进步；第五，乡村振兴的动力来自农业社会化服务；第六，乡村振兴的依托是新型城镇化建设；第七，深化农村土地制度改革是乡村振兴的保障。

1.2.1.2　乡村振兴路径研究

（1）从重构城乡关系角度研究乡村振兴路径

重构城乡关系是乡村振兴的重点，变革原有城乡关系，实现城乡融合，打破城乡原有的界限，实现城乡一体化发展。许多学者从重塑城乡关系的角度研究乡村振兴的路径。蒋永穆（2018）认为，乡村振兴应从以下的六个方面推进：一是保持和完善农村基本经营体制不能改变；二是改革农村土地制度；三是积极培育新型农业经营主体；四是构建现代农业生产体系、产业体系和经营体系；五是完善农村治理体系；六是加强党对农村工作的领导。郑瑞强等（2018）从城乡关系视角分析乡村振兴路径，共有七个方面：一是系统性顶层设计和不同功能区的科学区分；二是填补空白，实现减贫与乡村振兴的有效衔接；三是大力发展村级集体经济，增强集体经济实力；四是完善乡村治理，调动各种主体机关的积极性；五是加强公共服务保障，确保乡村振兴战略落地；六是动态优化功能分区，实现发展空间重构；七是建立多维度评价体系，完善激励机制。李晓忠（2018）认为：城乡要素资源的自由流动是在城乡融合发展的基础上实现的；农业农村短板能够得到补偿；实现精准扶贫与乡村振兴的有效衔接；发展优势特色产业，以产业振兴推进乡村振兴；推进乡村振兴就业导向，发展农村第三产业；加强党对农村劳动的全面领导，加强农村社会治理。刘升（2018）对贵州米村进行了全面考察，提出落后地区实现乡村振兴的重要途径是嵌入性振兴。嵌入性振兴就是将农村生产生活的方方面面嵌入城市的产业体系、消费市场和基本服务体系，旨在充分利用农村在人地结构、土地制度、熟人社会文化等方面的比较优势，加快城乡一体化发展，最后实现农业和农村的现代化。其实质是以"搭便车"的低成本方式实现乡村振兴，最终解决发展不平衡、不充分问题。叶敬忠（2018）提出，乡村振兴战略的实施路径应遵循农业农村发展规律，而不是一刀切，即不过度工业化，不过度推动土地流转，不消除农民的差异化生活方式，不忽视农业的根本性质。王成礼等（2018）从二元结构解构城乡关系，他认为，乡村振兴应从分配范式、就业体系、产业发展模式和社会保障系统来开展。谢彦明等（2018）认为乡村振兴的路径：第一，充分发挥城市群的辐射效应，以城乡融合发展为动力；第二，以特色小镇建设为抓手，将特色小镇打造成城乡融合发展的平台；第三，以产业发展为基石，实现产业带动效应。马跃（2018）分析了新时代城乡关系，从逆城市化角度提出通过制度创新来实现乡村振兴。牛永辉（2018）提出乡村振兴的内在机制是乡村哲学的重建，并强调互联网在乡村振兴中的作用。

（2）从现代化经济体系研究乡村振兴路径

一些学者从构建现代化经济体系角度分析了乡村振兴的路径。杜平（2018）认为，乡村振兴战略的实施路径应从现代化经济体系去把握，把乡村振兴战略看作构建国家现代化经济体系的重要组成部分。杜平在此基础上提出了具体的实施路径：一是要实现城乡融合发展；二是要以质量兴农；三是坚持绿色发展；四是强化乡村文化的重要性；五是要加强乡村治理；六是要避免贫富分化，走共同富裕之路。

（3）从其他视角研究乡村振兴路径

牛永辉（2018）分析了互联网在现代经济发展中的重要性，提出了互联网为基础的乡村经济体是乡村振兴的重要路径。张俊杰（2018）考察浙江梅家坞村，提出通过"互联网+"构建乡村命运共同体来实现乡村振兴，共有以下三个方面，一是构建以产业合作为中心的经济共同体；二是构建线上线下互动的社交社区；三是构建文化社区。姜永福等（2018）梳理乡村振兴路径文献，提出乡村振兴战略的四条实践路径，一是强化制度创新；二是深化农村土地变迁的体制机制；三是加快产业融合发展，四是促进城乡融合发展。周铭基等（2018）提出了乡村振兴路径要因地制宜，各地要根据自身资源情况，选择能够充分发挥自身比较优势的新型发展模式，并提出四种农业模式：一是生产型农业；二是传承农业；三是旅游休闲农业；四是发展生态农业。刘合光（2018）从机制创新、产业发展、科技创新、人才培养等角度提出乡村振兴路径。王敬尧等（2018）认为，乡村振兴的重点在于建立规模化种养业，规模化经营是乡村振兴的前提，是发展农村经济的动力源泉，也是完善农村治理的推力。张爱玲（2018）深入研究了鲁南西黄河村发展，认为乡村振兴路径选择应从生产发展、社会治理、精神面貌、生活状态四个维度来展开。孙郁红（2018）分析了"三农"问题演变的逻辑，提出了乡村振兴战略以农民身份改变为前提。

1.2.2　乡村振兴战略的政策体系

政策供给是乡村振兴战略实施的前提和基础，一些学者专门研究乡村振兴战略的政策供给体系。张天佐（2017）分析了乡村振兴战略的政策体系的重要性，认为政策体系包括：农业农村优先保障的财政政策供给；金融支农政策供给；农业保险政策供给；农民增收政策供给；市场化、多元化生态补偿机制政策供给；农村土地资源合理配置政策供给；农村人才激励政策供给；农村基础设施的运营管护机制供给；农村国土空间资源开发与保护政策供给；合理的考核评价制度供给。张婷婷（2018）提出，完善农村产权制度是乡村振兴的制度供给条件，是优化要素市场配置的前提。史纪等（2018）围绕"产业兴旺、生态宜居、乡风文明、治理有效和生活富裕"分析乡村振兴整体内容，并认为这些内容各成体系，互为逻辑。

1.2.3　乡村振兴的重难点及困境

乡村振兴的重难点也是乡村振兴的突破点，国内一些学者依据我国目前乡村振兴实施状况，提出了乡村振兴需要突破的重点、难点问题。

1.2.3.1　乡村振兴的重点

韩俊（2018）对乡村振兴战略的实施提出了八个方面需要突破的问题。第一，农业由增产、增收导向向高质量突破；二是小农单打独斗向现代农业发展突破；三是传统农业在绿色发展方面突破；四是提升农民精神面貌，实现乡风文明突破；五是坚持自治、法治、德治相结合治理的有效突破；六是从单纯的增加收入向提高农民的获得感、幸福感和安全感突破；七是从体制机制改革发展向完善城乡一体化体系突破；八是领导"三农"工作实现从管理到服务的突破。刘合光（2018）提出，实施乡村振兴战略必须把握好如下四个着力点，分别是乡村振兴的战略目标、总体要求、关键要素和关键难题。谢彦明等（2018）提出，乡村振兴重在发挥城市"涓滴效应"，通过政府的合理引导，破除城乡二元体制结构，实现要素在城乡间自由流动；同时做到城乡在道路、通信、管网与其他基础设施进行有效衔接，降低生产要素在城乡流动中的交易成本，破除原来依附于户籍制度而导致的二元差异，构建城乡统一的大市场，发挥出市场机制的作用，以达到城乡要素的平等交换，推动乡村实现全面振兴。王景新等（2018）认为农业农村的发展，需要对农村地域空间重构及其综合价值追求作出科学的规划和布局，从单纯追求经济价值向追求生活价值、生态环境价值等多元综合价值进行调整。辽宁省人民政府发展研究中心课题组（2018）认为，乡村振兴五大重点分别是：第一，补齐农村短板，发挥比较优势，推动农村三次产业的深度融合发展；第二，注重发展过程中的生态环境建设，打造生态宜居家园；第三，强化农村基层基础工作，突出党的领导，提高农村治理效率；第四，推进农业增效、农民增收为目标的农业发展方式；第五，提高乡村人才供给能力，强化人才队伍建设的培育。王世杰（2018）则认为，乡村振兴的重点是要壮大农村集体经济，增强集体的凝聚力。马义华等（2018）提出要从四个重点方向来推进乡村振兴。第一，积极构建现代农业产业、生产和经营体系；第二，强化三次产业融合发展；第三，改革现有的农村土地制度、经营制度和集体产权制度；第四，实施城乡一致的公共产品供给制度，强化乡村公共产品供给。

1.2.3.2 乡村振兴难点

国内学者普遍认为，乡村振兴的难点在于人才、资金以及融资渠道，由于城市与农村客观存在的差异性，这三方面的难点阻碍着乡村振兴，这也成为有待打破的关键节点。姜长云（2018）提出乡村振兴的三大难点分别是：第一，实现精准脱贫与乡村振兴的有效衔接，让贫困群众享有乡村振兴的红利；第二，乡村振兴的人才是关键，为此，需要创新乡村人才引进和开发利用机制；第三，强化乡村振兴的资金保障，需要拓宽农村投融资渠道，给予农村更为便利的融资条件。魏后凯（2018）认为困扰乡村振兴的三大难题分别是人才短缺、资金短缺和农民增收难。

1.2.3.3 乡村振兴困境

一些学者从新经济地理学视角来分析农村衰落的原因，并据此得出乡村振兴面临的困难。谢彦明等（2018）利用"城市—城镇—乡村"三维区域空间结构演变的理论和逻辑，认为"城市—城镇—乡村"空间三元结构中乡村区位劣势明显，研究了我国乡村振兴的逻辑、障碍和策略，并认为乡村面临的主要困难有三点：第一，大城市是各种资源的集聚地，发展较为顺利，但也由于过度集聚，造成"城市病"问题；第二，城镇发展陷入停滞状态，其连接城乡的作用难以发挥；第三，乡村内生发展动力不足，农村经济逐渐走向凋敝。

1.3 特色小镇的相关研究

特色小镇是指依赖某一特色产业和特色环境因素打造的，具有明确产业定位、文化内涵、旅游特征和一定社区功能的综合开发项目。中国特色小镇来源于小城镇建设，究其起源来说，最早现于云南等地，由地方政府利用当地的特色资源进行特色小镇建设。2011 年，云南省在发展旅游特色小镇的基础上，印发首个省级特色城镇建设意见《云南省人民政府关于加快推进特色小镇建设的意见》（云政发〔2011〕101 号），列出现代农业小镇、工业小镇、旅游小镇、商贸小镇、边境口岸小镇和生态园林小镇等六类特色小镇作为云南省城镇化的重点。2011 年，北京市还将标志性城市建设纳入"十二五"发展规划，并将其作为优先发展重点。浙江省政府在2015 年工作报告中正式提出特色城市建设，要求金融支持特色小镇建设，用新理念、新机制、新载体加强特色小镇建设，促进产业集聚、产业创新和产业现代化。2015 年，浙江省人民政府发布了关于建设特色小镇的指导意见《浙江省人民政府关于加快特色小镇规划建设的指导意见》（浙政发〔2015〕8 号）。2016 年，住房城乡建设部、国家发展改革委、财政部联合印发《关于开展特色小镇培育工作的通知》，对发展特色小镇的基本原则、目标和培育要求提出了具体的指导意见。自此以后，全国各地掀起了特色小镇建设的高潮，与此同时，国内学者也对特色小镇开展广泛的研究。从研究成果来看，研究关注点主要聚焦在特色小镇的内涵解释、发展路径、功能作用和建设培育策略等方面。

1.3.1 特色小镇的内涵

关于特色小镇的内涵，国内有些学者从与传统工业园区、产业园区、行政区划的差异性给予定义，有些学者从新产业组织形态的角度对特色小镇进行定义。

1.3.1.1 特色小镇有别于传统工业区、产业园区、行政区划

国内学者认为特色小镇不是行政区划上"镇"的概念，它不是传统意义上的工业区、开发区，它更多地体现为一种新型的产业发展平台和产业发展的载体。李强（2015）提出，特色小镇是按照创新、协调、绿色、开

放、共享的新发展理念建立起来的平台。在这个平台上，有自己的科学规划、产业定位、产业特色、人文底蕴和生态基础，也是"产、城、人、文"有机融合的载体。马斌（2016）将特色小镇的内涵定义为特色产业、地域文化、优美环境和良好的配套设施的结合体，其发展模式与传统工业园区有很大的不同。苏燕（2017）将特色小镇定义为新型产业园区。金永良（2016）指出，特色城市是产业发展的载体，它既不是传统意义上的行政单位"城市"，也不是对"地区"的传统理解，同时也不是大规模的政府综合管理平台，而是以企业为主体，市场化运作、空间边界清晰的企业创新创业空间。程海燕（2018）提出，特色小镇是在地理层面上集特色产业、制造住宅、生态空间于一体的平台。它与传统的行政城市和工业园区有很大不同。它具有四个基本特征，第一，特色小镇是产业发展的空间载体，以产业集聚为基础的新型社区，有别于行政区划；第二，产业集聚是特色小镇的主要特征，特定产业集聚发展是基础，这就跟传统意义上具有居民居住功能的房地产小区区别开来；第三，特色小镇具有生产、文化、旅游和社区的功能，这就与传统意义上的产业园区和旅游景区区别开来；第四，特色小镇以市场为主体，让市场机制能够得到充分发挥。

1.3.1.2 特色小镇是产业组织、生态系统、地理发展空间的创新

国内一些学者提出特色小镇是一种产业组织形态，其中产业组织是关键。雷仲敏等（2017）提出特色小镇应具有五个方面的特征：一是产业特色明确；二是生态宜居；三是文化特色鲜明，包括传承传统文化和传播现代文化；四是有完善便捷的各种功能区；五是有较大发展潜力。王旭阳等（2017）提出了特色小镇具有四个显著特征：一是有特色产业，发展潜力巨大；二是城镇功能齐全服务完善；三是有优美的城镇形态；四是有灵活制度设计。

史云贵（2017）提出，由区域、生态、文化等特色环境因素与特色产业、特色小镇形成的集合体，具有以人为本、产业导向、文化积淀、产业融合、并具有与小镇"三产"联动、"四化"联动等特点，形成了明确的产业定位、文化内涵、旅游特色和一定社区功能的平台。它的定义特征是时间、创新、人性、包容和坚持。卫龙宝、史新杰（2016）将特色小镇定义为区域经济发展的创新载体和新动能，应具备四个特点：一是发展强劲的特色产业；二是小镇功能齐全、完备；三是有小而美的形态；四是有灵活的体制机制。同时，他们认为，特色小镇在概念、本质、目标、功能

上，与城市化有相似之处。盛世豪、张伟明（2016）认为，特色小镇作为一种新型的产业集聚平台，应该包含一个集研发创新、成果转化、体验应用和区域文化于一体的创新生态系统。张继富（2017）将特色小镇的内涵合二为一，定义为可持续的产业组织创新载体。黄莹（2017）认为，特色小镇应以特色产业为核心，以项目为平台，集生产、生活、生态为一体，具有独特文化风味的场所。杨梅和郝华勇（2018）提出，就特色小镇的核心内涵来说，它是"产业＋文化＋旅游＋社区"四位一体的平台。陈炎兵（2017）提出，特色小镇是独立于农村和市区的平台，随着三次产业的逐步融合而形成的，具有明确产业、人文、风貌、管理特色和一定社区功能的地理集聚空间。

1.3.2 特色小镇的特征、模式类型和评价体系解释

学者们从不同角度对特色小镇及其发展模式进行了分类。郑浩丰（2017）依据特色小镇的发展基础与产业特色将发展模式划分为四类：第一类，制造业转型升级发展模式；第二类，制造业与服务业融合发展模式；第三类，信息技术创新发展模式；第四类，自然或历史文化资源开发模式。同时分析了特色小镇的动力机制，即产业技术创新拉动力，消费结构变化促使供给结构转变的拉力，政府统筹决策新型集聚空间的拉力。石玉（2018）从产业核心、历史文化核心、生态资源核心和复合型四个方面划分特色小镇。陈炎兵（2017）将特色小镇发展模式划分为自发模式和主导模式两大类，主导模式又分为政府、龙头企业、项目、房地产开发和PPP主导模式。王东林（2017）按照发展阶段将特色小镇划分为三种类型，即成熟型特色小镇、待哺型特色小镇、新创型特色小镇。柯敏（2016）将特色小镇的发展模式分为转型升级、资源型和新兴产业三类。魏伟和邹伟伟（2018）提出了五种特色小镇发展模式，即自然资源导向、大企业主导、政府主导、产学研结合、社会中介组织自发。

对特色小镇的评价体系，学者们也进行了广泛深入研究。雷仲敏等（2017）用三个层次评价指标体系对特色小镇建设发展进行评价，最终目标层以建设"产城人文"四位一体的特色小镇为标准，并建立相应指标体系；产业、环境、文化、功能、体制为中间层，即准则层；产业定位、发展特色、文化传承、基础设施和体制改革等16个指标为最底层，即指标层。王振坡、薛珂等（2017）从要素流动、分工专业化、经济效应等角度

分析特色小镇发展理论，并以产业集聚作为特色特征，以此为基础构建起特色小镇的经济学分析框架，建立起相应评价指标体系。

1.3.3　农业特色小镇的内涵

一些学者还专门对农业特色小镇的内涵进行界定和阐释，认为农业特色小镇是以农业为核心，是三次产业融合以农业为专业发展的平台。王魏等人（2018）提出，以区域农业资源为基础，以现代农业产业链为核心，以自然环境和文化传承与保护的农业特色小镇，是一个现代化的农业集聚区和创新发展平台，是以特色农业产业空间集聚发展为载体，集旅游、健康等二、三产业深度融合的新型平台，也是一种基本服务完善的新型农村社区。思明（2017）提出，农业特色小镇的功能绩效和教育机制是植根于农业，立足农业，为促进农村三次产业融合发展提供了重要平台。张露（2018）基于组织人口生态学理论分析农业小镇的内涵。以农业为核心和纽带的特色小镇是在一定区域内自然、经济、技术等要素自主流动而形成的。一个多功能的集聚区或平台，具有要素高度集中、多业态参与、三次产业高度融合等特点。

1.3.4　特色小镇发展的理论基础

很多学者运用产业集聚理论对特色小镇发展路径进行理论阐释，认为产业集聚理论是特色小镇的理论基础。张立平（2018）认为田园城市、卫星城市和新城运动理论是特色小镇的理论基础，并以此为基础，详细阐述了特色小镇的中心发展、分享空间和灰色区域理论脉络，丰富了我国特色小城镇发展理论。卫龙宝等（2016）认为产业集聚理论是特色小镇的理论基础，在产业集聚理论基础上阐述了特色小镇的动力机制，并提供集聚效应理论。薛珂（2018）从产业集聚理论推动特色小镇发展的经济学分析视角，深入分析了特色小镇发展路径，认为产业集聚促进了要素流动、专业化分工，这是特色小镇得以发展的力量源泉。金晶（2018）以演化经济学视角分析了特色小镇与产业集群的协同发展可行性，以组织与环境协同演化的理论逻辑对特色小镇进行了研究，发现特色小镇的发展能够推动传统产业集群的转型升级。陈国庆等（2018）从产业集聚理论的视角，认为特色小镇可以从顶层设计、项目建设、科技服务、体制机制四个方面的制度创新，为特色小镇创新发展开辟新路径。

1.3.5 特色小镇的功能定位

很多学者还对特色小镇的功能进行了深入研究，学者们认为特色小镇对产业升级、新型城镇化和乡村振兴具有促进功能。陈炎兵、姚永玲（2017）认为，特色小镇具有三大主要功能：第一，大城市疏解功能；第二，小城镇升级功能；第三，产业聚集创新功能。

1.3.5.1 产业升级和创新发展功能

一些学者认为传统产业升级转型发展要依靠特色小镇这个平台和载体。李金海等（2017）对浙江诸暨大唐袜艺小镇进行了考察，提出了特色小镇是一个集产业链运营、创新创业、传统产业转型升级的平台，并认为特色小镇具有智造硅谷、时尚市集、众创空间三大功能，传统的产业转型升级发展可以利用特色小镇这个平台，提升产业层次。马斌（2016）对浙江特色小镇进行了深入研究，认为特色小镇是传统经济转型升级的舞台，并提出了特色小镇的"产、城、文、旅"功能是产业转型升级的新路径，同时，特色小镇也是制度供给的新空间。许益波等（2016）对浙江特色小镇深入研究后提出，特色小镇不仅有助于传统集群产业转型升级发展，特别是为打造未来新兴产业提供了全新平台；并且特色小镇在促进创新创业方面具有重要作用。

一些学者从生产力空间结构角度分析特色小镇对产业升级的功能。刘淑萍（2018）、白小虎等人（2016）认为特色小镇是都市圈优势区位上的外溢发展载体，并从生产力空间结构角度分析了特色小镇的产业转型升级发展的功能，并能促进创新发展。

1.3.5.2 推进新型城镇化，打破城乡二元结构，实现乡村振兴的作用

部分学者将特色小镇视为新型城镇化的一种表现形式，对城镇化建设与乡村振兴具有重要的促进作用。王景新等（2018）认为，特色小镇是乡村振兴、新型城镇化和农民市民化的重要载体和平台，是农村改革以来中国城镇化的延续，以及就地城镇化建设的开始，特色小镇的终极目标是城乡一体化发展。王玮等（2018）提出，发展特色小镇对于农业农村特色产业培育、农村公共服务水平提升、吸纳周边剩余劳动力、促进就业具有十分重要作用，从而推动乡村振兴。张莉（2016）认为，工业化中后期城镇空间布局的新模式就是特色小镇。程艺等（2017）认为，特色小镇是农村人口就地就业的重要平台，是激活城镇化建设的市场活力；是新型城镇化

建设的新表现形式，具有协调居民生产生活生态空间，提高居民生活质量，促进城乡一体化发展，对于促进区域特色形成，自然与历史文化遗产的保护都有十分重要作用。曾江等（2016）认为，特色小镇在要素集聚、结构调节、文化传承等方面具有十分重要意义，是新时代新型城镇化的重要载体和发展模式。王东林（2017）认为特色小镇建设是农村现代化重要组成部分，对于实现农业农村现代化、破解和消除城乡二元结构、带动农业和农产品加工业发展等都有积极意义，发展特色小镇能够在环境、交通、通信、教育、文化、医疗、养老、商品供给、物业管理、社区生活等方面缩小与城市差距，解决发展不平衡、不充分的问题上具有无可比拟的优势。特别是那些"待哺型小镇"兼具城市与乡村双重优势，很大程度上既具备现代城市的功能特征，在小镇就能享受城市的方便快捷，同时还能享有城市所不具有的自然风光、优美环境、文化风貌和宜居场所。马春梅（2018）认为乡村振兴战略的实施要以发展特色小镇为平台和载体。史云贵（2017）认为，建设特色小镇对于破解城乡二元结构、推行新型城镇化具有很大优势，同时，对于解决就业、推进创新创业十分有益，特色小镇是厚植农村底蕴与历史文化的传承器，乡村振兴的推进器。

一些学者还研究了特色小镇与乡村振兴的耦合协同机制与作用机理。杨梅等人（2018）提出特色小镇与乡村振兴的耦合协同作用，分析其作用机制：特色小镇以特色产业为载体，以小镇为基础，促进乡村产业发展和乡村文化传承创新，乡村生活富裕、生态宜居以特色小镇为平台拉动，农村三次产业融合发展以特色小镇为增长极，特色小镇建设对优化城乡空间结构，以特色产业驱动乡村振兴，传承乡村文化基因，解决农村就业，促进要素资源流动，提供返乡务工人员创新创业平台，改善农村人居环境都十分重要。郝华勇（2018）提出，特色小镇是农村三次产业融合发展的重要平台，是实践乡村振兴的重要路径。在此基础上，他分析了特色小镇促进农村产业融合的作用机理，既能集聚各种产业、延长产业链条，又能促进产业融合主体壮大，同时对于促进乡村振兴具有重要作用。张倩（2018）认为，特色小镇建设与乡村振兴耦合协同在就地城镇化，加快农业农村现代化的主要表现是：第一，特色小镇以特色产业为基础，能够改变原有农村生产结构；第二，特色小镇的生态功能和社区建设能够改变农村生产生活方式；第三，发展特色小镇对于保护历史人文和挖掘文化内涵具有十分重要意义。李冬梅等（2018）基于组织人口生态学理论对成都特色小镇进行了深入分析，认为农业特色小镇的形成机制，并认为特色小镇是农业农村现代化建设的重要推动力，特色小镇是城乡一体化发展的重要载体。

一些学者以具体案例分析了特色小镇对乡村振兴的作用，以及如何发展建设特色小镇。刘可立（2016）深入研究了个旧市特色小镇建设情况，认为特色小镇是就地就近城镇化的升级版，能够吸纳承接大城市产业转移以及农业转移人口，是连接城市和农村的重要纽带，是服务农村的重要载体，并能较好地发挥辐射作用。苏彦（2017）分析了广州从化区特色小镇建设情况，认为发展特色小镇较好解决了从化区八个山区贫困村社发展问题，并以此为依据，分析了资本要素进入广大村社地区的通道。市场和资本大量进入农村要有一个载体，特色小镇能够很好解决这一问题。特色小镇能够推动乡村地区产业集聚，产业发展降低成本、传统农业的升级改造、新兴产业的进入都要有一定载体，这个载体就是特色小镇。没有它，城乡要素就不能自由流动，交易成本也就很高，不利于农业农村现代化发展。特色小镇对所在村镇地区的产业集聚，以及集聚效应的发挥都十分有益。韩静（2017）对广州市花都区花山特色小镇建设进行了深入研究，研究认为特色小镇能够很好解决乡村发展滞后状况以及乡村"空心化"问题。庞凤芝（2016）对河北省滦平县两间房乡苇塘村旅游小镇进行了研究，认为特色小镇是山区农村贫困化和"空心化"的较好解决方式。何爱等（2018）分析了广州市增城区蒙花布特色小镇建设，探讨如何发展特色小镇，以及特色小镇的建设路径。

一些国内学者还对特色小镇的培育和路径问题进行了研究。徐梦周等（2016）认为要从价值导向、空间布局、系统结构以及制度支撑培育特色小镇，并从创新生态系统理论视角给予阐释。石玉（2018）认为特色小镇是从产业园区转型、基于当地的生态环境与历史文化资源、建制镇转型和人为的开发四种主要路径培育发展而来。柯敏（2016）认为，吸引产业集聚、完善服务设施、带动综合发展是特色小镇建设的路径，并运用边缘城市理论进行实证分析。孟海宁等（2016）调研宁海智能汽车小镇，据此提出新型制造业特色小镇的发展路径和原则。

1.4 产业集聚的相关研究

大量相互关联的上下游产业集聚所带来的人口与经济的集聚效应是后工业化时期特色小镇形成的初始动力。从特色小镇的特点来看，正是基于特色产业的优势，大量企业在特定空间的集聚导致了人口集聚。因此，其理论基石应该是产业集聚和区位。国外对产业集聚和新经济地理学的研究非常系统和深入，如马歇尔的外部经济理论、韦伯的区位理论、克鲁格曼的新经济地理学理论等。这些对特色小镇的研究非常重要。中国学者对产业集聚现象的研究始于 20 世纪 80 年代中后期，但系统研究始于 20 世纪 90 年代，集中研究主要集中在 2000 年以后。

1.4.1 产业集聚理论方面研究

我国学者对产业集聚的研究大致可分为两类，即按产业性质划分的子产业和基于地理位置的不同类型的区域产业集聚。围绕某一类产业集聚的特征和形成机制，目前的研究对象多集中在农业、旅游、制造业、体育产业、文化产业、物流业、高新技术产业等领域。例如，张志和、黄海霞等（2013）以武汉光谷为例，分析了战略性新兴产业集群的形成机制是多样的，不是简单的周期性动态变化，而是区域创新体系和产业创新体系变化。许立华、王辉（2014）以山东寿光蔬菜产业集群为例，分析其集聚特征，即以专业化小农户规模化集聚为主，农产品批发规模化以市场为核心，以农产品产业链为纽带，具有显著地域根基的前提，是紧密的外部经济联系。张敏（2011）分析了产业集群效应与区域经济发展的相关性，总结了苏北区域发展战略的经验教训，探讨了苏北特色产业集群发展模式及对策。胡敏杰（2017）以长江经济带 11 个省市制造业为研究对象，分析了当地区制造业现状和制造业集群集聚情况，提出了长江经济带发展战略以及长江经济带制造业集群。

1.4.2 产业集聚实证方面的研究

产业集聚的实证研究主要基于对产业集聚现象的经验与对策。国内对产业集聚的实证研究可以概括为三个方面：

（1）产业集聚与新型城镇化的关系

20世纪90年代以来，产业集聚作为一种典型的经济活动组织形式，已成为我国区域经济发展的主要方式，对城镇化进程有着显著的促进作用。于斌斌、胡汉辉（2013）基于协同演化分析框架构建了产业集群与城镇化多层次相互作用的理论框架和演化模型以此进行案例研究。产业集群与城镇化的互动是一个多层次的微观、中观和宏观层面相互作用的动态演化过程。陈子珍（2017）对区域经济增长问题进行了调查，实证研究了制造业集聚在城镇化中的作用，并且得出产业集聚和城镇化之间呈正向相关的结论，认为不同区域制造业集聚程度和产业差异对城镇化发展过程产生了影响。

（2）产业集聚与产业布局

作为产业空间组织的一种形式，产业集聚的形成和发展直接影响到一定区域的产业布局。向世聪（2006）将产业集聚理论应用于园区经济分析，拓展了集聚经济理论。袁旭东（2008）认为，新的产业布局区位因素挑战了传统的产业布局理论。国内外产业集聚发展的实践已经证明，产业集聚是一种高效的区域空间集聚组织方式，是增强产业竞争优势等的重要手段。产业集聚对区域经济增长有明显推动作用，并能形成规模效应。产业园区作为产业集聚的基础平台和有效载体，能够对产业集聚的发展起到一定的推动作用。并以咸阳市为例，进行了实证研究，提出了咸阳市"1核3区4轴6组7园区"产业布局空间结构。

（3）产业集聚与竞争优势

产业集聚的同时又能产生规模经济效益和范围经济效益。产业集聚显著降低原材料成本、劳动力成本与开发成本，它推动劳动生产率迅速提高，相对于其他企业来说，竞争力有了很大的提高。许康宁（2001）认为，产业集聚与区域分工为构筑新兴产业比较优势奠定了基础。产业集聚，是产业发展的内在规律，集群战略对产业发展具有重要意义。政府的产业政策对产业集聚及竞争优势具有明显影响。经济、地域变化等利好因素推动产业集聚和发展，国际产业竞争力得到增强。陈晨和李桂华（2015）对产业集聚、竞争优势的形成进行了定性分析和定量研究，其目的是建立有实用价值的评价指标体系，构建了产业集群的品牌竞争力的评估模型。

1.5　耦合协同的相关研究

耦合度研究主要存在于生态环境、产业结构与集群、经济发展、土地利用效益等几个方面。与农业农村相关的耦合度和耦合协调度研究趋向于关注城镇化建设与产业集群、区域经济、农业生态效益和经济效益的耦合。

1.5.1　单个系统的耦合研究

单系统耦合研究在系统耦合研究中占有重要地位。主要讨论系统内各个子系统或构成要素之间相互影响、相互作用和相互促进的过程。国内学者对不同系统进行了深入研究。首先是土地利用效率的研究。曾智伟等（2020）通过构建巨灾模型研究了空间土地利用变化的多尺度驱动因素。其次是李焱（2019）针对不同研究对象，对土地利用效益与损失之间的关系进行了深入研究，并研究了经济效率与生态系统的耦合关系。朱海娟等（2015）利用耦合模型研究了宁夏荒漠化治理过程并提出了相应的治理措施。白兰（2015）以贵州生态脆弱区为对象，研究了生态保护与经济发展的耦合关系，许振宇等（2008）研究湖南省生态经济系统灾害的应对措施，蒋洪丽（2010）等江苏省系统动力灾害研究，易平（2014）、郑冬梅（2012）以区域经济与生态系统耦合作为战略研究对象。最后是企业内部子系统耦合研究。胡慧玲（2015）全面分析了产学研协同创新体系的机制和模式，曾玉成等（2014）研究企业战略管理和项目管理。

1.5.2　系统之间的耦合研究

由于某些因素的共性，两个系统可以逐渐发生相互作用，进而通过自组织实现系统要素之间的耦合。它们之间相互影响，不断协调发展，形成耦合效应。从耦合形式来看，其主要有三种：一是城镇化系统外部系统的耦合。高伟聪等（2016）从旅游业视角研究长山群岛城镇化协调程度；袁晓玲等（2015）从基础设施角度分析了耦合协同关系。谢泗薪、李晓阳（2015）从服务业的角度，分析了生产性服务业与区域经济发展的耦合协调关系。二是产业耦合研究。柴国军等（2015）从文化产业和区域经济的角度研究了内蒙古在这两个系统中的耦合相关性。王海军（2015）等研究了产业集聚与金融发展之间存在互动关系。三是产业创新与区域经济发展研究。徐晔等（2015）以珠三角地区为例，对区域产业创新和产业现代化进行实证研究。何一清等（2013）对区域产业结构与生态效率的耦合与协调进行实证研究，项锦雯等（2012）对皖江示范区产业转移与土地集约利用耦合机制与协调发展进行实证研究。

1.5.3 康养小镇与美丽乡村耦合协同的可能性相关问题

发展特色康养小镇与美丽乡村系统是否存在耦合协同关系，必须考虑特色康养小镇与美丽乡村的制度要素之间的关联性。因此，我们需要考虑两个问题：一是区域经济的发展；二是系统要素耦合的可能性。

目前，区域经济发展理论存在着两种对立的理论：①均衡发展理论，会趋于收敛。②非均衡发展理论，如 Myrdal 的循环累积因果理论、Liirschman 的不平衡增长理论、Perroux 的增长极理论、Friedman 的中心-边缘理论、Vernon 的区域经济梯度转变理论、Williamson 的倒"U"形理论等具有代表性，认为区域之间的发展处于非均衡状态的耦合协同。

系统要素耦合的可能性主要取决于对特色康养小镇建设和乡村振兴的构成要素的考虑，包括经济、生态、社会、文化等子系统。目前关于产业耦合的研究较多，其基础理论主要是产业区位理论，包括优势区位理论、比较优势理论和新经济地理理论。在产业耦合与协同研究中，很多模型都将生态系统视为经济系统优化的约束协同，如资源配置分析模型。Woodwell 使用系统发电模型来说明经济增长与资源消耗之间的关系，特别是生产、人口、人力资本、可再生自然资本、不可再生自然资源和技术进步等因素。科拉多等人描述自然资源与基本生活条件之间关系的模型通过清楚地描述和分类自然资本提供维持生命的环境服务和最终再生的能力，为可持续发展提供了更严格的定义。波特拉等人开发了一个动态系统模型，包括森林砍伐、土地利用和植被覆盖、生态系统服务和生态系统价值，以研究不同土地利用模式对巴西亚马逊地区生态系统服务价值的影响。

在农业发展和特色小镇的建设过程中，也存在农业与旅游业的耦合研究、生态扶贫与产业扶贫的协同以及农业生态效益与经济效益的耦合协调关系研究。特别是在乡村治理过程中，政府、农民组织和农民个体之间的协同至关重要。但在农村产业发展中，乡村旅游的发展可以实现与新农村建设关联互动和一体化发展，生态农业与生态旅游二者耦合协同发展。

在乡村振兴和农业农村发展建设过程中，也有农业与旅游的耦合、生态扶贫与产业扶贫的协调、农业生态效益与经济效益的耦合与协同等方面的研究。特别是在乡村治理过程中，政府、农民组织和农民之间的协同作用非常重要。但在乡村发展产业中，乡村旅游的发展可以与特色小镇建设实现互动融合发展，生态农业与生态旅游可以耦合协调。

2 乡村振兴与特色康养小镇耦合协同发展理论基础

特色小镇一端连着乡村，另一端与城市连接，在农村和城市之间起着桥梁和纽带作用。同时，特色小镇带来的产业集聚又能产生规模经济效益和范围经济效益。特色小镇之所以成为乡村振兴的新动力，是因为两者存在着耦合协同的内容，即特色小镇的建设内容同样是乡村振兴的内容要求，乡村振兴也给特色小镇建设带来了新的契机。近年来，各地积极推进特色小镇建设，在促进产业集聚、培育新兴产业方面发挥了重要作用，对加快转变城乡发展方式、提高城乡居民生活质量产生深远影响。不得不提的是，特色小镇是我国新型城镇化与乡村振兴中的重要一环，为经济高质量发展提供了一个全新的平台。特色小镇建设，增强了农业农村竞争力，使乡村振兴插上了腾飞的翅膀。在全面推进中国特色社会主义现代化强国建设开局阶段，我们要把解决好"三农"问题作为全党工作的重中之重。推进攀西民族地区乡村振兴战略的落实，尤其在特色小镇的建设方面，我们利用攀西民族地区资源优势，走产业和主体功能相结合的道路，推进城乡政策供给一体化，建设特色小镇助推乡村振兴，为乡村振兴撰写特色发展大文章。

2.1 乡村振兴战略

乡村振兴战略于 2017 年在党的十九大上首次提出，并确立为我国新时代"三农"工作的总抓手和总体目标。特色小镇建设不仅有利于推进农业产业转型升级，还可以带动区域经济社会协同发展，提升城镇综合承载能力。乡村振兴，是中国经济社会进入新时代发展的一个重要阶段，有助于强化农业的基础地位，弥补农业农村发展的短板，是党中央解决"三农"问题的总抓手。为了推进乡村振兴战略的实施，从 2018 年开始，中共中央先后印发《中共中央 国务院关于实施乡村振兴战略的意见》《乡村振兴战略规划（2018—2022 年)》和《中共中央 国务院关于全面推进乡村振兴加快农业农村现代化的意见》等政策文件。这些政策文件是落实乡村振兴战略的重要抓手，为推动农业农村发展提供指导思想、目标任务与原则。本书以攀西民族地区特色康养小镇建设为研究对象，以乡村振兴战略为研究出发点，详细梳理攀西民族地区乡村振兴战略的具体内容，为进一步研究奠定基础。

2.1.1 乡村振兴战略的提出与内涵

新时代，我国农业农村发展进入新阶段。党中央准确把握农业农村发展现状和我国经济社会发展需要，将农业农村工作作为全党工作的重中之重。为此，我国要"坚持农业农村优先发展，建立城乡一体化发展体制、机制和政策供给体系，按照乡村振兴总要求推进落实"[①]。乡村振兴要实现"产业兴旺、生态宜居、乡风文明、治理有效、生活富裕"五个方面总的要求，按照乡村振兴战略的内涵、原则、目标、要求、任务等要求，全面系统地推进乡村振兴。

2.1.1.1 乡村振兴战略的提出

长期以来，"三农"问题始终困扰着我国现代化进程，一直是我们党关注的焦点问题，在经济社会发展中处于首要地位。乡村振兴是一项复杂而长期的系统工程，需要全社会共同参与。党的十八大召开后，党和政府高度重视农业和农村的发展，推动农业农村实现了快速发展。在此背景下，如何进一步促进农民增收，成为新时代"三农"工作的重要课题。按照联合国恩格尔系数的标准，我国农村居民恩格尔系数由 2012 年的 39.3下降至 2017 年的 31.2，在世界上处于相对富足，但总体水平不高的状态。

随着工业化、城镇化进程加快和人民生活水平提高，城乡居民收入差距在持续拉大，城乡生活水平差距逐步扩大，农民增收困难成为社会关注的热点问题。农村经济的发展拉动了农业产业的发展，农业综合生产能力

---

① 习近平. 决胜全面建成小康社会 夺取新时代中国特色社会主义伟大胜利：在中国共产党第十九次全国代表大会上的报告［M］北京：人民出版社，2017.

有了较大提高，我国农业生产效益越来越好，粮食产量也取得 17 年的持续增长。农村基本医疗服务、卫生防疫、妇女儿童保健等公共服务水平稳步提高，很多地方特别是沿海地带公共服务水平接近城市水平。随着我国精准扶贫的全面完成，在 2020 年我国实现 8 249 万人贫困人口的完全脱贫，减贫工作取得了举世瞩目的成就，为世界减贫工作做出巨大贡献，得到全世界广泛认可。随着经济社会的发展，我国农村经济结构发生了较大变化，物质产品日益丰富，农村居民收入水平大幅度的提升，广大农村经济社会获得巨大发展，为实施乡村振兴战略奠定了重要的物质基础。

但仍需要看到的是，我国农业农村还存在很多问题。发展不平衡、不充分的问题在农村表现最为突出。过去较长时期农业农村的发展，是以资源消耗、环境污染作为代价的，致使农村生态环境遭到破坏，资源过度利用，环境污染比较严重。改革开放后，随着经济建设步伐加快和工业化、城市化进程推进，我国城乡差距不断拉大，农民增收困难问题日益凸显，影响着社会和谐稳定和全面建成现代化强国目标的实现。在农业农村发展过程中，水资源与耕地资源都不可或缺，是农村中最为珍贵的资源。但我国北方农村长期缺水、过度使用地下水，致使地下水被严重开采，耕地也过度使用。我国尽管国土面积较大，但有效耕地面积较少，仅占世界耕地的 7%，但需要养活 14 亿多人。从耕地质量上看，我国中低档耕地占耕地总量的三分之二以上。从提供优质农产品方面来看，供需不平衡、供不应求现象明显。要实现农业农村可持续发展，我国必须走资源节约型道路。我国农村传统农业生产存在着化肥、农药超量使用的现象，影响农产品的品质，还存在着食品安全问题。农业农村问题还体现在农业农村资源的空缺上，由于我国农村经济长期落后于城市，大量农民进城打工，房屋废弃、土地闲置的情况比较普遍，久而久之，农村的房屋破旧不堪。部分地区相对偏远，地形复杂，以低丘陵为主的村落荒地现象较为严重。随着我国经济社会的快速发展，农村的种种问题严重制约了我国农业农村现代化建设，这些问题亟待解决。

实施乡村振兴战略，是在我国经济持续向好，工业和城市经济取得巨大成就，有能力和条件对农业农村实施帮助，农业农村事业获得显著成就的基础上推进的。乡村振兴战略是缩小城乡之间差距，为实现共同富裕目标而做出的重要战略部署。党的十九大报告指出，要坚持农业农村优先发展，按照产业兴旺、生态宜居、乡风文明、治理有效、生活富裕的总要求①，以推进农业农村现代化为契机，完善城乡融合发展体制机制和政策体系。为推动乡村振兴战略实施，2018年出台了《中共中央 国务院关于实施乡村振兴战略的意见》，对乡村振兴战略任务进行了明确："要统筹推进农村经济建设、政治建设、文化建设、社会建设、生态文明建设和党的建设，加快推进乡村治理体系和治理能力现代化，加快推进农业农村现代化，走中国特色社会主义乡村振兴道路。"② 以习近平同志为核心的党中央根据我国农业农村发展的实际情况，及时提出乡村振兴战略，这是新时代我党在农业农村工作的总方向，也是解决新时代发展不平衡不充分问题的重要手段。

2.1.1.2 乡村振兴战略的内涵

新时代下，随着我国社会主要矛盾的转化，乡村振兴被赋予了更加丰富的内涵。根据党中央关于乡村振兴战略的论述，其内涵包括五个方面：乡村振兴战略关系到农业、农村和农民；乡村振兴战略的实施要坚持农业农村优先发展；坚持以工促农、以城带乡，以城乡一体化发展为路径；实现农业农村全面发展。乡村振兴包括产业振兴、人才振兴、文化振兴、生态振兴、组织振兴。

乡村振兴战略内涵十分丰富，它是以农业农村优先发展为前提。党的十九大报告对乡村振兴提出了"产业兴旺、生态宜居、乡风文明、治理有效、生活富裕"五个方面的总要求，是统筹全局、覆盖农业农村发展的重要战略部署。实施乡村振兴战略，第一，要大力发展农业农村产业，实现产业兴旺。按照新发展理念，推进农业农村高质量发展，坚持绿色农业和科技发展基线，以科技进步推动农业创新、绿色发展，逐步完善农业农村发展新体制机制，引导农业生产向高质量创新发展。第二，改善乡村生态环境，实现生态宜居。要加强生态环境整治，做到村容整洁，让广大农村喝得上清洁的水，看得见碧绿蓝天。第三，倡导文明生活，实现乡风文明。培育乡村文明，必须加强文化内涵和形式创新，不断提高乡村文明水平。第四，提升治理能力和治理水平，实现治理有效，走中国特色社会主

---

① 习近平. 决胜全面建成小康社会 夺取新时代中国特色社会主义伟大胜利：在中国共产党第十九次全国代表大会上的报告 [M]. 北京：人民出版社，2017.

② 中共中央，国务院. 中共中央 国务院关于实施乡村振兴战略的意见 [N]. 人民日报，2018-02-05.

义农村善治道路。① 第五，要着力促进农业农村发展，千方百计扩大农民增收机会，提高农民收入水平，实现生活富裕，让农民能有幸福感和获得感。

乡村振兴战略必须立足于农村实际情况，坚持农业农村优先发展。习近平总书记指出："实施乡村振兴战略，是解决人民日益增长的美好生活需要和不平衡不充分的发展之间矛盾的必然要求。"② 随着人们生活水平不断提高和绿色消费理念逐步深入，人们对无公害食品的需求越来越高，而当前农产品质量安全问题却不容乐观。农业农村对工业、城市的扶持，大批人力、物力从农村源源不断地进入城市，促进工业化、城镇化迅速发展，但也导致农业农村的发展大大滞后于城市的发展。我国经济和社会发展中最严重的失衡，主要表现为城市和农村之间的差距越来越大。我们要实施乡村振兴战略，弥补农村短板，实现城乡一体化发展，用现代农业产业促进农村经济社会发展，遵循生态优先、绿色发展的原则，提高农产品供给质量；培养新型职业农民，增强农村市场竞争力，扩大农民就业机会，积极为农民提供创收机会；适应生产力发展需要，加强农村基础设施建设，恢复和改善农村生态环境，建立和完善农村医疗卫生、保险等安全系统和机制；完善农村基础管理制度和促进农村治理能力现代化；创新农村金融体制机制，促进城乡资源自由流动和城乡相互融合发展。

实施乡村振兴战略应按其内在要求展开，即按照乡村振兴战略20个字的总体要求，统筹协调，全面推进。当前我国正处于全面建成社会主义现代化强国开局阶段，要统筹推进"五位一体"总体布局，协调推进经济建设、政治建设、文化建设、社会建设和党的建设，即从"产业兴旺、生态宜居、乡风文明、治理有效、生活富裕"五个方面实现乡村振兴战略。乡村振兴以产业兴旺为重点，通过促进农村经济发展，激发农村产业活力，实现产业振兴目标。乡村振兴，生态宜居是关键。推进农村生态文明建设，按照生态宜居要求，保护和恢复农村生态环境，实现生态振兴目标。乡村振兴，乡风文明是灵魂。推进乡村文化建设，按照乡村风貌和文明要求，培育文明乡村风貌的内容和形式，实现文化振兴目标。乡村振兴，有效治理是保障。按照治理有效的要求，推进农村政治建设，构建自

---

① 中共中央办公厅，国务院办公厅. 关于加强和改进乡村治理的指导意见 [N]. 人民日报，2019-06-24.

② 中共中央党史和文献研究院. 习近平关于"三农"工作摘编 [M]. 北京：中央文献出版社，2019.

治、法治、德治相结合的乡村治理体系。乡村振兴，以人才队伍为支撑。要注重培养本土人才，吸引外来人才，构建多元化的人才队伍，实现人才振兴目标。乡村振兴，生活富裕是根本。按照农业农村现代化要求，全面推进农村社会建设，以基层组织建设为重要抓手，引导农民致富增收，让广大农民过上好生活，让人民群众享受乡村振兴带来的红利和成果。

实施乡村振兴战略应立足于城乡一体化发展。我国长期实行的城乡二元发展结构，阻碍了城乡要素的自由流动，同时，城市偏向、农业支持工业、农村支持城市、优质资源流向城市，导致城乡之间差距越来越大，农村落后阻碍了我国现代化进程。习近平总书记指出，改革开放以来，我国农村面貌发生了翻天覆地的变化。但是，城乡二元结构没有根本改变，城乡发展差距不断拉大趋势没有根本扭转。根本解决这些问题，必须推进城乡发展一体化。[①] 城镇化是经济社会发展的必然结果，我国目前仍处于城镇化快速发展阶段，未来仍将有大量资源涌入城镇。为此，乡村振兴必须统筹城乡经济社会发展，一方面，实行城市支援农村、工业反哺农业政策，实现城市资源双向自由流动，充分发挥政府这只"看得见的手"的作用；另一方面，要充分发挥市场在资源配置中的决定性作用，吸引更多的社会力量投向农业农村现代化建设，释放农业农村建设的巨大潜力。

乡村振兴，是中国农业农村现代化的重要载体。在中国成功取得脱贫攻坚全面胜利的背景下，我们已实现了全面建成小康社会的奋斗目标。为接续党的第二个百年奋斗目标，中共中央提出了我国社会主义现代化建设的新征程，即到 2035 年，中国将基本实现社会主义现代化，达到中等发达国家水平。届时，我国的经济实力、科技实力、综合国力将显著提高，经济总量、城乡居民人均收入均达到新的水平，关键技术有重大突破，站在了创新国家的前列。

2.1.2　乡村振兴战略的原则与目标

原则是行为的标准，目标是行为的方向。科学的基础和明确的目标，为实施乡村振兴战略提供了基本指引和工作方向。《中共中央 国务院关于实施乡村振兴战略的意见》对乡村振兴战略实施的基本原则与主要目标进行了详细描述。其中"产业兴旺"是实施乡村振兴战略中最重要、最具战

---

① 中共中央党史和文献研究院. 习近平关于"三农"工作论述摘编 [M]. 北京：中央文献出版社，2019.

略意义的部分。本书通过对乡村振兴战略主要原则、主要目标进行诠释，以期对攀西民族地区乡村振兴和康养小镇耦合协调机制及特色发展路径的持续深入研究打下基础。

（1）实施乡村振兴战略的基本原则

《中共中央 国务院关于实施乡村振兴战略的意见》明确提出了实施乡村振兴战略的七项基本原则，这些原则就是落实乡村振兴战略的路线图，各级政府要根据规定，因地制宜地安排工作。

第一，坚持党对农业和农村工作的全面领导。加强农村基层党组织建设，充分发挥农村基层战斗堡垒作用和党员先锋模范带头作用。全面贯彻落实党的基本理论、基本路线、基本方略，协调推进经济建设、政治建设、文化建设、社会建设和生态文明建设，以加快实现农业农村现代化的发展目标。

第二，加强党对农村工作的全面领导，坚持农业农村优先发展；同时，还要加强对新型职业农民培育和教育培训，提高其综合素质和能力水平；把农业农村放在优先发展地位。破解农业农村难题，实现农业农村现代化，必须以经济社会发展为主线，在要素配置中要对农业农村发展给予重点支持。要维护好每一个村民的主体地位。要切实保护好农民的合法权益，让农民共享改革发展成果，激发其内生动力。农民是乡村振兴的主人，实施乡村振兴战略的终极核心在于农民，其是解决"三农"问题之核心。发挥农民的智慧与创造力，就是"三农"发展的动力机制。

第三，完善农村土地制度改革，推进农村产权流转市场建设，健全农村社会保障体系等。农民的意愿应得到充分的尊重；要始终坚持为农民服务，紧紧依靠农民，充分发展农民的首创精神，持续增强农民的获得感，幸福感；乡村振兴不是短期目标，而是长期任务。

第四，要坚持全面振兴农村。在新时代，我国要通过加快新型城镇化建设，统筹解决好"三农"问题，为乡村振兴打下坚实基础。乡村振兴战略归根到底是要实现农业农村现代化。在此基础上，我国还必须加快完善社会主义市场经济体制和民主法治体系建设，优化要素市场化配置。为此，乡村振兴既不能囿于物质领域，也不能限于精神领域，而应该按照乡村振兴20个字的总要求整体推进。要走好乡村振兴之路，就要坚持城乡融合发展。健全以土地承包经营权为核心的集体产权制度，完善农村土地管理制度，加快构建新型工农关系，形成以工促农、以城带乡的长效机制。

第五，构建城乡融合的体制机制，创新农村社会治理方式，推动城乡要素的自由流动，发挥市场机制促进乡村振兴，使市场成为城乡资源配置的决定性因素，这是新时代乡村振兴的重要路径；推进乡村振兴，要把保护生态环境作为重要支撑；加快构建资源节约和环境友好型社会，切实保障人民群众生产生活环境安全。

第六，坚持人与自然和谐共处。要尊重自然规律，保护和改善生态环境，为人民创造良好的生产生活条件；要推进农业农村现代化建设，不断提高农民物质文化生活水平，使广大农户得到实惠。人与自然和谐共处，是经济社会发展中必须遵循的客观规律。坚持生态优先的原则，走绿色发展之路，用绿色发展带动乡村振兴，是人与自然和谐相处的时代抉择。

第七，坚持结合本地实际，制定适合本地的乡村振兴战略规划。各地应结合本地实际情况和国家政策要求，因地制宜，分类施策，有针对性地进行规划设计。我国的农村地区地域广大、分布广泛。各地资源禀赋差异较大，发展状况各异。因此，对不同的区域必须有精确的掌握，重视规划引导，利用不同区域的资源优势，为乡村振兴战略的实施贡献力量。

（2）实施乡村振兴战略的主要目标

乡村振兴战略要分三步走。

第一阶段：到 2020 年，乡村振兴取得重要进展，制度框架和政策体系基本形成。这一目标已经实现。

第二阶段：到 2035 年，经过 15 年决定性的乡村振兴战略的实施，乡村振兴战略要取得决定性的成果。为此，我们要坚持党对农业农村工作的全面领导，加强农村基层党组织建设，充分发挥战斗堡垒作用和党员先锋模范带头作用。从生态环境来看，从根本上改善了农村人居环境，村容村貌发生了根本的变化，农村居民精神焕发，碧水蓝天已基本建成。在农村产业发展方面，农业产业发展取得突破性进展，农业产业结构日趋合理。农业综合生产力大幅提升，三次产业融合取得重大突破。在小康生活方面，农民生活质量大幅提升，相对贫困状况进一步缓解，城乡共同富裕的实现稳步推进；农民文化结构质量和数量协调发展，农民文化达到一个新的高峰；农村基础设施建设水平达到城市水平，城乡基本公共服务衔接基本实现，城乡融合发展体制机制不断完善。在农村治理方面，党的领导不断深化，自治、法治、德治相结合的乡村治理体系不断完善，党的农村工作领导体制普遍得到健全。

第三阶段：到 2050 年，社会主义现代化国家将全面建成，农业农村将实现同步发展，农业强、农村美、农民富全面实现。当前，按照乡村振兴战略五个方面的总要求，全国各级政府应结合当地农业和农村发展情况，综合组织实施，以达到乡村振兴的根本目标，实现农业农村的全面振兴。到 2050 年城乡融合发展将全面实现，它不仅体现在生活质量的全面提升上，更将在产业兴旺、生态宜居、乡风文明、治理有效、生活富裕上，实现全面突破。

2.1.3　乡村振兴战略的要求与任务

新时代，在"五位一体"总体布局下实施乡村振兴战略，必须按照乡村振兴 20 个字总要求，深入推进五大乡村振兴任务，扎实推进农业农村工作。

（1）乡村振兴战略要求

党的十九大报告把乡村振兴战略总要求归纳为二十字方针：产业兴旺、生态宜居、乡风文明、治理有效、生活富裕。它不仅更新了十六届五中全会关于新农村建设的二十字方针，又进一步诠释了新时代农业农村发展的深刻内涵。

产业兴旺是乡村振兴的中心任务，是新时代实现农业农村产业质量更高、农村经济更快发展、农民生活提高的必然前提。习近平总书记指出："产业是发展的根基，产业兴旺，乡亲们收入才能稳定增长。"[①] 农业发展不仅需要产业兴旺，更要实现民富国兴、五谷丰登、六畜兴旺、三次产业深度融合的新局面。实现产业兴旺，要夯实农业产业基础，以实施农业供给侧结构性改革为主线，坚持质量取胜，抓好农业产业，促进农产品质量和数量稳步提升。实施绿色发展，改善农村空气、土壤、水等生态环境问题，以更严格的生态标准促进农业发展。坚持以农业科技促进农业发展，深化农业科技成果创新转化和应用，积极推动数字农业建设，发挥科技力量，推动农业产业发展进入快车道。要构建三次产业融合发展的体制机制，在第一产业稳定发展的基础上，发展壮大农产品加工、农业旅游、旅居康养等产业，推动种植、养殖、加工和旅游等的融合发展，打开融合发展的新局面。

---

① 新华社. 习近平在内蒙古考察并指导开展"不忘初心、牢记使命"主题教育 [N]. 人民日报（海外版），2019-07-17.

实现乡村振兴，生态宜居至关重要，坚持生态优先的原则，走绿色发展道路，就是要全面践行新时代习近平生态文明思想，扎实开展生态文明建设。习近平总书记曾指出："良好生态环境是农村最大优势和宝贵财富。要守住生态保护红线，推动乡村自然资本加快增值，让良好生态成为乡村振兴的支撑点。"① 要实现乡村振兴，各地要结合自身优势，加大优势资源开发利用力度，要发挥生态资源优势巨大潜能，使生态优势成为乡村发展的宝贵财富。要做到生态宜居，就要协调好山、水、林、田、湖、草的生物体系，强化对农村突出生态问题的综合治理与修复。新时代下，推进农村绿色发展是全面建设现代化强国的必然要求。我们必须建立环境友好型的生产模式，牢固确立并实践"绿水青山就是金山银山"的思想，使农村的自然资源加快增值，努力实现优质生态资源向优质生态产品的转变，从而加大农业生态产品的供给，满足人们对生态产品的需求。实行绿色生活方式，一方面要为农村居民创造碧水蓝天的生产生活环境，提供优质生态产品，让人民群众吃得健康、吃得放心；另一方面，树立环保生活方式，将绿色饮食、绿色出行、绿色住宿融入居民日常生活，营造良好的绿色生活环境。

乡风文明是乡村振兴的灵魂，是构建新时代社会主义核心价值体系的重要组成部分，是满足人民日益增长的美好生活需要的思想保障。全面实现乡村振兴战略，必须物质文明和精神文明并重，实现"富口袋"和"富脑袋"并重。

习近平总书记指出："国无德不兴，人无德不立。"② 各地应在社会主义核心价值观的引领下建设农村文化，将社会主义核心价值观融入农村传统文化，使传统文化绽放现代文明的花朵。农村优秀传统文化的传承与发展势在必行，要吸纳优秀的文化成果，不断革新文化内容、文化的表现形式与文化传播方式，充实乡村文化内涵与形态。各地在开展乡村文化建设时，应通过制定村规民约，逐步建立和完善农村文化体系。乡风文明是乡村振兴之魂，在新时代建设社会主义核心价值体系中占有重要地位，是满足农民对美好生活不断增长需求的思想保证。

治理有效为乡村振兴提供了重要保证。农村社会治理在整个国家治理

---

① 中共中央文献研究室. 习近平关于社会主义生态文明建设论述摘编 [M]. 北京：中央文献出版社，2019.

② 习近平. 习近平谈治国理政 [M]. 北京：外文出版社，2014：168.

体系中占据举足轻重的地位，反映了一个国家的社会治理能力，是社会主义事业发展的内在前提。党中央提出，农村治理要"完善党组织领导下自治、法治、德治相结合的乡村治理模式，构建共建、共治、共享的社会治理格局，必须走中国特色社会主义农村治理道路"①。各地必须全面厘清并充分发挥党对农村治理的领导作用，坚持党委的统一领导，党员领导干部率先介入，发挥基层党员的先锋带头作用，构建新时代党委主导的农村社会治理新格局。同时，各地要完善农村基层党组织建设工作机制，加强基层组织队伍能力素质建设，提升党支部组织力，为推动农村社会治理提供坚强保证；构建"自治""法治""德治"相结合的乡村治理"三位一体"模式，激发广大农村居民参与乡村治理的主动性和积极性，提高村民的整体素质和意识，有效提高治理能力和治理效率，让农村社会治理井然有序地进行。乡村治理体系不仅需要政府和村民的参与，还需要社会各界力量的参与，形成社会合力，最大程度地解决社会治理问题和实现共建、共治、共享的社会治理格局。

生活富裕是乡村振兴的起点和终点，是全面满足农民美好生活需要和实现农业农村现代化的根本体现。我们的所有工作，出发点与最终归宿均是为人民服务，实现共同富裕。乡村振兴，最终目标就是要使农民过上好日子，使农民倍感快乐，倍感充实。各地要坚持因地制宜、分类指导原则，根据不同地区情况，实施差别化扶持政策，促进城乡一体化发展；必须积极创造多种就业机会，指导村民就近创业和就业，纳入农村产业改革发展的轨道，做到产业融合发展，实现农民收入水平连年增长。

农村公共基础设施建设应进一步改善，优先发展农村教育和医疗等事业，农村养老和其他公共服务得到提升，现代化住房等得到进一步改善，农民对家乡的归属感得到提高，让返乡创业青年回得来、留得住。各地要加快推进新型农村社区建设，提高农村居民居住条件和生活质量，逐步实现产业兴旺、生态宜居、乡风文明、治理有效、生活富裕。农村人居环境应不断得到改善，让农民能呼吸到新鲜空气，饮用到干净饮用水，给农民一个蓝天碧水、安居乐业的好地方。

（2）乡村振兴战略的任务

习近平总书记指出，要坚持乡村全面振兴，抓重点、补短板、强弱

---

① 中共中央办公厅，国务院办公厅. 关于加强和改进乡村治理的指导意见［N］. 人民日报，2019-06-24.

项，实现乡村产业振兴、人才振兴、文化振兴、生态振兴、组织振兴。在当前我国经济下行压力较大的情况下，加快推进农业现代化，促进农业增效、农民增收显得尤为重要。新时代，各地要在"五位一体"的整体发展需求指导下，实施乡村振兴战略，促进农村政治、经济、文化、生态和社会的全面发展，实现农村社会的全面进步。

产业振兴是乡村振兴的前提与基础，更是破解"三农"问题的关键所在。我国要加快推进新型农村社区建设，提高农村居民居住条件和生活质量，逐步实现产业兴旺、生态宜居、乡风文明、治理有效、生活富裕。一方面，产业振兴和农民财富挂钩；另一方面，为乡村振兴注入力量。只有产业振兴了，农村才能生机勃勃，农民才能幸福安康。2019年，国务院印发《关于促进乡村产业振兴的指导意见》，明确了产业振兴的目标、任务和措施，对产业振兴内涵进行了全面阐释。过去，我国农村以小农户生产为主，产业链短，价值创造空间小，就业岗位少，农民增收机会非常有限。现在，随着农村道路、通信网络等基础设施的不断完善，加上土地和劳动力成本相对较低，越来越多的社会力量正在下乡参与农村建设。经过一系列政策、措施的持续发力，农村产业发展势头迅猛，三次产业融合发展取得一定成效。2021年2月，习近平总书记宣布，经过全党全国各族人民共同努力，在迎来中国共产党成立一百周年的重要时刻，我国脱贫攻坚战取得了全面胜利。今后，要持续加大发展农村产业力度，努力扩大农民增收机会，把产业振兴作为巩固脱贫成果、防止返贫的根本措施。

人才振兴为乡村振兴提供了支撑。乡村振兴的关键在于人才。从目前我国农村经济发展状况看，人才振兴已成为实现乡村振兴目标的必由之路。我国传统农业中的农民，历来凭借经验从事农业生产活动，文化程度不高，要求也不高，技术技能的掌握，常常依赖于前一辈的传授，农民的传统种植经验对农业具有支撑作用，但现代技术技能欠缺。随着工业化和城镇化进程加快，大量劳动力涌入城镇，致使城乡差距越来越大。随着工业化和城镇化进程的加快，大量青壮年劳动力涌入城镇就业或打工，导致出现了一个特殊群体——"新生代"农民工。到2020年年末，常住人口城镇化率达60%以上，农民工新增人口近3亿，并有进一步扩大的趋势。随着城镇化进程加快和劳动力成本上升，未来几年将是我国农民增收难度加大的时期。就现实而言，即使我们城镇化率是70%，也仍还有4亿人口居住在乡村。离开农村的农民以青壮年或有技术的农民居多，留在农村的主要是劳动能力明显不足的老弱妇孺。"谁种地，谁住村"的问题越来越重要。因此，新时代的乡村振兴必须解决人才的问题：乡村振兴人才从哪里来，谁来发展农业产业、建设农村？

文化振兴是乡村振兴之魂，乡村要想维持长久持续稳定，就必须要有文化的支持。习近平总书记指出："乡村文明是中华民族文明史的主体。"① 实施乡村振兴战略，需要物质文明与精神文明相结合，传统农业文化与现代文化相结合，塑造更高质量的乡村文化。"农耕文化是我国农业的宝贵财富，是中华文化的重要组成部分，不仅不能丢，而且要不断发扬光大。"② 我国农耕文明源远流长，深耕于广大农村，是新时代增强农村精神的宝贵财富。然而近年来，在物质的影响以及各种外来文化的侵蚀下，优秀的农村传统文化逐渐衰落，一些不健康的社会风气在农村普遍存在，如天价嫁妆和恩惠礼物并不少见。新时代，农村文化振兴是乡村振兴的重要内容，积极弘扬社会主义核心价值观，传承保护优秀乡村传统文化，融合现代优秀文化，不断丰富乡村文明。

乡村振兴的依托是生态振兴，乡村振兴应在有利生态环境中实施与推进。优良的生态环境，同样是乡村振兴所肩负的使命，不应牺牲生态环境。习近平总书记强调，实施乡村振兴战略，一个重要任务就是推行绿色发展方式和生活方式。③ 一直以来，我国农村生产的重点任务是生产出足够的粮食、温暖的衣服，满足基本的物质需求。随着我国经济社会的快速发展，粮食产量不断创造新高，人们再也不愁吃穿了，农村居住条件也得到极大改观。新时代，农村生活还需要较好的周边环境。没有山清水秀、蓝天绿地的优美生态环境，农民就难以有幸福感。目前，一些农村地区环境较差，如厕所环境肮脏、垃圾堆放不整齐、环境卫生无序、村容村貌差等环境环保问题仍然比较突出，已成为农民生活质量提升和农民享受大自然馈赠的障碍。实施乡村振兴战略，要做好生态资源保护、垃圾污水处理、垃圾回收利用、改善村容村貌以及提升乡村生态环境等工作，促进农村可持续发展。

① 中共中央文献研究室. 习近平关于"三农"工作论述摘编 [M]. 北京：中央文献出版社，2019.

② 中共中央文献研究室. 习近平关于"三农"工作论述摘编 [M]. 北京：中央文献出版社，2019.

③ 中共中央文献研究室. 习近平关于"三农"工作论述摘编 [M]. 北京：中央文献出版社，2019.

组织振兴是乡村振兴的保障，是实现农村繁荣稳定的重要保障。党对农村工作的领导是我们的传统，这个根基不能丢掉，应在新时代发扬光大。一直以来，人情社会是我国农村社会的基本面貌，人情大于法治，政府权力难以深入农村基层。随着社会主义事业的不断发展，农村经济取得了快速发展，但农村人口结构、农村意识形态、农民思想和利益诉求等发生了巨大变化，有些问题越来越突出，农村治理也越来越复杂。习近平总书记强调，乡村振兴离不开和谐稳定的社会环境。要加强和创新乡村治理，建立健全党委领导、政府责任、社会协同、公众参与、法治保障的现代乡村社会治理体制，健全自治、法治、德治相结合的乡村治理体系，让农村社会既充满活力又和谐有序。① 乡村振兴需要让基层党员主动参与农村基层党组织建设，努力创建充满活力、和谐有序的农村基层组织。

2.2　特色康养小镇概念及相关理论

特色康养小镇是通过吸引外地游客、服务外地游客、塑造要素流动，进而推动城镇化发展的动态过程。特色康养小镇的形成和发展是城镇化不断推进的结果。随着人们收入水平的不断提高，旅居康养成为人们生活时尚。与此同时，我国旅游业也快速发展，在一些旅游资源丰富的地区，为游客提供各种公共服务和基础设施，满足旅客多种需求，外来游客的不断涌入，让旅居资源聚集起来。在服务集聚、产业集聚和功能集聚的影响下，一些小城镇快速发展，形成了一批特色康养小镇。在这个过程中，人口、资源、信息、资本等市场因素在此不断积累，促进了这些特色康养小镇的各项服务功能的完善，并使其空间边界不断扩张。

2.2.1　特色小镇

（1）特色小镇的概念

2016 年 7 月，为贯彻落实党中央、国务院关于借鉴浙江特色小镇经验做法，促进特色小镇健康发展，住房城乡建设部、国家发展改革委、财政部联合印发《关于开展特色小镇培育工作的通知》，通知中标志性"特色

---

① 中共中央文献研究室. 习近平关于"三农"工作论述摘编 [M]. 北京：中央文献出版社，2019.

小镇"用语沿用浙江省标志性"特色小镇"定义。①

特色小镇源于浙江省的创新实践。2014 年年初,浙江省从推进全省经济转型和城乡协调发展的大局出发,提出建设一批特色小镇的发展理念。2015 年,浙江省发布《浙江省人民政府关于加快特色小镇规划建设的指导意见》,明确了特色小镇的概念。特色小镇是相对独立于市区,具有明确产业定位、文化内涵、旅游和一定社区功能的发展空间平台,区别于行政区划单元和产业园区。特色小镇的规划面积一般控制在 3 平方千米左右,建筑面积限制在 1 平方千米左右。

2017 年 12 月,国家发展改革委、国土资源部、环境保护部、城乡住房建设部共同发布的《关于规范推进特色小镇和特色小城镇建设的若干意见》中,对有关概念作了进一步界定,特色小镇是在几平方千米土地上集聚特色产业、生产生活生态空间相融合、不同于行政建制镇和产业园区的创新创业平台。

从政策层面提出特色小镇的概念以来,其相关内涵解读和概念界定的学术跟进也日益丰富。学者们主要从"特色产业"和"社区功能"两个角度来界定特色小镇的概念。马斌(2016)认为,特色小镇不同于行政区划意义下法定小镇范畴,也并非纯企业集群,是一个集特色产业、城市功能、历史文化于一体的休闲与其他各种功能相结合的聚集体。其建设目的是推动经济发展方式转变,实现城乡统筹协调,促进区域经济社会全面可持续发展。这一界定强调特色小镇建设的重要性。在此基础上,马斌提出"特色小镇"概念,并将其与其他类型的小镇区别开来,以突出特色。刘国斌(2017)认为,特色小镇以特色产业为基础,有一定产业基础,产业定位清晰,是以现代工业为依托,在传统农业基础上发展起来的新型产业集群。通过政府、企业等多主体共同参与的规划建设,它有其特有的文化内涵和生活特色。它不仅可以带动地方经济转型升级,还能为当地居民提供就业岗位。其旅游环境优美、基础设施健全、管理制度灵活,是区域发展的新模式。特色小镇作为新型城镇化进程中出现的重要形式之一,对我国经济社会发展发挥着越来越大的作用。黄志雄(2019)认为,特色小镇不同于传统开发区,也不同于产业集群,也不同于劳动力市场、生产要素

---

① 住房和城乡建设部,国家发展改革委,财政部. 关于开展特色小镇培育工作的通知(建村〔2016〕147 号)[EB/OL]. (2016-07-01)[2023-06-30]. http://www.planning.org.cn/law/uploads/2016/07/18495_1469158094.pdf.

和其他产业集群外部来源，但却是以专业化产业集群为基础的城镇与社区。其更加注重旅游、文化、生活等功能，是一个以终端消费为导向的、多元化的、专业化的生产、生活、生态一体化平台。易开刚等（2019）认为，特色小镇是"工业化"和"城镇化"的产业组织形式相结合的以人为本的进步，不同于公园、城镇、旅游区等多功能集合体。综合功能体现的是一个包含物理空间、经济空间、文化空间和社区空间的多维空间。

总的来说，学术上对特色小镇的定义在一定程度上继承了早期政策层面对特色小镇的定义。根据前人的意见，本书认为，特色小镇应具备以下特点：①区别于传统的行政小镇和工业园区；②是区域特色产业和高新技术产业的创业创新平台；③具有丰富的文化内涵和城市功能，具有完善优美的生态环境的生活休闲场所；④是带动区域经济、社会和文化快速发展的动力载体。

（2）特色小镇与特色小城镇的概念辨析

小城镇是介于村社与城市间的一种过渡状态定居点。它不仅承担着农村人口向城镇人口转移和农民生活方式转变等职能，还肩负着发展经济、繁荣文化事业以及为广大人民群众提供就业岗位的任务。小城镇在经济社会中有着特殊的位置，在中国城镇化战略中，始终起着举足轻重的作用。"小城镇"的概念大致可以分为广义和狭义两个概念。狭义上的小城镇，是指包括县城在内的有组织的城镇。设立城镇是指经省、自治区、直辖市人民政府同意设立的，直接向中央政府报告批准设立。这一概念更贴近《中华人民共和国城乡规划法》中省域城镇的法律含义。① 小城镇的广义概念包括区镇、建制镇以及集镇。集镇是指乡、民族乡人民政府所在地和经县级人民政府确认，由集市发展而成的作为农村一定区域经济、文化和生活服务中心的非建制镇。② 县城、建制镇、集镇的区别主要体现在两个方面：一是乡镇驻地往往是集镇，集镇不一定是乡镇驻地，也可能是较大的村庄；二是人口、面积等规格差异。一般来说一个乡镇至少有一个集镇，往往就是乡镇政府驻地，一个乡镇有多个集镇的情况也不鲜见。我国现行行政体制分为四级，分别是省级行政区、地级行政区、县级行政区和乡级行政区。小城镇主要集中在"县、自治县、市镇、民族乡、镇"的三四级区划层面。以上分析表明，小城镇是连接农村和城市的大动脉，可见其区

---

① 《中华人民共和国城乡规划法》第十三条。
② 《村庄和集镇规划建设管理条例》第三条。

位的特殊性和重要性。

针对各行各业对特色小镇和特色小城镇概念使用混淆的情况，甚至在实践中出现偏差的情况，有关部门对两者的概念进行了修订。2016 年 10 月，国家发展改革委发布的《关于加快美丽特色小（城）镇建设的指导意见》将特色小镇与特色城市区分开来。意见指出，特色小城镇是指以传统行政区划为单位，特色产业鲜明、具有一定人口和经济规模的建制镇。2018 年 8 月，国家发展改革委办公厅印发《关于建立特色小镇和特色小城镇高质量发展机制的通知》，进一步明确了特色小镇的概念：特色小镇是指以工业化为基础的城市开发。特色小镇主要指聚焦特色产业和新兴产业，集聚发展要素，不同于行政建制镇和产业园区的创新创业平台。特色小镇和特色小城镇相得益彰、互为支撑。发展特色小城镇旨在促进大中小城市和小城镇协调发展，充分发挥城镇化对新农村建设的辐射带动作用。从 2016 年、2017 年三部委公布的第一批、第二批 403 个国家特色小镇名单中可以看出，这些城镇均为行政城镇，即符合中国特色城镇的特征，如浙江模式、广东模式。2019 年 4 月，国家发展改革委规划司在浙江德清与国家标志性城市举行现场经验交流会。第一批、第二批 403 个"全国特色小镇"正式更名为"全国特色小城镇"。

2.2.2　特色康养小镇

在特色小镇的概念提出之前，以旅游业为主的小城镇大多被称为旅游小镇。国外对旅游小镇的研究起步较早。19 世纪 70 年代以来，随着资源型工业（煤炭、石油、电力、农业）的逐渐衰落，这些小镇逐渐成为旅游业发展重点，旅游也成为小镇经济的重要推动力。从 20 世纪 40 年代开始，伴随着欧美等发达国家步入后工业化、逆城市化时代，乡村旅游开始大范围地开发。1991 年，国外著名学者穆林斯提出乡村旅游城市化观点。总之，国外学者将旅游小镇作为传统景区的延伸，是城市旅游向乡村旅游过渡的空间形态。

我国对旅游小镇的研究主要集中在 2000 年以来的学术文献中。学者们对旅游小镇的概念、内涵、特点、模式和发展机制等进行了相关研究。刘德云（2008）认为，旅游小镇，是指那些以旅游业为主要产业的小镇，也就是具有自己的旅游资源，成为旅游目的地的城镇，他将旅游小镇的概念分为广义和狭义的概念。林晨辉（2012）认为，所谓旅游小镇，就是拥有丰富的旅游资源的小镇，是以旅游业为主导的城镇，可供游览、休闲、康养并提供其他服务。石焱（2013）认为，旅游小镇是指以旅游为主导产业或主营产业，并有一项或多项主题活动的小镇。传统意义上的旅游小镇有自己鲜明的特色，主要体现在资源开发、产品类型、协同机制、运营管理等方面，但也存在很多问题，比如旅游业发展相对粗放、发展路径单一、旅游产品类型单一、旅游吸引力较弱、城镇化带动作用不显著。

自 2015 年提出特色小镇的概念以来，学术界主要将旅游小（城）镇称为特色旅游小镇、旅游小镇、旅游特色小镇、特色康养小镇等。通过文献检索发现，虽然有的研究强调了小（城）镇的旅游引领功能、特色文化、特色景观和特色建筑，但并未涉及有关建制城镇的问题。随着特色小镇概念的诞生和发展，学术界的后续研究也转向了浙江无组织小镇、特色小镇模式的研究，强调特色旅游小镇可作为创新创业平台。从实践经验来看，特色旅游小镇既不是行政小镇，也不是产业园区，而是依托独特的地域文化、当地民俗风情等资源，打造宜居、宜游、宜商的旅游休闲集群。

在上述分析的基础上，研究中所定义的特色康养小镇，是指旅游产业建设与相关产业重点开发，旅游产业重点突出，在原建镇的基础上，借助传统有吸引力的产业资源、区域文化资源、生态环境资源及其他相关资源形成集旅游景区、休闲聚集区、产业开发区、新型城镇创建区功能于一体的空间载体。本书界定和分析的特色康养小镇是在建制小镇的基础上，具有发展传统产业和历史文化遗产的坚实基础，是一个集生产空间、生活空间、旅游空间于一体的空间体系。特色康养小镇既注重传统产业与旅游产业的相互促进、协调发展，又注重政治、经济、文化、居民生活等功能，强调对周边的辐射带动作用。它与为解决产业转型升级问题、盘活存量土地而创建的一般特色小镇有本质区别。

2.2.3 产城融合

产城融合理论可以追溯到以摩尔和欧文为代表的空想社会主义时期。1867 年，西班牙人 A. Serda 在其《城镇化基本理论》一书中首次创造了城市化一词。西方学者对产城融合概念和内涵的解读，常见于有关城镇化和工业化的研究之中。英国社会活动家埃比尼泽·霍华德在 19 世纪末提出了著名的"花园城市"理论，在他看来，最优秀的城市，应同时具备城乡之间的各种职能，避免了与城市、农村相结合所对应的不利因素。1912 年，恩文和帕克在《拥挤无助》一书中进一步阐述了霍华德的"花园城市"思想，进而概括为著名的"卫星城"理论，两人是霍华德的助手。1922年，法国建筑师勒柯布西耶在他的《明日之城市》一书中提出，克服"大城市病"的出路在于大城市本身的改造。库兹涅茨（Kuznets Simon，1957）认为，资源的来源和去向已经从农业活动向非农业活动转变，由此产生的城乡人口分布格局的变化成为城市化的发展过程。J. C. 戴维斯（2003）认为，经济增长方式的转变促进了城市化的演进，这个过程是动态的渐进过程，是从以第一产业为主的农村向以第二、三产业为主的城市转变的过程。

此后，随着经济社会的不断发展和城市问题的日益突出，西方国家也越来越重视生活和工作的平衡，并试图建设这样的新兴城市，即城市产城融合的载体，这就是小镇的早期雏形。

20世纪40年代，卫星城市出现在英国。随后，法国经济学家Francois Perroux于1955年首次提出了"增长极"理论，随后Boudeville于1966年提出了"乘数效应"理论，Goolsbee（2014）认为多元化产业关系到协调发展问题。城镇化是工业化可持续发展的关键驱动力。这些理念体现了国外工业化和城镇化一体化发展理念的不断创新，在所倡导的城市发展核心理念和宗旨上与国内一致。

在我国，产城融合是基于"产城一体化"的发展思路，具有较强本土化的发展理念，其本质是产业和城市协调发展。从我国目前的研究情况来看，学者张道刚（2011）最早就明确提出了产城融合的概念。他认为，城镇是工业的载体，工业是城镇发展的基础，实现产业与城镇的空间整合和功能整合，实现产、城、人良性发展的模式。孔祥等（2013）认为产城融合是要形成产业发展与城市功能优化的相互促进关系，既要注重产业的经济支撑功能，又要为产业发展提供优越的市场环境和城市功能支撑，共同为人类文明进步服务。现有文献对产城融合的内涵进行了解读，包括广义的城镇化与工业化的融合和狭义的产城融合。

特色康养小镇兼具旅居康养产业和社区空间，产城融合发展对于特色康养小镇的创建具有可期的积极意义。借鉴前人的经验，课题组将产城融合的概念延伸到特色康养小镇发展相关问题的研究中，认为特色康养小镇产城融合是指发展旅游业、传统产业升级、人口集聚、建设小镇基础设施等。服务功能、文化传承、社区建设良性互动的动态发展过程是旅居康养产业发展与城市建设的融合过程。首先，"人"是特色康养小镇产城融合发展的核心要素和重点主体。着力保障群众就业、收入、住房，农业转移人口城镇化等公共服务供给。其次，特色康养小镇的产城融合还应强调生产功能、生活功能和生态功能的协调统一。特色康养小镇作为小镇是区域政治、经济、文化中心和交通枢纽，一方面，其要通过旅居康养业的发展，实现旅居康养业的高度集聚、传统产业的升级换代和产业资本要素的不断融合；另一方面，我们要加强特色康养小镇社区建设，促进旅居康养业发展，塑造特色康养小镇，提升小镇内涵，辐射带动周边乡村振兴。

综上所述，特色康养小镇产城融合的"产"不仅包括依托当地特色资源（自然、文化、传统产业）发展起来的新兴旅游产业，还包括具有历史文化底蕴的传统产业和其他延伸产业。因此，特色康养小镇产城融合发展的内涵是指传统产业与新兴旅游产业的有效衔接和融合，发挥旅居康养产业在传统产业优化升级中的引领作用，目的是实现产业发展与小镇功能的协同。土地城镇化与人口城镇化相互促进、协调发展，推动特色康养小镇成长为宜游、宜商、宜居的新型城镇化发展的载体。

2.2.4　空间效应理论

空间和时间被认为是两种具有"客观实在性"的存在。哲学认为空间是一种与时间相对的物质客观存在。伊曼纽尔·康德在《纯粹理性批判》中提出"空间是先验的"。中国古代思想家和哲学家老子在《道德经》中讲到"凿户牖以为室，当其无，有室之用。故有之以为利，无之以为用"。将空间视为一种工具，认为如果没有空间，一切事物都将失去其存在意义。老子从"虚与实，有与无"的角度来解释空间的相对关系。一般人通常只重视物质的影响，而老子特别强调了空间的功能。从几何学的角度看，空间是物质存在相对于时间的客观形式，用长短、宽窄、高矮、大小来表示，是一个被点、线、面、体分割或包围的假想体，空间的概念非常广泛。从不同的专业领域来看，有宇宙空间、社会空间、经济空间等不同形式。

空间效应的兴起源于人们对空间的逐渐关注和深入认知。根据理论研究的现状，空间效应研究可分为地理学和经济学两大学科体系。随着新经济地理学等学科的出现，两者趋于融合。在地理学视野下，空间效应指因地表结构不同而改变空间格局，地理系统中的物质、能量与信息再分配等具体改变。经济学中的空间效应是指不同区域之间的空间相互作用，以及区域内部和区域之间的空间结构和空间格局变化引起的区域发展差异或趋同。例如，胡兵（2012）认为，空间效应是指空间区域经济行为之间的空间联系和相互作用。空间效应是空间经济学研究的主要内容之一，关注经济活动主体的空间相互作用，主要包括空间集聚效应、溢出效应等。集聚效应是指空间集聚形成的经济集聚影响、区域经济增长影响；溢出效应是指某个地区在经济发展过程中对其周边地区经济增长的影响程度。此外，空间效应还包括抑制效应、依赖效应、转移效应等多种效应。

特色康养小镇作为旅游消费集聚地，以地方城镇为空间单元和空间载体，具有产城融合、传统产业集聚、新型产业集聚、旅居康养业集聚等特点；还具有传统文化的传承、城镇建设水平的提高等作用，也会对区域经济发展产生一定的影响，表现为产城融合的空间效应。课题组将特色康养小镇行政划所辖镇域作为研究对象，选择中心区作为特色康养小镇的镇区，选择外围作为周边村镇作为研究对象。这一研究范式契合了空间效应的理论框架和攀西民族地区乡村振兴战略的现实需要。

综上所述，作为区域增长中心的特色康养小镇，其产城融合发展促进优势要素资源向农村地区中心聚集、流动和合理配置，从而促进乡村振兴和城乡融合发展。因此，特色康养小镇产城融合的空间效应是指特色康养小镇产城融合发展对周边农村产业、文化、社会等方面的影响和效应。

2.3　产业集聚理论

2.3.1　古典区位理论框架下产业集聚理论

运输成本是古典区位理论研究经济活动的基本要素。在此基础上，学者们不断引入相关因素，探讨经济活动的区位选择和空间布局。

2.3.1.1　外部经济理论与特色小镇

马歇尔（Marshall）提出，区域对外贸易与产业集聚为经济增长打下了物质基础。在此基础上，他进一步提出"增长极"理论来解释经济发展中出现的新现象。他对外贸与规模经济下，产业集聚产生的经济动因进行了解释，并依此引入工业区这一概念。在此基础上，他提出了一个关于工业企业地理集中与区位选择的模型来说明这一现象。他相信在相同区域内制造同类产品的企业将自动集聚起来，为了寻求外部效应，持续地对集聚进行自我强化。集聚的最终目的是降低成本和提高生产力，从而实现规模经济。生产同类产品的厂商在地理上相近，可以共享劳动力市场（labor market pooling）、专业中间产品投入（input sharing）和知识溢出（technology spillover）等外部经济，从而进一步加强区域集聚发展。马歇尔的产业集聚理论对特色小镇有很好的理论指导作用。在特色小镇发展过程中，特色主导产业的选择，决定了特色小镇的未来。在规划空间内，主导产业集聚发展带动人才和资本要素的集聚，并通过人居生态空间的提升，增强生产要素的核心吸引力，增强其集聚力。因此，特色小镇本质上是产业集聚发展的空间载体，集聚和延伸主导产业，进而发挥相关产业之间的协同效应，降低生产成本，实现生产弹性和竞争弹性，提高产业效率。充分发挥规模经济和外部经济是我国特色小镇经济发展的内在逻辑。

2.3.1.2　空间区位理论与特色小镇

以德国农业经济学家杜能（Thunen）的农业区位理论为依据，韦伯（Weber）提出了工业区位理论。德国城市地理学家克里斯泰勒（Christaller）提出了中心地理理论。德国经济学家廖什（Losch）提出的市场区位理论，在空间经济区位理论中具有代表性，该理论探讨的是制造商在市场条件不变的情况下，如何进行生产地点的选择。在上述区位理论的讨论中，市场需求及其分布都被视为企业空间决策的外生变量。韦伯（1909）的《工业区位理论：区位的纯粹理论》首先提出了产业集聚效应，即同一地区某些产业部门集中所产生的额外收入大于其投入。他提出的产业区位理论强调集聚经济学对区位选择的影响，认为货运、劳动力和集聚效应是能够以最低的生产成本将生产吸引到最优配置区域的三个关键产业区位因素。韦伯将生产集聚描述为一个行业与生产、技术相关的集聚。外部因素引起的集聚称为社会集聚，它是由公共设施、交通工具、销售市场等因素构成，集聚的原因是能够降低成本。社会学家巴格纳斯科（Bagnasco）从某一区域的产业分布、共同的制度文化背景和技术水平等方面看到了新产业区形成的主要原因。从某一地理范围来看，产业链上下游企业及相关厂家聚集，能形成相对灵活的、专业化的生产体系，这就是所谓的"集群式发展"模式。库克（Cooke）主张形成区域创新体系，既要让产业在空间上集聚，又不能脱离社会文化和其他"非经济因素"的影响。随着城镇化进程加快，传统小镇建设模式已不能满足新时代发展需要。我国"特色小镇"概念提出之初，强调的是生产、生活、生态的整合，需要"产、城、民、文"功能四合一的叠加。从韦伯的产业区位理论来看，考虑到特色小镇的三次产业融合要求，其本质是强调制造业集聚，以生产和技术为基础，完善特色小镇的基础设施、交通工具等外部公共力量，实现特色小镇的社会集聚。根据巴格纳斯科的新产业区理论，共同的制度文化背景和技术水平是新产业集聚区形成的重要原因。根据库克的区域创新体系理论，区域创新体系的形成不仅需要专业的生产组织，还需要社会文化等"非经济因素"来形成空间的核心吸引力。

因此，在发展特色小镇的过程中，人们要让创新机制和小镇生态系统更好更快地促进小镇中各种生产要素的积累，即注重空间集聚。从产业内部看，特色小镇建设更应该是产业链横向扩张，实现各个行业融合叠加发展，充分挖掘社会、文化、生态、旅游和其他"非经济因素"等资源，实现产业链整合，强化小镇服务功能、文化与旅游建设。

2.3.1.3 增长极理论与特色小镇

法国发展经济学家弗朗索瓦·佩鲁的增长极理论被认为是西方空间经济学的重要基础，也是不平衡发展的理论依据之一。弗朗索瓦·佩鲁认为，经济增长在地域上并不是均匀分布的，而是围绕着领先的产业部门，高度整合的产业集群首先出现在区域空间的极点或点上，由空间效应和乘数效应带动区域经济整体增长。佩鲁还建立了增长极模型，并进行了实证分析。一些经济学家在佩鲁的基础上，提出了"点轴理论"。"点轴理论"认为，随着增长极数量的增加，各种增长极之间也存在相互关联，并以两大增长极和与之相连的线上产业构成发展轴，如此构成发展轴，其理论作用高于增长极。其通过构建一个以特色产业为中心，带动相关行业快速成长的网络型发展轴来解释特色小镇产生和存在的原因。发展轴囊括增长极的全部特性，范围比增长极更大。从这个角度出发，特色小镇可以成为增长极和经济增长点，并与之相协调、融合。增长极理论在特色小镇工业设计中有着深刻的理论意义，特色小镇可看作是某一地区的增长极。其产业布局的空间形态应以"条块分割"为特征。不同类型的工业园区、产业园区和产业集群形成各自独特的工业布局模式，并以各种方式进行整合。各区域集团可看作是小型增长极。各个区域集团之间形成相互关联、相互作用的网络关系。各区块由网络节点连接，产生区域经济辐射的作用；同时形成以交通轴线为主线、城镇组团为次带的空间结构布局形式。特色小镇的产业布局是：部分是"柜"，总体是"点轴"，以某一特定空间范围内具有相对优势的企业集群为主干形成核心竞争力，并向周边扩散延伸，构成了一种独特的布局形式——"点轴式"布局。这样的产业布局模式，能够使产业辐射功能得到最大化，推动特色小镇经济发展、文化繁荣、社会与环境的协调发展，以特色小镇为创新载体，打造区域增长极，以点轴式增长推动特色小镇协调发展。

2.3.2 新经济地理学框架下的产业集聚理论

国际贸易理论假设生产要素在空间中是固定的，韦伯提出的区位理论假设规模经济是中性的，市场需求是给定的。克鲁格曼（Krugman）开创的新经济地理学认为生产要素流动、货物运输、市场需求及其分配是内生性的。因此，21世纪以来取得主流经济学地位的新经济地理学，旨在研究市场不完全竞争条件下制造商选址的经济机制。

2.3.2.1 新经济地理学理论

克鲁格曼构造了垄断竞争市场结构下的中心外围模型（core - periphery，C-P），随着规模报酬递增，运输成本是递减的，劳动力流动性均匀。产业的空间分布，是分散力与集聚力交互作用的产物。转移型公司是指运输成本在公司选址中起主导作用的选择，此类公司的运输成本往往占总成本的很大一部分，而公司选址的主要目的是尽量减少运输成本。资源型企业在选址时将降低原材料采购成本作为首要目标，企业最终的选址往往是在权衡资源运输和配送运输成本的情况下决定的。

自克鲁格曼提出新经济地理学以来，该理论在区域经济发展分析应用中表现最为活跃。在应用该理论进行区域经济分析的过程中，很多学者都强调企业与消费者群体异质性带来的自我选择效应在行业空间分布中的作用。鲍德温和大久保润（2006）在垄断竞争的迪克西特－斯蒂格利茨（Dixit-Stiglitz，D-S）模型下分析了企业异质性对空间选择和企业定位分类的影响，提出了企业之间的生产力差异，并认为这种差异将使企业自发选择不一样的场地布局。其中，高产能企业位于核心区，低产能企业自动位于核心区外围。他还分析了异质企业对 D-S 框架中不同城市形态的影响，并表明大城市通常更具生产力。孔布（Combes，2014）等人使用了来自法国公司的横截面数据，分析了企业的"自我选择效应"，发现高效率企业提高了平均核心生产力。这些学说认为，区域经济带之所以能够形成，是因为很多生产力水平不一样的公司自发地选择。企业的自发选择效应会导致产能高的企业选择在核心区外围经营，而产能低的企业会自动在核心区外围经营，为产能高的企业提供配套服务。在特色小镇建设中，小镇是非城市、非区域的非行政属性，企业必须成为特色小镇创建的主体。因此，对于特色小镇，各地政府应合理设定国家与市场的边界，根据国家规范，充分发挥市场机制的自我选择效应，实现资源优化配置，避免在资源配置中国家对市场和企业的过度干预。

2.3.2.2 "新产业区"理论

20世纪70年代，标准化大批量生产企业和地区的经济增长停滞或下滑，而巴格纳斯科提出的"第三意大利"的柔性生产模式大获繁荣，引起学者们的关注。马西（Massey，1984）的"劳动空间分工（spatial divisions of labour）"和皮奥里（Piore）、塞伯（Sabel）的"第二次产业分工（the second industrial divide）"（1984）是当时的两篇具有代表性的文章，其指出"第三意大利"生产组织模式具有灵活性和专业化的特点，例如众多中小制造企业通过高度专业化的分工和生产协调，实施柔性化生产，形成专业化的产业集群，与大公司展开竞争。斯科特（Scott）、沃克尔（Walker）等学者总结了中小制造企业利用新型工业区柔性生产集群的特点，同时强调集聚空间中产业链的纵向分工，其认为这样可以增强集聚效应并降低交易成本。该学派从最初的结构分析逐渐扩大到研究文化、制度和政府在集聚经济中的作用，认为空间产业集聚发展本身将成为区域经济发展的驱动力。例如，斯科特（1992）指出，一个充满活力和灵活的产业集群需要一个基于社会和文化规范的集体制度安排来克服市场失灵因素。库克最早提出区域创新体系，认为区域创新具有互动性和自我积累的特点。区域创新体系的形成需要社会文化和空间的邻近性，而创新是空间集中或集聚的最重要因素。特色小镇发展模式强调以特色产业为核心，实现产、城、人、文四位一体，强调特色文化的营造和特色空间的形成。尤其是打造特色小镇文化核心IP的问题，已成为特色小镇研究的重要方向和建设的重要内容。因此，新工业区理论为研究以产业集聚为导向的特色小镇为什么要重视文化、制度和环境建设以及如何建设特色小镇提供了理论指导和研究视角。

2.3.2.3 集聚经济学和城市分工体系理论

藤田昌久（Masahisa Fujita，2015）围绕克鲁格曼的C-P模型进行了福利分析，认为在交通成本足够低的情况下，集聚具有社会效率，企业可以为从中心地区的集聚经济中受益，同时也可以为从集聚经济中受益的居民提供商品。当运输成本高时，集聚和分散的社会福利效应是不确定的。当产品差异较大时，产品之间的替代性和竞争性较低，集聚优于分散。当藤田昌久将 C-P 模型应用于小城镇群时，克鲁格曼的结论被颠倒过来：交通成本低时，对称经济结构稳定均衡；交通成本高时，中心-外围结构稳定均衡。在克鲁格曼的 C-P 模型中，集聚程度与交通成本单调相关，但 NEG 模型显示，经济一体化与空间失衡之间存在钟形曲线，以少数大城市为中心，二线城市为经济活动增加分布在由特色小镇组成的大片区域。特色小镇存在的原因之一是空间结构内生动力，模型假设人口和产业的空间集聚对交流和社会互动具有重要作用，从而形成集聚力。但是，过度集聚有可能造成运输成本增高、租金上涨以及工资上涨和离心力。正是这两种力量相互作用，决定了特色小镇内生地的空间结构。不断增长的规模经济和运输成本之间的相关权衡，决定了特色小镇的规模。同时，特色小镇的规模报酬递增的微观基础在于分工、适应和借鉴。规模报酬递增降低了企业的平均生产成本，但也增加了企业的运输成本。亨德森（Henderson，1995）分析了小镇规模对经济的作用。一般来说，小镇越小，经济结构越简单，分工制度越简单，小镇经济越具有地方特色。随着小镇规模的扩大，小镇经济的本土化特征趋于消失。藤田昌久（1994）指出，不同的产业特征和小镇层次在劳动力专业化中占据不同的位置，小镇很难吸引自由定位的产业，应专注于专业化和标准化的高科技活动，而大城市则专注于高技术活动，很难吸引自由定位的行业。小镇可以成为科学研究等活动和实验中心。城市层次分工理论对不同产业类型城市的发展具有重要的指导作用。特色小镇的特点是"小而美"和"细而美"。因此，特色小镇应以产业为依托，开展专业化、标准化的高新技术活动，通过专业化集聚或多元化集聚，形成与大城市的转移互补。因此，可以说，特色小镇是一种与城市等级分工相对应的发展方式。

2.3.2.4 "城市创新区" 理论

2014 年，美国学者布鲁斯·卡兹（Bruce Katz）提出"城市创新区"理论。正如布鲁斯所说的，小镇创新区是行业领先的研究机构和公司的聚会场所，连接了初创企业和孵化加速器。小镇创新区还具有空间紧凑、交通便利、科技创新热情高、"生活、办公、商务、服务一体化"等特点。

小镇创新区不仅仅是一个传统的科技园区，相反，它通过营造动态的空间氛围，融合不同的行业和学科，成为产品、技术和市场解决方案汇聚的空间，从而放大知识溢出效应。布鲁斯从科技发展的理论让空间密度的价值更有意义、更开放，创新模式的发展让企业的创新环境更加多"孔"，生活方式的改变让人们更加依赖城市核心区。各地通过增加企业区域密度和企业之间的网络互动，整合生产以外的非营利功能，营造更具活力和开放的创新空间氛围，突出特色小镇空间生产密度的提高和非营利功能的整合。因此，特色小镇，尤其是科技小镇的内涵和设计理念，在很大程度上与布鲁斯提出的"城市创新区"相对应。

2.4 特色康养小镇与乡村振兴耦合协同发展的理论基础

2.4.1 相关理论基础

2.4.1.1 系统论

20 世纪 40 年代，奥地利生物学家路德维希·贝塔朗菲（Ludwig von Bertalanffy）创立了一般系统论的思想，认为研究生物体的基本观点是系统、动力学和层次。随后，它由普里高津（Liya Prigogine）、赫尔曼·哈肯（Hermann Haken）和曼弗雷德·艾根（Manfred Eigen）等科学家发展和完善。系统论是指具有特定功能的有机实体，由系统要素以特定结构连接而成。因此，完整性、层次结构、动态平衡和时序是所有系统的基本属性。系统论克服了西蒙（Simon）的研究方法在应用中的局限性，为研究系统耦合的内在机制提供了科学的研究工具和方法。

系统耦合是指两个或多个相似系统的相互影响和相互促进。在满足一定条件后，将两种不同的系统结合起来，发展成一个新的、更先进的系统。对于任何系统来说，其非均衡状态都是绝对的，而其均衡状态则是相对的、偶然的。具有新质量的更高层次的系统，在能量的驱动下，两个或多个系统形成新的能量流、信息流和物质循环，称为系统的耦合，从而促成系统演化的重要现象。

系统耦合是由各要素间的适当合作、和谐一致而形成的良性循环与健康发展的关系及走向。新经济地理学对经济发展与资源配置问题进行研究时，提出了一系列关于产业集群和空间集聚等方面的重要观点。用系统论观点看，农业系统耦合通过农业经济来实现且由农业生态与农业技术所构成。农业生态系统包括土壤、植物、动物及微生物等子系统。农业再生产与自然再生产都要经过系统之间的能量转换与物质循环才能完成。农业生态系统内部各子系统在一定条件下可以相互转化并协调运行，构成一种动态平衡状态，这种平衡又促使整个系统向着更高水平的有序方向演化。农业现代化，是个动态发展的过程。在这个进程中，由于生产力水平提高，生产结构变化以及科学技术应用等原因，从而导致了传统农业向现代农业转变。伴随着科技、经济、社会等方面的发展，生态环境与农业可持续发展得到了深化与扩展，农村发展动力呈现出多元化格局。在建设特色康养小镇，推进乡村振兴的建设体系的过程中，把农产品能量输入到乡村振兴建设体系中来，使得乡村振兴体系具有正面能量催化或者要素投入。乡村振兴体系对农产品消费的拉动作用，使得能量定向流动变得有序顺畅，有助于提升特色康养小镇效益。因此，特色康养小镇体系与乡村振兴体系能积累所产生的势差的潜力，使二者在耦合过程中具有互补性。系统耦合的多稳态潜力表现在复杂耦合系统的整体功能中，比简单乡村振兴系统叠加的简单特色康养小镇系统更稳定，整体功能大于两者之和。

2.4.1.2　耦合协同理论

德国科学家赫尔曼·哈肯于20世纪60年代初提出协同效应理论，并在1976年出版《协同学导论》一书，对协同效应理论进行了系统的论述。其后，该理论在社会学、经济学、管理学及其他方面等领域得到了广泛的应用。协同效应指两个或多个系统要素通过一定的方式进行协同而形成新功能的一种状态，即一个系统内部各组成要素在相互作用的过程中表现出来的综合效应。协同是系统内各系统要素或子系统间互相合作，互相竞争的一门学科。协同效应作为一种重要的复杂现象，在经济管理中有广泛而深刻的应用价值。在企业管理方面，协同也有重要意义。在哈肯看来，功能与结构相互依赖，作为一个行业，当要素或者信息流动被打断时，其系统的结构也将丧失。

在协同作用中，非平衡相变与有序参数这两个核心概念被提出。非平衡相变与有序结构之间存在着密切的关系，但不是所有的非平衡相变都具有这种性质，也不可能出现完全不同的有序相变。所谓非平衡相变，是指系统中"有序"与"无序"两种状态之间在特定条件下的互相转化。有序参数是指系统元素从一种隐蔽形式转变为另一种隐蔽形式的一个或多个控制参数。

系统有封闭与开放之分。路德维希·冯·贝塔朗菲（Ludwig von Berta-lanffy）认为，系统是一个要素、功能与结构互相联系的集合。因此，任何具有特定功能和结构的东西都可以是一个系统。不同子系统在演进发展过程中表现出来的关系或相互作用，基本上可以分为协同或竞争。事实上，特色康养小镇与乡村振兴耦合系统的产生和发展，是诸多系统要素通过合作或竞争共同演进的结果。所谓封闭系统，就是不存在物质、能量和信息交换等的体系，从热力学第二定律出发，就封闭系统而言，用于度量信息破坏程度时，直接取值 drs 是正，即 drs >0，结果是系统逐渐演变为无序状态，最终导致整个系统的灭亡。在一个封闭的系统中，不同部门之间没有竞争，没有合作，因此没有系统耦合。开放系统是交换物质、能量和信息的系统，各种系统要素的相互作用和交换导致系统的能量增加，从而促进整个系统从一个隐蔽阶段有序发展到另一个阶段，并促进不同系统相互作用。

2.4.1.3 自组织理论

自组织是系统的要素自发或自主地逐渐形成结构并发挥功能的过程，为简单的低层次系统向复杂的高级系统的演化研究提供了科学的理论依据，但尚未形成完整的理论体系，它主要是在赫尔曼·哈肯（Hermann Haken）的协同理论、普里高津（Liya Prigogine）的耗散结构理论和托姆（Thom）的形态发生理论、曼德布罗特（Mandelbort）的分形理论、艾根（M. Eigen）& 舒斯特尔（P. Schuster）等人的超循环理论的基础上发展起来的一门非线性科学中的新学科。协同理论着重讨论系统由一个状态向另一个有序状态转变的过程及其动力学；耗散结构理论是以自组织为主线的理论；分形理论是从数学抽象出发，来研究自组织方式问题；超循环理论对自组织组合进行了研究。

耗散结构发生自组织现象应具备四个条件：该体系具有开放性；系统离均衡状态较远；系统元素之间相互作用具有非线性；以涨落为主要动力的有序结构。农业农村发展是一个多要素、多层次、内外环境相互作用的系统，它的开放性、复杂性、非线性等特性决定了系统必须具有自组织性。因此，该理论可为揭示农业农村发展系统演化机制提供重要的理论依据和方法指导。

一个系统中子系统或系统要素之间可能是竞争或协作。由于系统的开放性，子系统之间或系统与外界之间的物质、能量和信息的交换是不可避免的，因此子系统将接收外界要素。由于因素的扰动和内部波动的影响，它在系统中的内部状态也变得随机化。

假设整个系统由 n 个子系统组成，X 是第 i 个子系统（或元素）的状态变量。根据自组织理论，系统的状态变化方程可以表示为

$$X = \frac{dX_i}{dt} = K_i(X_1,\ X_2,\ X_3,\ \cdots,\ X_n) + R_i(t)\,(i = 1,\ 2,\ \cdots,\ n)$$

式中，K_i 是各子系统状态变量 $(X_1,\ X_2,\ \cdots,\ X_n)$ 的非线性函数，$R_i(t)$ 是第 i 个子系统受到的随机驱动力。

经过多变量展开、线性转换，系统的状态方程可表达为

$$Y_i = \gamma_j\,Y_j + G_i(Y_1,\ Y_2,\ \cdots,\ Y_n)\,(i,\ j = 1,\ 2,\ \cdots,\ n)$$

式中，$G_i(Y_1,\ Y_2,\ \cdots,\ Y_n)$ 为一组与各子系统状态变量 $(X_1,\ X_2,\ \cdots,\ X_n)$ 的非线性函数，阻尼系数 Y_i 会随外界控制条件的改变而变化。

系统内部的各子系统或系统要素之间存在非线性相互作用，序参量引导系统要素进行协调一致的行动，从而达到自组织状态。序参量分为慢变量 u 和快变量，慢变量 u 包含在子系统状态变量 $(Y_1,\ Y_2,\ \cdots,\ Y_n)$ 中，而导致系统变相的因素是多样的，因此序参量是一个维矢量，即 $u = (u_1,\ u_2,\ \cdots,\ u_m)$。但当外界使环境发生变化导致控制参量趋近于临界闭值时，序参量 u 也跟着变化，而阻尼系数 Y 将趋于零。

系统内各子系统或者系统要素都受有序参数的作用或者主导。系统在控制参数满足某一临界自组织阈值条件下，处于协同状态，逐步形成了有序自组织结构。如果系统的外部条件发生突变或外界环境发生变化，系统会向无序方向演化而失去其稳定性。所以农业农村发展系统耗散结构不能永久存在。受内部因素与外部环境随机干扰波动作用，系统会逐步达成协作，渐进地实现了一个自组织的演化过程。

2.4.1.4 特色康养小镇与乡村振兴耦合协同的理论假设

特色康养小镇作为在农村开展的乡村振兴新模式，利用农业资源和要素促进农业农村发展，具有推动城乡经济社会进步的潜力，以实现区域资源和其他元素的经济互动。乡村振兴是农业农村的发展要求，无论乡村振兴需要的产业支撑，是农业、工业、还是服务业，其目标都是发展农业农村经济，提高农村居民的生活水平和质量（见图 2-1）。因此，两者之间

的关系可以用以下假设陈述：

假设1：特色康养小镇建设与乡村振兴存在耦合关系。

假设2：特色康养小镇建设与乡村振兴能够实现耦合协同。

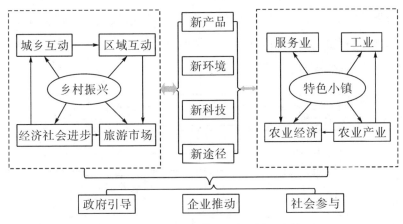

图 2-1　乡村振兴与特色康养小镇耦合协调

2.4.2　特色康养小镇建设与乡村振兴协同发展

2.4.2.1　特色康养小镇建设与乡村振兴的时空耦合是二者协同发展的
基础

特色康养小镇建设与乡村振兴的关系是辩证统一的，特色康养小镇的建设为乡村振兴提供了新的方法和路径，而乡村振兴为特色康养小镇的建设提供了良好的契机，与其建设发展目标相统一，是建设社会主义现代化强国的重要一环。

一是特色康养小镇与乡村振兴地理空间重叠。特色康养小镇项目所在区域不仅限于具有旅游景点的特色康养小镇景区（点），还包括农家乐、农田生态、农业动植物景观等空间。同样，每个村庄除了农村居民的生产生活空间外，还有不参与农民生产生活的区域。与此同时，目前全国各地都在推进乡村振兴，包括许多资源丰富但经济落后的地区，而特色康养小镇的发展则着眼于区域特色和农业特色。因此，特色康养小镇建设与乡村振兴之间存在空间重叠，是两者协调发展的物质基础。二是特色康养小镇的建设蓬勃发展，乡村振兴力度不断加大，它们按照各自的发展规律，在建设社会主义现代化目标下相结合，可以形成时空耦合。

2.4.2.2　内外驱动力是特色康养小镇与乡村振兴协同发展的动力机制

从产业发展的角度看，特色康养小镇建设必须尽快找到农村现代化的新发展路径，防止小镇环境问题向农村蔓延，保障农村可持续发展。发展特色康养小镇需要完善的基础设施、资金保障、政策支持和社会环境的营造。因此，特色康养小镇建设和乡村振兴耦合协同可以根据需要形成内外推动的动力机制（见图2-2）。

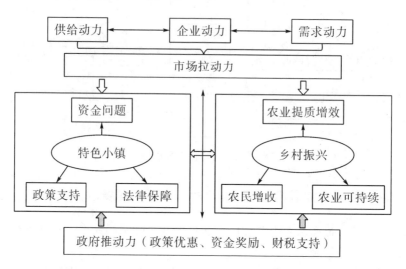

图2-2　乡村振兴与特色康养小镇耦合协调动力机制

如图2-2所示，特色康养小镇建设与乡村振兴之所以能相互影响，耦合协同发展，究其原因，乡村振兴的三个重点与特色康养小镇的三个重点都是两者在各自发展过程中产生的实际需要，都能促进农村经济、社会、生态三大效益协调可持续发展。因此，两者之间的内生动力使它们逐渐走上协调发展的一体化道路。

此外，推动特色康养小镇建设与乡村振兴协同发展也有外部动力。这种驱动力主要由政府推动力和市场拉动力组成。例如，政府的推动力是建设特色康养小镇或乡村振兴的优惠政策、财政激励、税收政策等外部驱动力；而市场的拉动力是供给力、企业力和购买力。驱动力叠加形成两者协调发展的动力机制。

政府作为主要支持和引导的主体，在农村经济、社会、政治和环境发展中发挥着全面协调的作用。其迫切需要可持续的农业农村发展，乡村振兴是协同发展的重要推动力；农民对提高收入水平和生活质量的需求是两者发展的能源供给，对经济效益的追求是两者发展的动力，小镇居民对乡村生活和美景的渴望是两者发展的驱动力，以上联合形成了特色康养小镇建设与乡村振兴协同发展的小镇规划动力。

3 攀西民族地区特色康养小镇发展历程、问题及解决路径

攀西民族地区乡村振兴应从自身实际出发，依托丰富的自然资源、独特的地理位置和地形地貌，以独有的民族风情园、气候环境、农林特产品、民族饰品等为主要资源和载体，融合彝族等少数民族文化等发展民族特色康养小镇，通过特色康养小镇建设，集聚各种产业，发展旅居康养产业为主导产业，走好特色乡村振兴的发展路径。我们要充分发挥攀西民族地区自然、文化资源的比较优势，利用政府和市场两种力量，大力开展特色康养产业，推进康养小镇建设，实现乡村振兴与特色小镇耦合协同，助力攀西民族地区乡村振兴。

3.1 攀西民族地区区划沿革和特色康养小镇发展历程

历史上，攀西民族地区处于农耕文明与农牧文明交汇的边界地带。农牧民族和农耕民族常年在该地区开展农牧业生产、商贸往来、经济文化交流等活动，很多地方就形成交流、交往集聚地，自然形成最初的商贸、加工小镇。位置从北边沿大渡河到南边与雅安市交界，南至金沙江与云南省相邻，东临宜宾市、乐山市和云南省昭通市，西接甘孜藏族自治州，是古代南方丝绸之路重要的交通要塞，藏羌彝文化走廊重要节点，国家重要文化保护地。这里地理环境复杂多样，对外交通不便。千百年来，经历了多次大规模的族际交流与融合，推动了各民族的交流、交往与转型，最终形成了这一地区的彝族、藏族、回族、汉族等多民族汇集，形成了多民族、多文化共存的分布格局。这一地区的山川河流在一定程度上阻挡了该地区

与其他地方的交往与交流，自成一体的自然地理单元，阻挡了外部强势文化在当地的传播和渗透，形成并保留了该地区独特多样的自然遗产、原生态民族文化。攀西民族文化示范区是巴蜀文化四大文化区之一，也是藏羌彝民族走廊文化区的起点。多元而原始的民族文化与壮丽的自然风光相得益彰，使这里成为我国乃至世界最具吸引力的旅游打卡地之一，旅居康养资源丰富。在攀西民族地区各民族交流融合发展的过程中，本地区的社会经济发生了变化，同时带动了本地区特色康养小镇的发展及相关产业的集聚和演变。

3.1.1 攀西民族地区城镇化发展历程

攀西民族地区地处长江上游和黄河上游两大河流交汇交融的过渡地带横断山区。这里地势崎岖，峰峦叠嶂，威势磅礴，谷深壁悬数千米，山顶与山谷落差巨大。大部分山体呈南北走向，阻隔了大气循环。这里大山终年积雪，动植物分布从热带到寒带应有尽有。海拔4 000米以上的山峰多达20座，如百灵山（4 196米）是攀枝花市第一高峰，小相岭海拔4 500米，地处凉山州喜德县境内，凉山州越西县的碧鸡山4 500米，著名的螺髻山（4 358米）位于西昌市普格县、德昌县之间。这些高山都属于高寒山区和高原区，气候寒冷干燥，昼夜温差大，年降水量少，蒸发量大，生态环境脆弱，自然灾害频繁。攀西民族地区既是生态脆弱的干热河谷地区和长江上游生态屏障的核心地段，又是四川省特色化、产业化农业（水果、蔬菜）基地，而且还是全省重要的耕地后备资源供给地，地形类型完整，包括平地、盆地、丘陵、山地、高原和河谷等。在漫长的历史演进过程中，众多的族群和部落在此地相遇、交往、融和，并进行经济、文化互通，形成了攀西民族地区独特的民族特色和历史文化，具有极高的旅居康养价值。

攀西民族地区历史悠久，在长期的民族冲突和经济文化交流中，攀西民族地区的城镇逐渐发展起来（见表3-1）。在漫长的历史变迁中，该地区城镇的功能也随着各种因素的融合中发生变迁。攀西民族地区的古城是靠军事斗争和政治控制而建立起来的。这里曾经因是重要交通要道，为方便通行或政治统治需要，形成了很多城镇。攀西民族地区自古以来就是通往我国西南边陲的重要关口，是古代"南方丝绸之路"和"茶马古道"必经之地。早在2 000多年前的秦汉时期，中央王朝就在此设立城镇，唐、宋、元、明、清继续发展凉山的市、区、署、路、守、宅、镇。包括秦汉的邛都国或邛都部落，汉称越嵩郡，隋唐为嵩州，南诏称建昌府，元称罗罗斯宣慰司，明为四川行都司，清称宁远府，民国为宁属。

表 3-1　攀西民族地区古代小镇

县城	古镇名称
西昌市	安哈镇、樟木箐乡
会理市	木古镇
会东县	铁柳镇、姜州镇
宁南县	松新镇、西瑶镇
普格县	荞窝镇、螺髻山镇
昭觉县	尼地乡
雷波县	黄琅镇
越西县	中所镇
冕宁县	彝海镇
盐源县	泸沽湖镇
米易县	白马镇
仁和区	平地镇

据《宁远府志》记载，凉山因"群峰嵯峨，四时多寒"而得名。新中国成立前，四川凉山一带称"巴布凉山"，"布"字与古字"濮"有关。凉山是我国彝族主要聚居地，古有"濮人"，彝族自称其为"濮苏乌吾"，后称"僰人"。凉山地区称为"斯普古火"，翻译成汉语，是指高山森林茂密的地区。中华人民共和国成立初期，筹备凉山彝族自治区的时候，经过各方面的广泛磋商，决定仍然沿用"凉山"二字。《中国人民政治协商会议共同纲领》第五十一条的规定，各少数民族聚居的地区，应实行民族的区域自治，按照民族聚居的人口多少和区域大小，分别建立各种民族自治机关。1950 年 12 月，西昌专区成立。这一时期的西昌专区，隶属西康省。1955 年 4 月，凉山彝族自治区第二届人民代表会议第一次会议上，根据《中华人民共和国宪法》通过决议，把凉山彝族自治区改为凉山彝族自治州，并沿用至今。1955 年 10 月 1 日，根据国务院决定，宣布撤销西康省，并将其所辖区划归四川省。

攀西民族地区多民族集聚，形成了多民族文化，独特的文化资源是发展旅居康养业理想地。攀西民族地区作为全国最大的彝族聚居区，也是四川省少数民族最多、少数民族人口最多的地区。这里常住少数民族包括彝族、藏族、回族、苗族、蒙古族、傈僳族等14个少数民族。泸沽湖"摩梭文化"被誉为"人类母系社会的活化石"，至今还保留母系氏族文化。凉山州拥有彝族传统漆艺等18项国家级非物质文化遗产，有世界上唯一反映奴隶社会形态的博物馆——凉山彝族奴隶社会博物馆。研究发现，古代彝族文字是与汉字、古埃及文字、苏美尔楔形文字、中美洲玛雅文字、印度的哈拉般文相并列的世界六大原生文字之一。

宋后清前，茶马市场成为中央控制和震慑少数民族地区的重要经济和政治措施，对该地区城市功能的变化产生了重大影响。攀西民族地区作为连接成都平原与川西北、藏、滇地区的主要通道，该地区不仅是各族商人交易物资、人员往来的重要通道，也是朝贡使者必走之路。为便于交往、交流，很多小镇便自然出现。可以看出，在这一历史时期，攀西民族地区城镇的主要功能仍以军事防御和政治控制为主，商品配送和流通的功能只是辅助性的。

清朝中央政府加强对攀西民族地区的管控，稳定了攀西民族地区，也促进了该地区稳定发展，随之攀西民族地区的军事防御和政治控制城镇的功能明显减弱，由于各民族、各地区客商不断的物质流通和贸易活动，商业活动频繁且日趋繁荣，小镇的经济功能上升到了第一位。清朝嘉庆至光绪年间，大量汉族移民涌入，他们带来了先进的农业生产技术和手工业生产技术，直接推动了攀西民族地区的经济发展；同时，也带动了该地区城镇的经济繁荣，加快了该地区的城市化进程，城镇经济功能得到了增强，民族地区集镇的手工业和商业也呈现出前所未有的繁荣。

与全国其他民族地区相比，攀西民族地区城镇化面临着自然地理条件复杂多样、生态环境脆弱、基础设施滞后、内外可达性差、自身发展基础薄弱、内生发展能力不足等问题。1950年，攀西民族地区相继解放。随着全区社会主义工业化的不断发展，攀西民族地区进入工业化城市发展阶段。该地区城镇化进程在曲折中推进，城镇功能多元化也得到增强。随着政策变迁，攀西民族地区小镇、集市功能也在不断变化，城镇支柱产业也随之发展变化。

3.1.1.1 政治中心功能曾成为城镇的主要功能

随着攀西民族地区各地社会主义改造和社会主义各项制度的建立并逐

步完成，攀西民族地区很快进入了社会主义建设时期。1978年以前，攀西民族地区还采取措施限制商品经济的发展，控制城乡人口流动，严格限制了城市发展规模，城镇功能较为单一。到1978年，除了县城所在的镇外，攀西民族地区只有传统的集镇，以行政管理为主，且城镇人口结构以城镇居民为主体，主要是政府工作人员、国家金融机构以及供销社人员，城市功能基本退化为政治功能。

3.1.1.2 工业化进程催生了一批具有经济发展中心功能的城镇

20世纪60年代中后期，"三线建设"在这片古老大地轰轰烈烈地展开，大批工业项目特别是钢铁、采矿、加工业上马建设。在资源丰富的攀枝花市，森林、水电、矿产资源的开发是攀西民族地区城镇化的主要动力，也催生了这里最早的初级工业化城镇。20世纪50年代至80年代末，攀西民族地区是一个以矿业和林业发展为主的地区，以采矿、冶炼、木材采伐和加工为主的产业结构，孕育了锦屏、泸沽等小城镇。1950年以前，泸沽镇还是一个荆棘满地的河滩，人迹罕至。1964年，随着三线建设的开展，成昆铁路开工建设，大量铁矿石在这里开采，大量的援建工人及家属、本地民众在一些矿场集聚，外地商人不断来这里开店做生意，形成了兼行政、商贸为主的城镇。1970年成昆铁路通车后，这些城镇成为商旅、食宿的重要集聚地，当时的礼州镇是重要的物资转运基地，小城镇已成为当地经济发展的中心。20世纪90年代中期以来，随着矿山企业的逐步转产，以水电为主导的高耗能产业逐渐取代了采矿业。攀西民族地区山川秀丽，区域内流经金沙江、雅砻江、大渡河等众多河流。山水相连，造就了世界上无与伦比的水电资源。

3.1.1.3 旅游业兴起和服务型小城镇功能形成

（1）攀西民族地区旅居康养业发展迅猛

改革开放以后，随着国家经济飞速发展，攀西民族地区也随之迎来巨变，人们收入水平快速提高，消费水平也有了很大提高，旅居康养已成为一种消费时尚，这让古老的攀西民族地区迎来旅游产业的春天，搭上了飞速发展的时代列车。旅居康养业在攀西民族地区的贡献度不断提高、发展迅速，不但直接拉动了其他行业，还加速了攀西民族地区城乡变革的步伐，催生出具有攀西民族地区特色的康养小镇。精准扶贫的进程中，攀西民族地区纷纷启动旅游扶贫工作，提高了本地居民收入水平，还推动了地方的生态文明建设，辖区生态环境得到了显著改善。攀西民族地区优越的自然资源、文化资源以及气候条件，具备发展旅居康养业基本的条件，旅居康养业也逐渐成为攀西民族地区最主要的产业，旅居康养业的快速发展也加速了特色康养小镇的迅速发展。

攀西民族地区地处长江经济带上游，在"一带一路"中处于南方丝绸之路中心位置，从地理位置来看是非常优越的，攀西民族地区也积极主动地融入国家发展大战略，充分利用当地资源优势，大力发展旅居康养产业，打造了一批各具特色的康养小镇。

①攀西民族地区"旅游扶贫"结束后，顺应时势，用好相关国家战略，加快建成旅居康养必需的基础设施，聚集旅居康养产业和相关行业，全力建设旅游目的地，开创了攀西民族地区旅居康养业的新境界。

②四川省"十三五"期间重点建设项目"大攀西阳光度假旅游目的地"作为四川省的国际旅游打卡地，该工程主要在西昌市境内，以攀枝花市、雅安市为支撑，充分利用与发掘攀西民族地区的优势旅游资源，构建中国西部"阳光风情度假天堂"，给攀西民族地区旅居康养业的发展释放出勃勃生机的同时，还推动了辖区内康养小镇的建设。

③攀西民族地区位于香格里拉—丽江、峨眉山—乐山和环贡嘎山腹地，丰富的旅游资源使旅居康养业迅速兴起，并对攀西民族地区产生了区域联动效应，攀西民族地区旅游收入呈较快增长的趋势。

④我国水利资源最丰富的地区就坐落在攀西，辖区内分布着4座世界级的巨型梯级水电站，这些水电站建成并投入使用后，不但向华东华南提供了大量的电力，且其高峡平湖景观成为中国西部靓丽的旅游风景，旅居康养业在攀西民族地区经济社会发展中的拉动作用是显而易见的。

⑤旅居康养业为攀西民族地区带来的联动效应。旅居康养业快速发展给攀西民族地区带来了前所未有的机遇。宜宾—攀枝花高速公路已动工上马，西昌市至昭通市、香格里拉市、昭觉县、巧家县、攀枝花市，再到丽江市的高速公路已经竣工并投入使用，成昆铁路复线已于2022年竣工并投入使用，攀西民族地区交通状况得到极大改善。交通条件的改善，不仅给攀西民族地区居民出行、货物运输带来方便，也给该区域旅居康养业的发展插上了"翅膀"，攀西民族地区成为旅居康养的打卡目的地，特色康养小镇也快速兴起。

⑥凉山彝族自治州是红军二万五千里长征经过的最重要的地区，在这期间留下了大量珍贵的革命遗址、遗迹和遗物，这里收录了众多重大历史

事件与人物资料，红色旅游的资源十分丰富。红军长征途经攀西民族地区，涉及八县一市，从南到北纵贯攀西一带，长达 1 600 里，占 2.5 万里长征的 6.4%，是红军长征路程最长的市州之一。会理会议是继遵义会议后的又一决定中国革命前途和命运的重要会议，但与此次会议有关事件与人物，在中国历史上鲜为人知。这主要源于会议内容的尚未完全披露。1935 年 5 月，红军经过凉山冕宁县，因受彝族同胞阻碍，时任红军总参谋长兼先遣军司令员刘伯承与彝族果基家支的头人小叶丹"彝海结盟"。此后，彝族同胞护送红军历经七天七夜穿越彝区，不仅为红军飞夺泸定桥、强渡大渡河赢得了宝贵时间，更在彝区播下了革命火种，帮助彝族人民建立了革命武装"中国彝民红军果基支队"。彝海结盟纪念碑巍然矗立在彝海边，见证了红军严格执行党的民族政策，赢得彝族同胞拥护的历史。西昌卫星发射中心位于凉山州西昌市西北约 60 千米的深山峡谷之中，为古老而落后的大凉山带来了高科技，形成了"航天文化"。在这里，人们不仅能够感受到高科技的魅力，还能享受到"航天文化"所带来的快乐。特别是在航天中心 3A 级景区成功建设之后，每年迎来大量的中外游客，西昌航天城，风光旖旎，誉满中外。

⑦在移动互联网与信息技术日新月异的今天，旅游消费变得越来越"散客化""个性化"，攀西民族地区旅游也在由传统服务业提升为战略性支柱产业、现代服务业。在"网络+旅游"的革新大潮中，攀西民族地区应加快旅居康养产业融合创新业态发展，使旅居康养业在攀西民族地区乡村振兴中发挥重要作用。

（2）服务型小镇功能形成

充分发挥旅居康养业对辖区经济发展的带动作用，助力攀西民族地区的居民实现职业转型，实现旅游与其他产业融合发展，吸引区域内外人力、资金、信息等市场要素，促进特色康养小镇集聚区的空间拓展，整合完善小镇功能；推动三次产业协调发展和产业结构优化升级；带动当地剩余劳动力转移和非农产业转移，带动旅游聚集区社会生活向城镇化、现代化转型；推动民族优秀传统文化资源产业化与市场化，实现文化的物化，使本地区居民和社区增强民族文化自信，主动挖掘、组织、传承和保护本民族优秀传统文化，利用民族文化资源，积极参与旅居康养产品开发，实现旅居康养收入公平分享；同时，推广区域空间内的建筑风格、主要民族标志、民族旅游商品等项目，充分展示该区域的优势民族文化特色；扩大特色康养小镇的功能，实现产业集群与中心城市功能、产品的互联互通，促进小镇与中心城市在产品与功能的互联互动上呈现持续优化趋势。

3.1.2 攀西民族地区当代小城镇主要类型

攀西民族地区的城镇化进程始于新中国成立的初期。最初辖区内的城镇主要是从历史上继承下来的传统小集镇和行政中心。后来，随着辖区内采矿业、森林采伐业和水电业的兴起，特别是旅居康养业的快速发展，一些城镇的功能开始转变。经过70多年的发展，城镇化水平逐步提高，乡镇数量增多，城镇化进程取得显著成效。详细情况见表3-2。

表3-2 攀西民族地区部分建制镇

序号	县、市、区	名称	街道（镇乡）
1	仁和	仁和镇、大田镇、平地镇、金江镇、福田镇、同德镇、布德镇、前进镇	14
2	甘洛	新市坝镇、田坝镇、海棠镇、吉米镇、斯觉镇、普昌镇、玉田镇、苏雄镇、乌史大桥镇	13
3	雷波	锦城镇、西宁镇、汶水镇、黄琅镇、金沙镇、永盛镇、渡口镇、宝山镇、马颈子镇、瓦岗镇、上田坝镇	21
4	西昌	礼州镇、安宁镇、川兴镇、黄联关镇、佑君镇、太和镇、安哈镇	43
5	冕宁	彝海镇、泸沽镇、复兴镇、棉沙镇、漫水湾镇、大桥镇	38
6	宁南	西瑶镇、松新镇、竹寿镇、华弹镇、白鹤滩镇、骑骡沟镇	25
7	越西	越城镇、中所镇、新民镇、乃托镇、普雄镇、竹阿觉镇、书古镇、依洛地坝镇、南箐镇	36
8	昭觉	新城镇、城北镇、竹核镇、谷曲镇、比尔镇、解放沟镇、三岔河镇、四开镇、地莫镇、古里镇、俄尔镇	20
9	布拖	九都镇、牛角湾镇、乐安镇、地洛镇、俄里坪镇、特木里镇、龙潭镇、拖觉镇	12
10	木里	乔瓦镇、瓦厂镇、茶布朗镇、雅砻江镇、水洛镇、列瓦镇	27

攀西民族地区22个县（市、区）都形成了较为良好、差异化的城镇发展格局，初步形成了较为合理、科学的旅居康养城镇体系。例如，西昌安宁镇地理位置优越，基础设施完善，成昆铁路、108国道、雅攀高速穿

境而过，距西昌青山机场仅 1 千米，是行政和康养小镇；平地镇、泸沽镇已成为旅游小镇。雷波县黄琅镇也是一个集旅游功能与行政管理为一体的小镇；螺髻山镇不仅是旅游商务服务基地和服务西昌—泸沽湖的交通要道，还是攀西民族地区旅游胜地，促进了辖区经济发展；会理县古城街道作为县城，加工特色农产品，如红（石榴）、黄（烤烟）、黑（黑山羊）、绿（生态果蔬）、蓝（乡村旅游）、现代流通服务业和文化旅游产业相结合，使旅居康养业对经济增长的贡献率达到 54.1%；漫水湾镇以水电产业和旅游产业为主；会东县黎溪镇、小黑箐镇以工贸和民族乡村旅游为主；喜德县的冕山镇和光明镇，主要发展旅游文化产业和农贸产业。

综上所述，攀西民族地区特色康养小镇带动产业在承担国家生态环境保护职能和自然生态保护职能的共同作用下实现了产业转型。以前高投入、高能耗、高污染、低附加值的资源开采型的采矿业、林业采伐业转变为民族特色产品深加工、生态旅游、健康旅游、文化旅游、水电产业、地方特色生态农产品等产业，带动城镇化进程。

3.1.3 攀西民族地区旅游城镇化发展现状

3.1.3.1 攀西民族地区旅居康养业发展现状

攀西民族地区经过 40 多年的发展，一些以旅居康养业为依托的特色康养小镇迅速发展起来。随着攀西民族地区成为旅居康养热门地区，旅居康养业收入成为人们重要经济来源。同时，与旅居康养业相关产业也聚集在一起，为康养小镇建设提供了条件，旅居康养业的综合贡献越来越明显。攀西民族地区旅居康养业不仅直接带动了众多产业的集聚与扩张，而且成为加快城乡发展和新型特色康养小镇建设的重要推动力；对推进生态文明建设、加强爱国主义教育和社会主义核心价值体系建设发挥了重要作用，已成为攀西民族地区经济发展的支柱产业之一。在旅居康养业发展的不同阶段，一些特色康养小镇也呈现出不同的特点。

随着旅居康养业的强关联性和带动作用，经济、社会、生态、文化等综合效应和功能的突出，各级党委和政府都将旅游业作为重要支柱产业之一，并提供政策支持，强力推动其快速发展，以期助力攀西民族地区乡村振兴。

①邛海—泸山风景区，位于西昌市境内，是全国知名 4A 级旅游风景区，并顺利申报了"国家级旅游度假区""国家湿地公园"建设，邛海湖四周群山环绕、绿树成荫、环境优美、风景怡人，泸山群山起伏，古树参

天，为西昌一道天然绿色屏障。②泸沽湖风景区。游客可体验摩梭人现代版的"女儿国"，通过参观摩梭家园、摩梭文化博物馆，感受中国最原始文化。景区致力于摩梭文化的传承、保护、开发利用等带来的变化，在保护摩梭文化的根、魂、源的基础上，打造国际旅游精品。③螺髻山是四川省著名旅游目的地，被评为4A级风景名胜区。地处于普格、德昌、西昌交汇处，螺髻山旅游资源保护开发为凉山州带来了巨大变化。同时，凉山州政府也充分利用螺髻山的品牌和市场号召力，积极发展特色康养小镇，通过康养小镇建设，集聚相关产业，将旅居康养产业作为支柱产业，助力当地乡村振兴。④会理古城特色康养小镇。2011年11月，会理古城成功申报国家历史文化古城，并成为凉山州第一个历史文化名城；会理古城景区在2015年被评为4A级旅游景区，成为攀西民族地区又一重要旅游打卡地。⑤西昌卫星发射中心被誉为中国的休斯顿，已成为国际成熟的航天科技旅游品牌，其作为"卫星城"与西昌"月亮城"相得益彰，成为攀西民族地区必去之地。⑥雷波县马湖是中国第三大深水湖泊，马湖与西部沟原始森林旅游已成为攀西民族地区旅游重要打卡地，在旅游快速发展的同时，也带动雷波脐橙等农产品风靡全国。⑦位于冕宁县的灵山寺，通过开发与打造，成为著名的5A级旅游景区，带动了周边餐饮、民宿、首饰加工业等快速成长。⑧米易县城、新山傈僳旅游村、芭蕉箐枇杷水乡、颛顼龙洞景区、红格温泉的绿色养生、生态休闲。⑨阿署达花舞人间风景区—攀枝花中国三线建设博物馆—中国苴却砚馆—米易河滨景观—新山梯田。⑩攀枝花中国三线建设博物馆—红格温泉度假村—欧洲营地—二滩国家森林公园—玉门镇—永兴县。

攀西民族地区自然地理环境复杂多变，具有鲜明特点；多民族和睦相处，人文景观别具一格，自然文化和旅游资源十分丰富。随着社会经济和科学技术的发展，该区域旅游业也得到了高效发展，是一个旅游资源完整、特色突出、优势旅游资源富集区域。

进入21世纪，攀西民族地区地方政府将旅居康养业列为重要产业，精心培育打造，已成为攀西民族地区重要支柱产业。加上国定假日制度改革，人们的旅居康养消费需求呈爆发式增长。整个攀西民族地区旅游业实现井喷式发展，游客人数和旅游收入巨大。旅游基础设施和旅游服务设施和质量有了很大提高。攀西民族地区的西昌、仁和、德昌早在2001年就实现旅游收入过亿元。在该地区外来力量的作用下，各项基础设施建设整体得到提升，公共服务供给能力显著增强。攀西民族地区旅游业重新进入高速发展时期，旅游经济快速发展。详见表 3-3 。

表 3-3　2018—2019 年攀西民族地区旅居康养收入

州、市	旅居康养收入/亿元		接待人次/万人次		贡献率/%	
年份	2018	2019	2018	2019	2018	2019
攀枝花	337.5	415.86	2 566.36	3 014.81	35.9	40.3
凉山州	436.67	530.21	4 651.14	4 883.7	40.3	44.7

资料来源：攀枝花市、凉山州文体旅游局公布资料整理而来。

通过表 3-3 可以发现，2018 年和 2019 年，攀西民族地区旅居康养收入和旅游人次对经济的贡献率均在 40% 以上。与 2018 年相比，2019 年的旅居康养收入、接待人次都有较快增长，对经济的贡献也均超过 40%。2020 年受新型冠状病毒感染疫情影响，攀西民族地区旅居康养业受到很大的冲击，但总体对经济贡献率还是保持在 40%。由此可见，攀西民族地区的优质旅居康养资源越来越受到民众的关注和青睐。攀西民族地区优美独特的自然风光和丰富多样，差异化明显的彝族、藏族、回族、苗族文化资源以及得天独厚的气候资源，为该地区旅居康养收入和旅居康养人次的增长提供了保障。通过对四川旅游形势进行分析后发现，攀西民族地区的旅居康养收入和游客人数在全四川的占比仍然很小，与其拥有的优质旅游资源非常不相符，还有很大的发展空间和改进的地方。攀西民族地区进一步带动旅游经济发展，仍需通过旅居康养产品的创新发展和区域旅居康养业的转型升级。

经过 40 多年的发展，攀西民族地区的旅游业经历了几个发展阶段。现在已经有了一定的产业基础，但仍面临一些问题，如产品结构单一性风险，产业脆弱性风险，发展不可持续等一系列问题。

3.1.3.2　攀西民族地区特色康养小镇数量与分布

随着攀西民族地区旅居康养业的发展，辖区内的特色康养小镇建设也取得了显著成效。在旅居康养业的带动下，攀西民族地区特色康养小镇数量和质量显著提升，旅游从业人员数量和比重显著提升。攀西民族地区城镇化的主要成果之一是特色康养小镇的增加和当地从事非农产业的人数的增加。

在旅居康养业快速发展的过程中，地方政府越来越意识到旅居康养业的相关集聚效益与带动效应。旅居康养业的发展吸引了大量的国内外游客，围绕游客迫切需要的"吃、住、行、游、购、娱"六大基本要素，产生了多元化的旅居康养消费需求。满足游客的旅居康养消费需求，必然会汇集当地民众、外来经营者等多元化市场主体的人、物、财、信息等要素，特色康养小镇也随着这些要素的集聚而逐步发展。攀西民族地区旅居康养业的快速发展，带动了该地区特色康养小镇的发展。从区域内特色康养小镇的分布情况，我们可以清楚地看出本区域特色康养小镇的发展现状。

从表3-2中我们看出，攀西民族地区所有城镇的数量和分布以及以旅居康养业为核心产业带动发展的特色康养小镇分布情况。该地区城镇化发展经历了以行政管理为中心、第一产业驱动等发展模式后，区域生态环境逐渐完善，再加上区域自然环境、人力资源的实际优势，促使攀西特色康养小镇带动产业实现向旅游及其相关产业的转型升级。攀西民族地区充分利用旅居康养业快速发展带来的综合相关带动效应，逐步实现旅居产品与旅游融合发展。例如，围绕旅游业发展带来的巨大、多样化的消费需求，攀西民族地区利用独特多样的宜居康养气候资源，多元化种植当地特色生态农产品，满足游客的农产品需求。这在带动当地发展有机农业，满足游客对生态农产品消费需求的同时，攀西民族地区区域内的地方民族文化资源也被物化和产业化，成为攀西民族地区旅游业可持续发展的动力和文化旅游品牌，实现旅游发展和民族文化遗产保护的双赢。

3.1.3.3 攀西民族地区旅游业发展经济社会效益分析

外来游客的涌入带来了强劲和多元化的旅居康养消费需求，为旅游目的地居民和外地企业带来了商机。生产要素向旅游目的地集聚，进而形成以旅居康养为核心，其他配套相关产业为支撑的泛旅游产业集群。泛旅游产业的不断升级，带动了特色康养小镇的可持续发展。攀西民族地区旅游业的发展为当地带来了巨大的经济和社会效益。

（1）增加就业机会，助推地方产业升级

旅居康养业作为第三产业，属于典型的劳动密集型产业，具有吸纳就业量大、入门要求不高、产业链条长、包容相关性高、强大的集聚效应等特征。攀西民族地区旅居康养业的发展，拉动了该地区居民的就业，如盐边县发展旅居康养业，取得了良好效果。

旅居康养业作为现代服务业，具有消费服务业和生产性服务业的双重属性，可以通过多领域融合发展促进产业升级。攀西民族地区土地资源分散，农用地数量和质量偏低。在旅居康养业发展之前，农村居民主要种植玉米、土豆和蔬菜，谷物类很少种植，牧业主要是牛羊。由于种养殖技术落后，农牧业产量有限，村民收入有限。攀西民族地区旅居康养业的发展和外来游客涌入带来的多元化旅居康养消费需求，为当地产业结构调整和泛旅居康养产业创新升级提供了契机。政府、企业、居民和各类市场主体利用旅居康养发展平台，开展餐饮、住宿、娱乐、交通、商品销售、民族文化展览等旅居康养服务活动，提升了地方特色产业产品附加值，塑造了旅居康养品牌形象；推动了辖区内农牧初级产品与旅居康养深度融合，真正实现"旅游+""康养+"，进而实现农牧自用转向为满足多元化的游客消费需求转型。例如，在米易康养度假田园综合体的整体开发中，其形成了康养+度假、康养+文化、康养+运动、康养+农业、康养+娱乐五种康养度假模式。米易县充分利用辖区内多元化旅居康养资源，划分全县旅居康养功能，在不同区域植入特色康养旅游产品，实现"攀西旅游区田园度假康养综合体"的整体定位。越西县普雄镇依托得天独厚的文化资源和农业生产优势，大力发展甜樱桃、脆皮李、蓝宝石葡萄等特色农业，促进农业与旅游互动、文旅融合，促进镇内第一、三产业融合发展。德昌县旅居康养业的发展目标是打造布局合理、功能齐全、适度领先、主体突出、特色鲜明、环境优美、生活舒适、修身养性的旅居康养高地，努力打造"健康养老的精品城""山水湖光城"，着力建设西部战略资源创新应用示范县、绿色经济发展示范县、现代田园康养旅居示范县。

（2）增加当地居民收入，提高基础设施水平

在旅居康养业开发之前，攀西民族地区的农牧民收入有限。收入的主要来源是粗放的农牧业生产、矿石采掘、森林采伐和初级重污染工业。这些产业严重破坏了自然生态、植被、水土，污染了金沙江、雅砻江、大渡河。攀西民族地区旅居康养业的发展拓宽了居民的收入渠道，增加了居民可支配收入，主要表现在四个方面：一是当地人可以直接从事旅居康养业务，就地就业，使收入来源多元化；二是可以通过投资当地的旅居康养项目，如参股分红等方式增加收入来源；三是可以充分利用本地区的自然资源和人力资源，提升旅居康养发展附加值；四是通过农副产品就地消费，降低运输成本，提高市场价格，增加村民收入。2019年，越西县烤烟生产覆盖16个乡镇，12 540名烟农。烟叶种植改变了原有的种植结构，实现了

种植业向多元化转型，降低了市场风险，增加了当地税收收入，也增加了农民收入来源。仅仅烟叶种植，全县烟农实现收入 2.5 亿元。仁和区已成功创建四川省四星级现代农业产业园，到 2021 年年底，全区芒果种植面积达到 40.5 万亩，产量 15.58 万吨，产值 11.97 亿元。2021 年，仁和区实现地区生产总值 240.74 亿元，特色种植不仅增加了当地财政收入，也让农村居民人均可支配收入也达到了 23 028 元。①

完善、优越的基础设施是发展旅居康养业的前提。攀西民族地区特殊的地理环境和相对滞后的社会经济发展，实际上决定了在旅居康养发展过程中必须加强基础设施建设。发展旅居康养业必须软硬设施设备齐备，包括安全便捷的交通基础设施、游客人身安全措施、多样的自然生态环境、安全稳定的社会环境、现代化的通信设施等。因此，当地政府必须大力改善并维护攀西民族地区的旅居康养基础设施。

（3）提高人民群众对本民族文化的传承保护意识

虽然发展旅居康养业的最终目的是追求经济利益，但它遵循的是经济逻辑，包括文化逻辑。然而，不可阻挡的现代化潮流的今天，民族特色文化仍然是发展旅居康养业不可忽视、可以利用的重要力量。随着旅居康养业的发展，特色康养小镇所蕴含的民族文化得到了挖掘和利用，客观上促进了攀西民族地区民族文化的保护和传承。

在旅居康养业发展过程中，攀西民族地区的居民逐渐意识到自己民族文化的优点，自觉参与民族文化的保护和传承。在以往的研究中发现，大部分研究者对攀西民族地区彝族文化的重视程度较高，而忽视了该地区作为彝族核心区存在已久的回族文化和其他民族优秀文化，这些优秀民族文化资源同样需要保护传承。发展旅居康养业，就是要开发、利用、保护与传承优秀民族文化资源。

攀西民族地区的当地居民在努力追求幸福生活。他们对现代生活方式和幸福生活的渴望和追求，是本地区发展的根本和持续动力，也是本地区旅居康养业发展和推进康养小镇建设的根本动力。在区域自然生态环境约束、主要功能区生态环境保护政策规范、地方优势自然文化旅游资源禀赋等多重因素影响下，选择旅居康养业为主导产业是实现攀西民族地区乡村振兴的正确选择。

---

① 攀枝花市仁和区发展和改革局."小芒果"成就"大产业"，"农本调查"助力乡村振兴 [EB/OL]. (2022-07-22) [2023-06-30]. http://www.fgw.panzhihua.gov.cn/zwgk/gzdt/4225752.shtml.

发展旅居康养业，推进康养小镇建设是攀西民族地区政府和人民引进现代经济和现代生活方式的重要途径。外来游客的涌入给攀西民族地区居民带来了新的观念、信息和现代科技设备，促使当地居民主动转变传统思想观念，提高了开放度。自发展旅居康养业以来，攀西民族地区的人们已经意识到要满足外来游客的需求，就必须更新观念和意识。更重要的是当地居民通过发展旅居康养业，增强了他们参与旅居康养业的能力，增强了他们接受和吸收新事物的能力。在参与旅居康养业的过程中，当地居民经常与外地游客和其他旅游经营者接触、互动，这使他们认识到自己传统优秀文化的价值，提高了自信心，并能逐步调整和改变传统的保守观念，提高自己的技能。自觉挖掘、传承和保护民族优秀传统文化，积极利用民族文化资源参与旅游活动，向游客展示民族传统文化的魅力，如经营民族文化主题酒店、民族饭店，举办民族文化演出，制作民族文化旅游工艺品等。

3.2　攀西民族地区发展特色康养小镇面临的问题

攀西民族地区特色康养业经过 30 多年的发展，历经了几个发展阶段，取得了显著的成就，发挥了旅居康养巨大的经济社会功能。但是在大众旅游时代，攀西民族地区特色康养小镇的建设也面临一些问题。以旅居康养业作为城镇化发展驱动产业的康养小城镇发展自然存在一些亟待解决的问题。本节主要分析了攀西民族地区旅游业和特色康养小镇发展存在的问题及其形成原因，期望为攀西民族地区旅居康养产业创新升级和特色康养小镇健康发展提供一定的帮助。

3.2.1　行政主管机构多头，申报、推进困难

特色小镇的报批，存在行政主管部门众多的问题——既有民政主管部门、旅游局、建设局等参与，也有地方发展改革委（局）的介入，再加上各地申请条件存在着较大的差异，给特色小镇的报批带来很大的不确定性。特色小镇的设置形式多样，包括机关城镇、建制镇、非建制镇以及自发形成的集镇。对于特色小镇试点镇建设，各部门都有重要文件的发布，这些文件为特色小镇规范建设注入了新动力；但同时也伴随着新问题的涌

现。一是多头行政主管部门管理。管理部门多，给具体执行带来疑问。在特色小镇报批过程中，有些地方是由地方发展改革委（局）审批，有的地方由体育局和林业局审批，有的地方由住房和城乡建设厅（局）审批。二是发展建设特色小镇所需资金的来源问题亟待解决。攀西民族地区特色小镇建设，政府设置专项建设基金显然不足，还需主管部门专项资金给予扶持，但是专项资金是由住房和城乡建设部下拨，还是来自国家发展改革委专项建设资金，或是中央转移支付资金？自筹还是向银行机构或非银行金融机构借款？借款的主体又是谁？这些问题亟待明确。三是设置建制镇或非建制城镇也是一个争议点。

总之，在主管部门、扶持资金来源、建制镇还是非建制镇的选择等方面，出现了多头领导、意见各异的问题。然而，更大困难的是，大量按照非建制镇规划设计的特色小镇如何确定其主管部门是谁，如何保障其正常运行，建设资金从何而来，用地等由谁审批，这些都是亟待解决的问题。

3.2.2 行政主导，市场作用难以发挥

开发区模式把建设特色康养小镇作为招商引资的"窗口"和主要目标任务。首先，地方政府和企业在政策的理解上存在不同程度的分歧。攀西民族地区一些地方无限拓展了特色康养小镇的概念，一些新规划的新型农业产业、教育产业、移民安置、环保项目等被冠以特色康养小镇之名。一些地区想利用特色康养小镇的名义，以改造旧城为名获得资金扶持。一些地方政府还想用特色康养小镇的名义解决因长期缺乏资金而无法解决的道路交通以及污水处理等难题，即"搭便车"。其次，一些地方政府在建设特色小镇时，采取开发区式建设模式，大包大揽、大手大脚，而不是因势利导，发挥市场机制作用。一些地方领导还是以过去那种投资驱动思维和传统的工业园区建设方式来发展特色小镇，政府投资平台或地方国企成为投资主体，加大了政府债务风险。一些地方政府追求短期效应和面貌变化，缺乏对特色小镇的建设周期、产业培育、建设规模等的深度认识，急于出成果，没有长远规划。最后，计划经济的心态依旧存在。一些地方政府在特色小镇建设时，存在着量化目标，层层压任务的问题。这种分级创建的思路依然没有走出计划时代怪圈，特色康养小镇建设划分不同层级后，看起来很有层次感、逻辑性和可操作性，然而，这违背了特色小镇建设的初衷。尤其是在攀西民族地区这样的特殊地区，这种"洒辣椒面"的

配置方式和分级创造的思路，未从整体开发，对于优质资源开发与利用并无益处。

3.2.3 市场主体定位不准，特色不鲜明

特色康养小镇市场主体应是当地居民、企业而不是政府。如果特色小镇市场主体定位不准确，则必然会存在政府以特色小镇为名，出现越位管理的现象。一是政府大包大揽、越俎代庖。国家发展和改革委员会对特色小镇建设有明确规定："政府引导、市场（企业）主导"。但在具体实施过程中，一些地方政府认为特色小镇建设项目必须由政府主导。还有一些地方政府担心承担更多责任，在与社会资本合作的过程中，采取观望态度。如特许经营、合理定价、财政补贴等方面，过于谨慎，畏手畏脚。甚至有一些地方政府因担心部分税源消失而拒绝与企业合作。有些政府采取"无为而治"，划拨一片荒地，要求企业"自己投资、自己建设、自己经营"，并要求按时完成后交由政府。一些本该由政府负责的基础公共设施和服务项目，也交由企业。事实上，在特色小镇建设过程中，只有政府和企业明确各自职责，分清责任，深入合作，才能将特色小镇建设搞好。二是投资主体定位不明，存在有借"特色康养小镇"名义"拿钱拿地"的现象。一些房地产公司凭借其雄厚资金优势，以建设特色康养小镇为由与政府合作，而他们真正的目的可能是获得土地使用权或政府补贴。三是盲目跟风，缺乏创新。特色小镇可持续发展的活力需要特色产业的支撑，这也是特色小镇存在、发展的初衷。一些地方存在着一定程度的简单模仿和抄袭，而对于本地特色优势产业、优势资源、文物古迹等没有充分地认识和挖掘，照抄照搬一些发展较好的特色小镇做法，对本地发展阶段、经济状况以及对特色小镇形成发展的基本规律缺乏正确认知，在确定发展目标时，好高骛远，脱离现实，盲目设定建设标准和发展阶段，只是通过简单的税收优惠、资金补贴、土地划拨等政策供给，推动特色小镇建设与发展。

3.2.4 生态环境承载压力大，民族文化未得到充分彰显

旅居康养业对自然生态资源和人文景观具有很强的依赖性。自然资源在旅居康养业发展中的基础性作用已被理论和实践广泛证实。旅居康养业本质上是以服务业为主要特征，以市场为导向，追求经济效益的市场化产业，具有明显的资源依赖特征。过度开发、不当的旅居活动会加剧对当地

生态环境的破坏，一些动植物物种的消失，破坏了生物多样性。攀西民族地区的自然风光虽然壮美秀丽，但该地区是我国生态极其脆弱的地区，一旦破坏，恢复难度极大。居民和旅居康养者对资源的过度利用，加大了攀西民族地区生态环境的压力。一方面，由于攀西民族地区自然资源的公共产权主体、产权不明确、旅居康养市场无序竞争，使用攀西民族地区自然资源，往往费用极低或免费，导致一些地区的资源被过度开发利用，规模无序扩大。其中，一些外来投资公司的运营商们采取掠夺性开发利用的方式，以期在承包经营期内实现利益最大化。一些地区居民的旅居康养收入共享程度低，缺乏自觉保护自然资源的内在动力，致使当地居民对区域内自然资源的保护薄弱，排斥了市场竞争条件下资源的合理配置。如普雄镇和平地镇，村民拆迁重建对原生态环境和文化风貌造成一定破坏。另一方面，一些地方旅居康养品牌知名度逐步提升，吸引了大量外来游客和车辆，使自然环境容量超载，对资源环境和旅居康养资源造成了一定程度的发展破坏。此外，值得注意的是，发展旅居康养业存在一定的资金、资源、人力等门槛，旅居康养业不可能在任何地方都可以开发。攀西民族地区有些地区存在盲目开发旅游资源、违反市场发展规律的现象，这不仅对当地乡村旅游资源和生态环境造成破坏，也对实现这些地区旅居康养业的可持续发展造成不可逆转影响。

攀西民族地区独特的文化资源包括彝族文化、摩梭文化、颛顼文化、红色文化等。当前，游客的旅居康养消费需求不断升级，人们对文化旅游、深度体验旅居康养等的需求与日俱增，这也是文化的发展之源，创新升级之源。在攀西民族地区近30年的旅游发展中，其一直以团体观光为主要旅游形式，主要以单纯开发自然旅游资源为核心竞争力来吸引外来游客。这种方式对游客关注程度不够，不能满足游客不断升级、多样化的文化旅居消费需求，也制约了区域旅居康养产品创新发展和旅游产品供给侧结构性改革，制约了攀西民族地区旅游业的可持续发展，从而制约了攀西民族地区特色小镇的可持续发展。市场经济大潮的冲击，解构了民族优秀传统文化正常传承的环境和场域，吸引着攀西民族地区投身到相对收益较高的产业中去，缺乏文化自信和发展动力，不利于本地区优秀民族文化的传承和保护，导致一些社会影响较大的民族文化项目没有得到传承，也没有得到合理的开发利用。

3.2.5 旅居康养基础设施相对滞后，社会应急处置能力不足、应急能力相对落后

攀西民族地区康养小镇建设虽然取得了一定成效，但该地区的交通基础设施仍然滞后，内外交通可达性差。虽然 108 国道穿境而过，但路况较差，雨热同季，导致暴雨、泥石流等地质灾害频繁发生，道路中断、交通阻塞，影响了旅居康养者的可达性和交通出行的安全性。同时，辖区内旅居康养业的发展对交通的依赖程度较高，旅居康养经济的发展具有较大的风险。例如，2020 年甘洛县山体滑坡导致进入成都的主动脉中断，影响了该地区旅游经济的发展，进而影响了攀西特色小镇的发展。

此外，辖区内的旅居康养基础设施也相对滞后，无法满足外来旅居康养者日益多元化的"旅居康养综合需求"。而其他相关产业发展尚处于待开发阶段，泛旅居康养产业集群尚未形成，更重要的是，攀西民族地区的社会应急能力和应急体系还比较传统，需要提高相关应急设备的质量，并提升应急人员素质和技能。一些区域仍然存在较大不稳定和不安全隐患，影响了辖区内旅居康养品牌形象塑造与旅居康养业健康发展。

综上所述，攀西民族地区旅居康养业面临一些迫在眉睫的问题。旅居康养产品开发水平低、旅居康养专业人才匮乏、人为破坏自然生态环境和旅居康养资源、民族文化体验开发程度低、旅居康养基础设施滞后、应急响应能力和应急处理能力不完善等一系列不利因素影响了旅居康养业的可持续发展。显然，以旅居康养业为主要带动力的特色小镇建设也因此受到制约。

3.3 发展特色康养小镇助力攀西民族地区乡村振兴

特色康养小镇，一端连接城市，一端连接乡村，是新时代城乡一体化发展的桥梁和纽带。特色康养小镇建设是攀西民族地区实施乡村振兴战略、促进城乡协调发展的重要选择，是攀西民族地区加快产业转型升级、实现高质量发展的必然选择，也是满足攀西民族地区人民日益增长的美好生活需要的必然选择。特色康养小镇作为近年来兴起的新型城镇化发展模式，在推动新型城镇化转型的同时，加快产业升级，形成了小镇独有的产

业文化，营造独特的人文氛围，不断满足日益增长的需求。为推进攀西民族地区特色康养小镇建设，攀西民族地区两州市相继出台了发展特色康养小镇的各项政策，用以规范特色康养小镇健康发展。例如，攀枝花市委办出台了《关于推进特色小镇建设的实施意见》，四川省委、省政府出台了《关于深化拓展"百镇建设行动"培育创建特色镇的意见》。

3.3.1 发展定位

攀枝花市依托优势资源，把"钒钛""阳光"这两篇大文章做大做强。攀枝花市政府建议：基于优势资源禀赋，利用区位优势，借助产业基础，搞好民俗风情、历史文化发掘工作，坚持以人为本、产业为镇、因地制宜的原则，凸显地方特色优势，走出一条差异化的发展之路；注重钒钛与阳光的结合，以世界高端制造业为目标，发掘攀枝花民族文化资源的内涵，发展旅居康养产业，建设特色康养小镇；通过打造特色康养小镇，促进产业升级，推动经济转型，实现经济社会可持续健康发展。

凉山州政府建议：一是遵循绿色发展的原则，在发掘旅居康养资源的同时，必须坚持保护优先、绿色发展的原则。加强生态环境建设，努力改善人居环境和投资条件。始终坚持生态环境保护第一，严守资源利用上限、环境质量底线、生产保护红线，严格遵守"绿水青山就是金山银山"的要求，利用自然风景，强化特色与模式；大力发展绿色产业，把良好的环境效益变为经济效益；强化污染防治和生态建设，实现绿色可持续发展。完善基础设施，提高公共服务水平，提倡绿色生活方式，打造环境优美的特色康养小镇；建立长效管理机制，推进城乡统筹发展。二是坚持规模适度、注重特色。做好特色小镇规划，尊重小镇发展规律，走"小而美"的发展道路，按照特色小镇的发展规律，先行做好规划，确定发展定位，做好小镇用地规划；注重民族文化挖掘、保护和传承，强化地域和民族特色，并强化服务"三农"工作的功能，突出小镇景观和建筑特色，走差异化发展道路；三是坚持小镇生产、生活一体化、统筹协调。充分发挥"百城建设"试点小镇的辐射带动作用，立足区位、资源禀赋、环境可持续性等小镇基本条件，依托优势产业，注重外来资本的引进，整合全产业链，强化产业支撑，统筹小镇与农村、产业、园区设计，实现城乡、镇、园区协同发展，强化交通枢纽等公共服务功能，有效提升小镇的辐射带动能力和集聚能力。

3.3.2　发展特色康养小镇，助力乡村振兴

3.3.2.1　强化统筹规划

攀枝花市围绕市委、市政府确立的搞好"钒钛"和"阳光"两篇文章策略，夯实产业基础，强化配套产业，做好各种保障，基于区位环境，凸显了历史文化的优势；通过打造特色康养小镇，促进产业升级，推动经济转型，实现经济社会可持续健康发展；用发展目标引领规划设计，强化策划过程的前瞻性与协调性，以统筹规划的思路建设特色小镇；在特色小镇的认定上，全盘考量小镇产业发展的空间布局、建设用地规模等，以此为基础搞好小镇基础设施及公共服务设施的配套服务工作；同时结合国家政策导向，因地制宜地打造具有地方特色的经济增长点。特色小镇的建设应定位科学、合理布局、各具特色、主题鲜明、目标明确，主题功能齐全。

凉山州把发挥山地生态、民族文化、红色旅游等资源优势作为其"百镇建设"目标，探索开发金沙沿线、发展安宁河谷特色农业产业和利用丰富多彩的彝族、摩梭人、回族等民族文化；以现代农业、旅游休闲、生态康养、商贸物流、特色产业建设为重点，着力将特色小镇建设成生态环境优良、功能设施齐全、产业特色鲜明、公共服务完善的旅居康养城镇；注重三次产业融合发展，强化特色小镇美丽和谐宜居。

3.3.2.2　协调用地保障

提升土地利用效率，对特色小镇用土空间要有总体规划，统筹协调生活空间和生产空间，结合土地利用总体规划进行调整、修订，统筹安排特色小镇建设用地规模，保护与修复"山水林田湖草"，分解下发年度土地利用规划指标，向特色小镇建设项目倾斜，优先保障规划指标不足的部分。对不能在现行土地规划中确定的建设用地范围内的重大项目，应当依法依程序及时进行局部调整。坚持土地分类分批供给，探索和建立建设用地使用权的出让、出租、抵押机制。积极争取将特色小镇建设项目列入年度省重点推进项目清单。因地制宜盘活存量土地，利用城乡建设用地增减挂钩、工矿荒地复垦利用等试点政策，多渠道解决建设用地指标、土地利用问题。

3.3.2.3　做好社会资本引进工作

围绕特色小镇的发展定位和建设规划，县（区）人民政府和管委会、发展改革委、自然资源局要建立并公布特色小镇建设社会资本引进项目

库，充分利用各类可行项目对外引资。发挥宣传平台的作用，积极对外宣传特色康养项目以及小镇建设项目。特色小镇项目以特色产业、康养服务业为主。康养服务业主要由健康服务、养老服务和医疗保健服务组成。改善旅居康养体验环境，提升旅居康养体验服务，满足人们对"身心健康、精神愉悦"的追求。相关部门要密切配合，积极对标特色小镇建设项目，积极开展对外社会资本的引进工作。

3.3.2.4　注重产业培育

按照特色小镇产业类别，进行分类引导，用好各项产业扶持政策，突出精准服务。引导企业投资发展，提升产业层次，培育成长性好、附加值高、市场竞争力强的"新产业、新业态、新模式"，推动产业链向两端延伸，着力发展产业集群，充分发挥产业集聚效应和扩散效应。促进产镇融合发展，增强综合实力。加强特色小镇项目落地服务，优化审批流程，建立特色小镇投资项目审批"绿色通道"制度，提高项目审批效率。

3.3.2.5　多渠道筹资

积极引导金融资金、企业与社会资本共同参与特色小镇的建设，引导政策性银行、非银行金融机构、保险基金等提供项目贷款扶持，鼓励特色小镇企业多渠道参与项目建设资金募集，鼓励相关机构增加特色小镇经费投入，提升特色小镇安全保障能力与层次。协调城建、交通、水利、环保、民政、商业等部门，强化对特色小镇建设专项资金投入。完善相关财税政策，如区域特色小镇形成的土地出让收入、城市基础设施配套费、社会维护费和其他非税收入给予税收优惠。攀西民族地区的政府要加强与省级财政部门协调配合，完善相关管理制度。鼓励县（区）财政增加资金投入，建立特色小镇建设专项资金、创业投资引导基金等。鼓励各金融机构为特色小镇发展提供金融服务，增设金融服务机构网点，积极实施发展性的金融支持政策。建立特色小镇发展专项经费保障机制。鼓励金融机构结合特色小镇建设资金需求，不断创新金融产品与服务，加大对特色小镇建设的信贷扶持力度。加强对地方投融资公司等新型投资主体在特色小镇发展中的引导和监管。以政府和社会资本合作模式建设特色小镇，吸引社会资本进入基础设施、公共服务设施建设等，构建并运行产业创新孵化平台。完善特色小镇投融资机制。支持具备条件的重点建设特色小镇项目发行公司债券，支持有条件的特色小镇项目运用资产证券化，拓展融资渠道。

3.3.2.6 完善设施和服务

全面提升特色小镇服务水平，积极推进与特色小镇经济社会发展相适应的基础设施和公共服务设施建设。加快对路网、水网、电网的升级改造，加强园林绿化、供气、通信、排水、污水处理设施和垃圾收转运等基础设施的建设，提升特色小镇文化、教育等公共服务水平以及医疗卫生水平，完善商贸物流和养老服务设施，切实改善特色小镇生产生活环境。

3.3.2.7 创造美好的形象

坚定"绿水青山就是金山银山"绿色发展理念，对小镇原民居的建筑风格进行深度发掘与推广，突出攀西民族地区文化特色。加强基础设施建设，改善当地居住环境。对核心街区进行精心设计，施工或重建重要建筑群及建筑物，争创特色康养小镇建筑精品。积极培育一批以旅居康养为主题，集医疗康复、休闲娱乐、教育培训等功能于一体的综合性特色康养小镇。每个特色康养小镇均按 3A 级以上景区基础配套设施的有关建设标准进行建设。以旅居康养为主要功能，突出生态环保、健康养老等主题，着力打造山水田园景观格局。其中旅游型特色康养小镇按 4A 和 5A 级别景区的标准打造。农业类特色小镇按国家级生态示范区要求进行规划布局。鼓励推广使用"新技术、新材料、新能源、新工艺"等，推进美丽宜居小镇创建活动，打造绿色可持续的特色小镇，创造适宜的人居环境。培育一批以旅居康养为主题，具有文化内涵，环境优美、生态良好，有一定知名度、美誉度的特色产业集群，推动和鼓励特色小镇与周边乡镇共建共享。

3.3.2.8 创新管理机制体制

按照依法放权、权责一致、能放则放、必要设置的原则，结合攀西民族地区各地特色小镇所在基层政府的权力，依法赋予特色小镇县级经济项目审批权、市事业单位社会保障备案权和就业、社会保障、户籍管理等社会行政权。积极探索"扩镇强县"改革，"权力"设置在法律允许的范围内。攀西各县市区职能部门要因地制宜为各特色小镇制定扩权政策和项目目录清单，建立责任明确、权责相应的责任机制，确保有效落实和规范运作。按照精简、统一、高效的原则，优化特色小镇机构设置，强化民生服务、经济发展等功能。建立和完善适应攀西特色小镇特色的干部管理制度，形成干部善用、能用的局面。加强基础设施建设，改善居住环境。打破身份与地域的限制，把优秀专业管理人才送到特色小镇党政领导岗位上，鼓励高等学校师生、国有企业干部、专业人才在相关职能部门任职或者兼职。建立以"双向选择"为核心的选岗用人新机制，探索实施分类分层选任制度。建立和完善利于各类人才流动到特色小镇的政策支持体系。健全考核评价标准体系，建立科学有效的绩效考核方法和激励机制。健全容错纠错机制，实施激励保障，全面激发攀西民族地区各乡镇干部的创新创业活力，助推乡村振兴。

4 特色小镇产业集聚效应及其影响机理

互联互通,上下游产业集聚带来人口和经济集聚效应,正是后工业时代地方特色小镇创建的最初目的。各地政府要建立科学有效的考核评价标准,实行差异化激励与约束机制,完善配套保障措施。因此,特色产业的聚集发展是特色小镇打造的基础条件。

美国研究人员诺克斯(Knox)、保罗(Paul L)和海克·梅尔(Heike Mayer)认为产业是城市的根本,各地在实现"小而精"的产业基础上,要努力实现"小而美"的环境循环和"人居新"的体系。根据马歇尔的产业集聚理论,在寻找外部市场的过程中,同一地区生产同类产品的企业会自动聚集,并且企业自身也会加强这种集聚。区域经济集聚的最终结果是降低生产成本并提高生产力。本章将重点研究规模经济、专业化和多样化集聚效应、内生市场和政府外推驱动因素、国际市场分工等外部因素的影响,以及经济集聚在小镇建设中的作用及影响因素如何发挥作用。

4.1 规模效应对特色小镇的影响

根据新经济地理学理论,规模经济是经济集聚增长的主要动力。当产量增长大于经济各方面投入的增长时,产品的生产成本就会降低,这就是规模经济。即只有当生产规模达到一定数量时,产品的边际成本小于边际产品时,才能产生规模经济。我们一般使用成本产品弹性(EC)来描述规模经济:

$$EC = \frac{\Delta C}{C} \bigg/ \frac{\Delta Q}{Q} = \frac{MC}{AC}$$

只有当 EC≤1 时，才会出现规模经济集聚。一个类似于规模经济的概念叫作范围经济，即如果两家公司分别生产两种产品 A 和 B，它们的生产成本 $C(X, 0)$ 和 $C(Y, 0)$ 都大于一家企业生产两种产品的生产成本，总成本 $C(X, Y)$，即：$C(X, Y) \leqslant C(X, 0) + C(Y, 0)$。企业"小而精"是特色小镇的重要标志，从规划面积来看，小镇规模一般在 3 平方千米左右，建设面积约 1 平方千米，每个小镇在 3~5 年内在特色产品上投资 30 亿~50 亿元，投资强度大，产出水平高，能充分体现"小而精""小而强"。小镇可以通过生态的维护、生产的控制、生活的精致，整合提高人口集聚的力量，只要集聚当地特色所创造的集聚值大于交通成本的边际成本，就会发生集聚。地方特色可以形成经济集聚的向心力。

韦伯的集聚经济说明了规模经济对产业集群的影响。韦伯的集聚经济函数为

$$\int(M)\,\mathrm{d}m = \frac{\mathrm{d}T}{\mathrm{d}M}$$

则 $\int(M)\,\mathrm{d}m$ 就表示生产集聚中 $\mathrm{d}M$ 的集约效应，那么从初始状态到 M 的总集约为

$$\int_0^M\!\!\int(M)\,\mathrm{d}m = T(M) - T(0) = M\mathcal{O}(M)$$

式中，M 代表企业的日产量，在几何意义上，它代表一个以 M 为底，高为 $M\mathcal{O}$ 的矩形的面积。经济解释为：影响经济集聚的主要因素是运输成本和企业的日产量，即生产率。单位投入增加所带来日产量变化是集聚规模化发展的必要条件，不同的产业聚集所产生结果是不一样的。新企业的加入意味着产量的增加，边际成本可能并不因新企业加入而成比例地增加，从而导致每个阶段单位产品的生产成本增加，这是集聚带动的绝对集聚，因为新企业的加入增加了单位成本。新企业的加入导致的新的阶段的成本的节约称为相对集聚。特色小镇作为产业集聚新地，能够实现市场同类产品企业的高度集聚，并延伸至供应链的两端，发挥相关企业的协同作用，降低生产成本，且由于相关企业规模较小，能够实现柔性生产与弹性竞争，从而提高经营效率，在单位内部实现规模经济，使小镇也能实现集聚效应，成为国内和国际细分市场的有力竞争者。同理，传统手工业等不能形

成规模经济，甚至是规模不经济，也很难产生产业集聚的向心力。因此，特色小镇一般是通过增加特色产业以及人口规模，突破形成开放格局，集聚打造形成规模经济，这也是特色小镇形成的核心集聚力。

4.2 专业化和多样化集聚效应

许多研究表明，产业企业的空间集聚可以促进产业创新和经济增长。产业集聚可分为"专业化集聚"和"多元化集聚"。两种集聚所形成的机理机制是不同的，都体现了产业内与产业间的正外部性，因专业化集聚而产生的外部性称为马歇尔-阿罗-罗默（MAR）外部性，因多样化集聚而产生的外部性称为雅可布斯（Jacobs）外部性。特色小镇的产业集聚过程也有所不同，有的小镇是围绕经济的链条纵向延续，延伸到供应链的两端，同时，进行产业链的横向扩张，扩张旅游+、设计+、文化创意+和康养+等相关产业从而形成集聚；而有的小镇则以创业孵化、创意设计或康养、文化旅游等服务业为主，从而形成多样化的集聚。

4.2.1 专业化集聚对特色小镇影响

行业的专业化集聚，就是某一地区同行业同类型企业集聚而成的地区专业化优势。在该地区工业生产规模不断扩大的情况下，行业内企业的生产成本不断下降。根据马歇尔的理论，专业化的集聚主要是由匹配的劳动力市场、共享的中间投入和更好的信息溢出等外部经济造成的。因此，专业化的集聚效应也称为 MAR 外部性。借鉴杜兰顿（Duranton）和普加（Puga）（2000）的研究，本书使用相对专业化指数（RZI）来表示专业集聚的 MAR 外部性，特色小镇的主导产业专业集聚计算公式可表示为

$$RZI_i = \max(s_{ij} / s_j)$$

其中，s_{ij} 为特色小镇 j 的主导产业 i 中就业人数占该小镇总就业人数的比重，s_i 为小镇 i 产业的就业人数占该产业全部就业人数比重。因此，特色小镇的专业化集聚可以表述为：特色小镇在规划空间内聚集了更多特定产业群的企业和从业人员，而且这些企业大多是当地的，通过相关企业的不断集聚提升区域优势并形成集聚效应。Masahisa Fujita（2014）认为，与李嘉图（Ricardo）提出的比较优势不同，专业化集聚的外部规模经济是内生

的，是追求利益的经济实体一系列决策的综合效应。藤田正久综合了外部规模报酬递增的三个学术流派：史密斯市场规模、张伯伦多元化和马歇尔信息溢出，以说明专业化集聚带来的 MAR 外部性。

4.2.1.1　共享中间投入品对特色小镇产业集聚的效应

很多行业在生产过程中使用了大量的中间投入品，尤其是那些中间产品如易破碎等不适合运输的产品，以及成品不容易运输的产品。这些产品往往集聚在地理位置相近的地方。中间商品的集聚效应体现在两个方面：一是降低运输成本。相似企业的集聚将有利于中间产品的整合，从而降低运输成本，特别是对于专注于运输的公司而言，空间集聚可以降低运输成本；二是降低中间产品成本。为了获得较低的中间产品成本，类似的中间供应商聚集在一起，这些供应商可借助规模经济进行生产，以提高中间产品产量。课题组研究了不同类型的卖家和买家在不考虑集中情况下如何进行交易。不论卖方采用边际成本定价或平均成本定价，都存在规模经济，有利于产品平均成本下降，从而实现较大盈利，因此对于买方和卖方而言，集聚就是共赢。在此基础上，本章进一步研究了不同市场结构下生产同一种商品的企业如何选择最优产量和最优价格。依泰（Ethire）（1982）给出了在完全竞争条件下，同质产品生产企业的生产函数为

$$X = \frac{Em^{\frac{1-P}{P}}}{P}$$

其中，X 为企业的产出，m 是生产中所用到的中间产品数，E 表示企业对所有中间产品的支出，P 是每个中间产品相同的实际出售价格。对于任意给定的 E，只要 $p < 1$，生产会就随着中间产品数目 m 的增加而递增。中间产品的生产越专业化，常数 P 越小，这种影响就越大。因此，如果发展主导产业的特色小镇，增加生产的专业化集聚，有利于获得价格更低、品种更多的中间产品，共享中间产品市场的外部经济性，进而降低生产成本，形成特色小镇的产业集聚力量。因此，高度依赖中间产品的产业更容易在特色小镇形成产业集群。

4.2.1.2　劳动力市场集聚对特色小镇产业集聚的制约

从劳动力需求来看，专业化集聚的企业与单个孤立企业比较，劳动力市场会发生明显的变化，同类企业的聚集能够提供更多就业机会，就是我们常说的就业机会集中，还能提供完备的职业培训体系，实现劳动力需求相近。劳动力市场这些特点能够实现"低搜索成本""高就业机会"，还能

提供专业培训，提高劳动力技能，从而提高劳动力和企业需求的匹配度。本章借鉴藤田正久的工资对外部经济影响模型，对特色小镇的劳动力市场分析如下：

假设特色小镇所有与主导产业相关的企业同时确定其提供的总工资水平，工人根据所有企业所提供工资水平而选择净工资最高的企业，没有辞职和失业，分配企业间工人的竞争完全建立在劳动个体的竞争之上。则企业 i 包含固定成本的利润函数为

$$\prod i = \int_{r_i}^{\overline{r_i+1}} N(a-w_i)\,d_r = N(a-w_i)(\overline{r_i+1}-\overline{r_1})$$

式中，N 表示有不同技术的工人劳动力数量，r_i 是企业 i 的技能需求，或者说是企业的工作资格，w_i 为企业提供的工资水平。我们通过对 w_i 的一阶求导，可以得到纳什均衡的工资水平。假设每个企业的均衡工资水平相等可以得到：

$$w^*(M) = a - s/M$$

其中，s 表示当一个企业雇佣的工人技能与 r_i 不同时，企业对该工人进行相应的技能培训付出的成本，i 表示技能空间中两个相邻企业之间的距离。随着企业数量的增多，企业必须支付更高的工资，因为相邻企业会因要得到匹配度更好的劳动力而展开竞争。每个企业进入小镇时必须支付固定成本 f，假设企业的数量达到某均衡数量 M' 时，企业充分竞争利润为 0，此时均衡企业数量为

$$w^* = \sqrt{sN/f}$$

从产出中减去总培训成本后，可以得到特色小镇的生产函数：

$$X = aNM^* \int_0^{1/2M} sxdx = N\left(a - \frac{1}{4}\sqrt{\frac{sf}{N}}\right)$$

随着 N 的扩大，企业数量小幅增加，X 随着特色小镇劳动力规模的扩大而增加。劳动力与岗位的匹配导致整体规模收益的增加，而这种模型收益的增加来自于企业在劳动力市场上的竞争。因此，当一个特色小镇拥有更多不同技能的劳动力时，它就可以拥有更高的生产力、更高的工资和更大的企业规模。然而，小镇的规模也取决于最终产品部门的收益递增与工人的通勤成本之间的权衡。因此，在特色小镇的产业集聚中，工人的生产和生活设施也应同时考虑，以降低工人的通勤成本。

4.2.1.3 知识溢出效应对特色小镇产业集聚影响

知识溢出经常用于增长理论，马歇尔用它来分析城市经济。在知识经济和全球化背景下，一个地区的某个产业需要不断创新才能获得竞争优势。持续创新的一个重要基础是依托小镇企业与企业之间、企业与配套机构之间的集聚形成"区域创新体系"。"区域创新体系"是指形成完善的供应商，纵向和横向连接众多企业和各种配套机构，形成知识和技术创新及其有效扩散的体系。一方面，全球范围内信息和知识的流动正在加速；另一方面，一些重要的知识具有明显的空间嵌入性（embedded）。知识集聚和知识的传播有利于传播"边做边学"的经验和"面对面"的技能。空间大，量级在减小，但有效知识空间转移的边际成本呈上升趋势。研究机构的集聚效应只能在相对较小的空间尺度上发挥作用。格莱泽（Glaeser，2011）的研究提出，在持有不同信息的众多经济主体中，更容易出现多种类型的组合，进而促进更高层次的信息和知识的产生，有利于集聚。

随着知识经济的发展和创新在企业竞争中的作用的不断提升，特色小镇通过打造创新孵化平台、小镇客厅等共享空间，提高了研发机构和大企业的空间密度，并实现了不同功能的集成。这有利于小镇更好地发挥知识和技术的溢出效应，企业也可以吸收更多的外部信息，转化为内部创新源泉。因此，在信息技术、文化创意、影视娱乐等高度依赖知识和创新的领域，通过特色小镇建设，同行业企业、企业与研究机构可以更加密切地合作并相互服务支持。制度创新可以增强技术和知识的溢出，形成区域创新体系，从而有利于提升产业创新能力和集聚发展水平。

4.2.2 多样化集聚对特色小镇影响

产业多元化集聚对应城镇化经济，是不同行业的企业聚集在同一空间以降低生产成本的经济现象。多元化集聚的主要原因是：公共基础设施建设完善、知识交叉共享、知识技能多样化、产业互补的影响。雅可布斯（Jacobs，1969）指出，多元化集聚形成的区域具有良好的创新氛围，不同行业的从业人员碰撞融合不同的思想，知识溢出现象较为普遍。这种跨学科交流有可能刺激产品设计和生产方式的创新。因此，集聚在多样性之外的外部性也称为雅可布斯（Jacobs）外部性。特色小镇的多样化指数 RDI 的计算公式表示为

$$\text{RDI}_j = \cfrac{1}{\sum_i \left| s_{ij} - s_i \right|}$$

其中，s_{ij} 是特色小镇 j 主导产业 i 就业人数在小镇就业人数总量中所占比例，s_i 是小镇 i 行业就业人数占行业总就业人数的百分比。

美国经济学家昆科罗和特纳（1995）的实证研究表明，产业的专业化集聚和多元化集聚都可以促进产业创新和发展。只有专业化和多样化的集聚才能起到显著的推动作用。专业化集聚与多元化集聚均产生于企业生产过程中的正外部性。专业化集聚可以使企业获得更大的市场规模，而多元化集聚则可能导致市场结构扭曲，从而影响企业的竞争力。二者区别在于：一是同类型企业间存在正外部效应；二是各行业企业间存在正外部效应。在产业组织理论中，专业化集聚主要体现为专业化分工带来的技术进步，而多元化集聚则表现为多样化竞争产生的成本节约效应。那么专业集聚和多元化集聚孰优孰劣？专业化集聚与多元化集聚是否存在互补关系呢？亨德森曾做过如下的调查：估算工业产值（体现本地化经济，实现专业集聚）和城市规模（体现多样化聚集）对劳动生产率的影响。我们用 y 表示人均产出，k 表示人均资本，e 表示工人的劳动技能，一般用工人所受到的教育水平来衡量。用 Q 代表整个行业总产出水平，用 N 代表城镇总人口。每个工人的生产函数可以表示为

$$y = f(k, e, Q, N)$$

在 (k, e) 相同的条件下，如果存在专业化集聚，则 y 与 Q 将正相关；如果存在多样化集聚，则 y 与 N 将正相关。特色小镇往往会表现出专业化集聚和多样化集聚并存的现象，即 y 与 Q、N 同时正相关。亨德森（Henderson）运用了弹性比较的方法，也就是将 y 与 Q、N 的弹性系数进行对比。专业化集聚可以使企业获得更大的市场规模，而多元化集聚则可能导致市场结构扭曲，从而影响企业的竞争力。在对美国各类产业专业化集聚效应与多元化集聚效应进行测度的基础上，亨德森于1988年得出结论：多元化集聚效应对城镇化经济所对应效应的影响较小，且对应小镇经济，专业化集聚效应更为明显。特色小镇的多元化集聚是在一定产业的专业化集聚基础上实现产业链的横向拓展，通过多产业的交叉融合提升创新能力和发展优势。在实践中，多元化集聚镇功能相对齐全，产业众多。但是，由于资源有限，各行业还没有完全形成规模经济。因此，多元化集聚不适合

制造因规模经济而集聚的特色小镇，而主要发生在信息技术、创意设计等特色生产服务小镇，这些小镇更多依赖多产业、多功能交叉融合的知识溢出效应。

4.3 市场内生和政府外推驱动力对特色小镇影响

国外特色小镇的打造，一方面是市场自由选择的结果，另一方面也离不开政府的支持和帮助。因此，从带动乡村特色的创造和发展来看，可以将其划分为市场自发的内生型和政府主导的外推型两种模式。市场内生型模式以美国和欧洲郊区城镇为典型代表。其以市场为主导力量，借助发达的交通网络，将人口和产业转移到郊区，形成小镇经济。政府推动型在英国的小镇中最为典型。20世纪中叶英国新城运动期间，英国政府颁布法令缓解大城市人口压力，发展小镇经济。

4.3.1 市场内生型驱动力对特色小镇影响

所谓内生动力，就是市场主体（企业）的自主选择与布局需求，使空间逐渐壮大形成特色小镇等的动力。该方法是基于一个特定产业中企业数量的多少来评价其发展程度，但在不同的国家和地区之间存在很大差异，且没有考虑到区域内产业结构、市场发育等因素。在国外，多数具有代表意义的小镇属于此类。攀西民族地区目前正处于经济转型升级期，需要培育一批具有一定竞争力和辐射力的产业集群，而特色产业集聚区就是其中一种重要形式。美国的"好时小镇"（又名赫尔希镇），是以"内生"为代表的小镇开发模式，是从好时先生回乡开始的，在镇上成立了首家巧克力企业。因市场需求响应较好，这一带盛产巧克力的制作材料，企业利润越来越高，市场规模越来越大。随着好时巧克力知名度与影响力的不断提升，它被称为世界上最甜蜜的城镇，很多上下游的关联企业也集聚于此，渐渐地，好时小镇成为了举世闻名的巧克力制作天堂。内生特色小镇大多需要核心特色企业。特色企业能吸引人才、技术和资金等发展因素。广大中小企业围绕核心企业构建合作网络，优化产业组织，提升科技创新能力。特色小镇产业集聚形成的内生动力主要来自自然资源、历史因素、市场潜力、劳动力价格等。

4.3.1.1 自然资源

不同地方分布着不同种类和数量的自然资源。水、矿产、木材、能源、原材料只有在某些地区才有，对这些资源开发利用，一些企业就在资源地形成并逐渐壮大，从而形成某些产业的集聚发展，形成特色小镇。例如，法国格拉斯香水小镇因当地气候适宜花卉种植；成都依云小镇因当地矿产资源独特的水资源形成产业集聚发展；汉源县九襄镇因其独特的黄牛而形成中国著名牛肉加工基地；攀枝花市仁和区因生产彩色石头而闻名，当地集聚一批加工砚台的企业和研究机构，逐渐成为我国著名砚台生产基地和砚台文化研究基地。根据新经济地理学理论，这种小城镇集聚企业称为资源型企业，其集聚发展的目标是尽可能接近原材料产地，从而降低原材料成本，如采购和运输成本。

4.3.1.2 市场潜力

一般来说，消费决定生产，在其他条件相同时，企业会偏好于集聚在消费者人数较多的地方。典型的市场潜力函数（market potential function）为：用其他地区 s 的购买力加权平均数来衡量 r 的市场潜力可表达为

$$M_r = \sum_s \frac{1}{D_{rs}} P_s$$

其中，D_{rs} 是 r 到 s 的距离，P_s 是 s 的购买力。Harris（1954）用这种方法解释了美国制造业区位集聚的形成。他的研究表明，美国产业集聚度高的地区往往是市场潜力特别大的地区，由此得出的结论是，生产集聚具有自我强化的特性，这种效应与美国的基数乘数效应基本相同。

4.3.1.3 劳动力成本

劳动力在生产要素中的决定因素，它是生产成本的一部分，也是生产力中最活跃的要素。劳动力的价格因地域而异，且劳动力质量也不一样。人工成本在企业总成本中占有举足轻重的地位，特别是对于劳动密集型企业来说，劳动力成本变动的影响往往大于运费等其他因素的影响。劳动力价格的波动会直接或间接地引起企业利润水平的变动。各国各区域间产业梯度转移主要受劳动力价格影响。因此，劳动力市场供求状况决定着区域内劳动力资源的配置效率以及企业的成本。我国在改革开放后，率先拉开了经济高速发展长三角都市圈的序幕，如珠三角都市圈、京津冀都市圈等区域均为全国人口稠密区，劳动力供给充足，价格便宜，由此一大批制造业与劳动密集型企业应运而生。这些城镇的制造业及服务业也以较低的成

本吸引了大批的外来劳工，使其成为当地主要的就业人员。近几年，随着经济和社会的不断发展，三大都市圈劳动力价格增长迅速，很多公司向中西部地区以及越南、老挝等东南亚国家转移。但与此同时，我国优质劳动力的价格仍处于较低水平。例如，科技研发人员和高技能工人的工资仍远低于发达国家。因此，需要高技能劳动力的高新技术企业的集聚度仍然很高。

在中国形成的特色小镇案例有江苏省新桥镇、浙江省诸暨大唐镇。江苏省江阴市的纺织服装发展始于清代，改革开放后，该地成为国内外纺织面料及服装加工基地，并涌现出一大批上市公司。其中，阳光集团和海澜之家齐聚新桥镇。近年来，在纺织服装产业的基础上，阳光集团专注于面料和职业装的研发，而海澜之家则专注于男装和马术文化，适合商务、生活和旅行，逐步形成了新桥特色小镇。20世纪80年代，在劳动力成本上升的压力下，上海袜厂在周边地区寻找新址。一次偶然的机会，上海袜厂在浙江诸暨大唐镇认识了一家小厂家，看到了这里的区位优势，不仅有小商品加工集聚，而且劳动力成本低廉。大唐镇的区位优势使上海袜厂最终将生产转移到这里，成为"种子"企业，带动了大唐镇袜业的快速发展，集聚了大量纺织制造企业。大唐袜业艺术小镇，现已成为全国知名的集生产、城市、文化、旅游于一体的传统产业转型特色小镇。

4.3.2 政府外推型驱动力对特色小镇影响分析

政府外推力是指依靠政府外力（如政府规划、政策扶持、城市辐射、技术引入）所推动建设的小镇。这种政府主导下的"外推型"特色小镇，需要顺应区域经济发展和产业发展趋势的客观规律，利用金融、技术、土地、政策等方面的支持，实现市场主体化以及产业、资源、要素、人才的快速集聚，并利用规模经济在较短时间内改善区域经济形势，实现区域经济、社会、文化的全面发展。

4.3.2.1 交通基础设施

公共产品对产业集聚有着至关重要的决定性作用。政府提供更好的基础设施，不仅可以为企业降低生产成本，还可以增加企业劳动力供给，比如产业园区。更好的可达性交通系统可以降低企业的交通成本，减少企业选址时对交通成本的考量。

4.3.2.2 发达、便捷的通信设施

发达的通信设施可以降低空间交换的边际成本，降低交流成本，提高

信息交流的效果。完善的公共服务和环境提高了员工的生活和工作质量。近年来，网络的快速发展使得信息基础设施的建设越来越重要。网络通信、数据安全、数据处理等数据服务成为产业集聚主力军。

4.3.2.3 教育培训

政府的教育培训仍然是最好的支持之一，主要包括现代教育培养高技能人才，职业培训提高员工素质。受过教育的工人往往生产力更高，使得单位产出的劳动力成本更低。

4.3.2.4 政府的扶持政策、特殊补贴政策，可以吸引企业集聚

如特殊产业发展支持政策包括税收减免、土地配额支持和产业基金、贷款贴息等。

攀西民族地区仍处于发展阶段，城乡协同发展并非相互排斥。一方面，大量农民工向成都及沿海城市聚集，"空心村""空心城"问题日益突出；另一方面，成都、重庆等城市拥堵和城市污染问题也很明显。由此出现了一种"反城市化"倾向。这种"双重悖论"的存在，似乎增加了特色小镇发展的必要，这不仅是企业家的选择，也是政府对农村经济的支持的必然和统筹城乡发展、促进特色小镇发展的结果。各地政府应采取必要手段与农村生产、城市、文化、旅游和智力相融合。"外推"特色小镇建设的一个典型案例是梦想小镇。梦想小镇是浙江省第一批创建的特色村，梦想小镇依托浙江大学、阿里、浙商的优势，顺应"互联网+"的发展浪潮，抓住"大众创业、万众创新"的时代机遇，锁定人才和资本两大关键创新要素，确定了"资智融合"的发展路径，加快互联网创业和天使投资互促发展。在浙江大力发展信息产业的背景下，省委省政府发展计划推动杭州未来科技的高技能和先进技术发展，为国家级互联网创新创业高地和国家级特色小镇提供技术支撑。自 2015 年开园以来，梦想小镇共引进生产设施 40 多万个，提供就业岗位 1 300 个以上，创业者 17 400 余人，融资 100 万元以上中小企业 166 个，市场融资总额达 110.25 亿元。[①] 通过政府的规划和政策引领，梦想小镇已成为大规模创业和创新的理想之地，成为地方信息化发展的增长点，成为集休闲、旅游、文化为一体的花园城市。梦想小镇是政府规划建设的特色小镇的典型代表。

---

① 唐骏垚，袁华明，闫国祺. 梦想小镇四周年 15000 多人在这里创新创业 [N]. 浙江日报，2019-03-28.

4.4 开放条件经济一体化

2001年12月中国加入世界贸易组织后，中国的经济发展进入了一个新的阶段。国际贸易在我国经济中具有双重性作用：一方面是改善中国外部经济环境、增加出口创汇、吸引外商直接投资、推动经济发展、改善民生福祉；另一方面又面临着这样那样的难题。国际贸易这把"双刃剑"，需要中国取长补短，抓住机遇，迎接挑战。一个特色小镇的成长空间是有限的，小镇必须融入区域，充分发挥区域的各项优势，才能参与国际竞争。特色小镇要想融入世界经济，就必须保证第三产业的发展，拥有区别于他人的特色优势，才能实现经济发展、产业结构和商业模式的优化。

4.4.1 全球化产业分工体系对特色小镇影响

随着交通条件的改善和通信技术的发展，许多处于特殊区域的生产要素可以在区域之间轻松流动并得到更高效率的配置。跨国公司在全球范围内组织研发、设计、生产和销售，根据各个环节对生产要素的需求，在全球范围内寻找具有比较优势的生产基地。这种全球经济一体化进一步导致了区域之间的分工和高度不平衡。具有比较优势的区域不断吸引各种生产要素向区域聚集，形成区域、国家乃至全球的产业中心。国内外经济发展实践证明，经济开放程度越高，融入全球化发展的区域越好，市场竞争力越强，产业集聚特征越明显。经济活动较少的封闭区域竞争力越弱，产业聚集就越不显眼，即使是几乎完全依赖资源的产业也是如此。南京大学张红艳教授在研究中发现，网络和智能技术为全球市场布局和竞争提供了新的竞争方式，在不依赖传统位置的情况下，创造出特色产业中心，成为特色产业发展的土壤。这也是特色小镇扩展的理论基础和依据，因此以特色小镇的形参与全球分工是一条新的发展路径。

有关资料显示，全球有近50万个不同特色的小镇。发达国家的特色小镇约占全部城镇的五分之三。不同类型的特色小镇成为生产要素的聚集地。比如，美国佛罗里达州的云杉溪航空小镇有5 000余名居民，但聚集了700个机库；雀巢总部设在瑞士日内瓦湖畔的沃韦镇，IBM总部在美国纽约州的阿蒙克镇，沃尔玛总部在美国阿肯色州的本顿维尔，这些小镇集聚的人口都未超过 2 万，但都汇聚了众多世界 500 强企业的总部。此外，瑞士的达沃斯，法国的普罗旺斯，都是世界闻名的经济小镇，也是发达国家工业化和城镇化的成功经验之一。目前我国的小镇建设还处在创新发展时期，发展"特色小镇"本质上是通过特色产业在小空间内的高度集中，实现产业内部的精细分工和组织优化。这样可以获得生产组织灵活、产品多样化的优势，使行业更好地适应全球竞争的趋势，形成区域增长极。因此，特色小镇既是我国后工业化和新型城镇化发展的趋势，也是推动乡村振兴战略的推手。比如，冕宁泸沽小镇是凉山州北部小镇、是物资集散地，是攀西民族地区的工矿商贸重镇，更是冕宁县对外开放的窗口，有着"攀西第一镇""灵关古道上的明珠"之称。

4.4.2　柔性生产方式对特色小镇影响

20 世纪 70 年代以来，随着信息化技术的快速发展，后福特主义的柔性生产逐渐取代了福特主义下的刚性生产。生产技术的变化导致生产组织、需求模式、要素组织类型和区域格局的变化。这些变化需要企业与市场之间形成一种组织形式，即由企业空间构成的产业集群。经济进入新常态，从我国实际发展情况看，生产结构性过剩矛盾越来越突出。同类产品标准化、规模化生产，库存量大增，产品转换替代成本高、周期长。特色小镇重点培育发展主导产业，吸引人才、技术、资金等先进要素集聚，具有细分高端的鲜明产业特色、产城人文融合的多元功能特征、集约高效的空间利用特点，是产业特而强、功能聚而合、形态小而美、机制新而活的新型发展空间。其本质是基于更好的生产条件，在合作的基础上，通过灵活的生产组织来提高生产力，创造竞争优势，即以个性化的产品供应来满足多样化的需求，并通过网络信息平台提供信息，个性化需求定制，实现生产的柔性化和转型升级。比如盐边县红格小镇位于攀枝花市，总规划面积达 24 平方千米，总投资超 300 亿元，以农旅、文娱、体育、温泉等大健康产业为支撑，集观光农业、体育运动、温泉疗养、酒店集群、特色商街、康养中心等业态于一体，打造世界级旅游度假区。

2021 年 8 月，攀枝花市政府出台了《关于推进特色小镇建设的实施意见》，要求小镇建设要高起点，站在产业技术前沿，并对周围有辐射带动作用。提出了市级特色小镇主导产业"7+10"的奋斗目标，也就是小镇应该打造集金融、经济信息、环保、卫生、旅游、时尚为一体的经济体系；

装备制造业小镇应朝着规模化发展，力争实现七大产业产值过亿，通过小镇建设，促进分散产业聚集，通过聚集效应，使之发展壮大。同时，还提出了特色产业培育与升级的重点任务及相关政策建议。意见明确提出，行业应以全球高端制造为目标发展新一代信息技术、创意创业、清洁能源、现代农业、历史经典等特色优势产业，打造旅居康养高地。以上意见符合未来行业的发展趋势，符合攀西民族地区的集聚优势，是对攀枝花资源优势分析得出的必然结果，但行业本身的属性是否适合集聚尚未做出结论。因此，特色小镇主导产业所需的中间产品种类越多，工艺环节就越复杂、专业分工就越细。技术分工越细，产业内通过精细化分工合作实现灵活竞争的产业集聚就越大。一些产业，尤其是大量的文旅小镇产业，若不具备后福特主义灵活生产的技术可分性和专业分工优势，将难以形成集聚。

4.4.3　国际产业转移的地理集聚特征对特色小镇影响

根据大卫·李嘉图的比较优势理论，一个国家的要素禀赋首先体现在要素成本的变化上。劳动密集程度高的行业需要大量的劳动力，对工资的变化非常敏感。一旦劳动力的比较优势被削弱或丧失，将会带来生产成本快速上涨，比较优势丧失，一些劳动密集型产业将率先向劳动力价格低廉的地方转移。如东莞，由于劳动力工资上涨，很多制造业向东南沿海转移。为了降低劳动力成本，部分企业启动产业升级，知识与技术型产业会逐步代替劳动密集型与资本密集型产业，先是劳动密集型产业为资本密集型产业所代替接续，再是知识与技术型产业代替资本密集型产业。从世界范围来看，发达国家向发展中国家转移生产要素已经成为一种普遍现象，而我国则主要是由东部沿海省份承接国外产业转移。目前，产业在国际之间的转移正在加快，尤其劳动密集型产业的转移令人瞩目，资本密集型产业转移也不断加速，例如机械制造、重化工工业等。我国改革开放初期，珠三角地区率先向世界张开双臂，国际制造业开始向珠三角地区集聚，而东部沿海地区也随之跟进，劳动密集型产业也随劳动力向东南沿海集聚而很快集聚到该地区，形成了我国庞大的制造业基础。进入 21 世纪，随着我国劳动力工资上涨，这些地区劳动力成本优势丧失，而资本要素的优势就显现出来，资本密集型产业如机械加工、轻工产品制造产业向该地区集聚。经过近 20 年的发展，我国东部沿海地区高新技术产业已逐渐取代了资本密集型产业，而资本密集型产业向中西部较为落后的地区集聚，最初的劳动密集型产业被东南亚国家的低劳动力价格所吸引。

产业转移是按照国际比较优势在全球范围内进行的，同时呈现出明显的地域集聚特征。一个产业的竞争优势是通过一个高度本土化的过程创造和发展起来的，也就是说，产业集聚带来的外部经济能够增强产业国际竞争力，取得比较优势。从世界范围来看，发达国家向发展中国家转移生产要素已经成为一种普遍现象，而我国则主要是由东部沿海省份承接国外产业转移。与此同时，在经济全球化不断深化的今天，国际产业转移表现为产业链式流入。这不仅仅是大厂商的转移，也是伴随相关配套服务的转移，包括原材料采购、产品销售、售后服务等。在国际上取得成功的行业将表现出地域集中的趋势。此外，产业链转移与产业转移区形成的集聚优势密切相关，集聚区可以更高效地接纳产业进入。地理区域的服务集中，可以更好地为行业服务，大大降低生产成本。因此，我国不同地区特色小镇的产业选择也应与国际产业转移特点、我国东中部地区转移趋势一致。成都周边要重点发展知识型和高新技术产业小镇，而广阔的西部要发展资源型产业和建设特色小镇，特别是攀西民族地区等欠发达地区，要重点发展特色小镇，开发具有民族文化资源的特色小镇。同时，产业转移地区在承接产业的同时，也应根据当地资源禀赋，选择性承接产业，通过特色小镇的特色产业空间集聚，增强全产业链的转移吸引力。也就是说，特色小镇的产业选择如果符合国际与国内区域间转移的趋势和规律，特色小镇的载体也能够提升攀西民族地区对产业链式进入的承接能力。

4.5 经济全球化对服务业的影响

4.5.1 特色小镇给第三产业发展提供了新的机遇

4.5.1.1 完善农业服务体系，优化农业内部结构

随着经济全球化的速度加快，我国农业内部结构也在不断优化。根据攀西民族地区 2012—2021 年农林牧渔业服务业 GDP 的统计数据，其 2021年农林牧渔业服务业 GDP 比 2012 年增长了 43%。其中，为农业提供服务的服务业的结构发生明显变化，农业服务业细化进一步加快。为农业提供服务的第三产业朝精细化方向发展，且其体系日趋完备。与此同时，随着给农业提供服务的服务业体系的成长、逐步细化和完善，这一产业所需的

人力资源逐步增长，为攀西民族地区农民提供了更多的就业机会，为拓宽攀西民族地区农民收入渠道提供了必要条件。

4.5.1.2 改善中小企业发展环境，推动新兴服务业发展

经济全球化使中小企业所处经济环境发生了变化，劳动密集型产业占主导地位的中小企业受到了挑战。因此，各国都将其作为提升本国产业国际竞争力的重要手段。推动中小企业的发展，搞好企业发展的梯度培育，鼓励中小企业强化产业链的合作对接，对于提高中小企业的竞争力起到了很好的作用。在价值链中，中小企业可以利用价值链上下游不同环节的资源，实现优势互补。产业链与供应链的稳定是影响中小企业生存和可持续发展的关键因素。其尤以"一纵一横"最为突出，能推动中小企业介入强链、增链、稳链。在建设"一带一路"倡议中，我们要充分发挥中小企业的产业集群效应、创新优势以及服务功能等特点，推动"一带一路"建设与我国区域经济协调发展。"一纵"即关注业务链，做到中小企业强链、增链、稳链依次进行。实施业务再造工程，谋划实施各项重大项目，促进产业链做强与稳定发展。其中，中小企业是强化产业链的主力军。因此，各地政府要做好部门之间及地区之间的联系，做强供应链，做强中小企业，加大政策供给力度，做好各项措施的落实。鼓励大企业向中小企业开放业务、技术、知识等资源，共享创新创造经营韧性，加强对"专、高效、创新"中小企业的支持。"一横"是加强服务业中小企业的领导力布局。

加快出台扶持服务业中小企业的政策力度，协助改进供应链及服务业。我国中小企业在国际分工中处于弱势地位，其应加快技术创新步伐。扶植"小巨人"，扶持中小企业数字化转型；鼓励中小企业利用新技术、新工艺、新模式提升自身竞争力；继续加大对特色、创新型中小企业的培育力度；要加快推进数字经济在制造业领域的应用。中小企业在数字经济发展中发挥着至关重要的作用，是数字化转型主战场。在信息化时代，中小企业已经成为我国技术创新和产业升级的重要支撑力量。我国中小企业数量多、规模小，在国民经济中发挥着重要作用。部分中小企业，尤其是在工业领域的中小企业，因为人才、技术、经费等方面基础较差，缺乏变革动力。因此，中小企业要想实现数字化转型就必须从战略层面出发，制定符合自身特点的信息化战略规划，并通过实施有效措施来保证健康发展。鉴于攀西民族地区中小企业资源有限、产业技术水平不高等缺陷，我

们应借助经济全球化推动攀西民族地区中小企业在各个方面升级。尤其是近年来，随着全球信息化浪潮的不断高涨，信息技术已经渗透到各行各业，市场营销、环境监管及技术服务类的行业的中小企业异军突起。一些企业凭借自己独特的优势迅速发展起来，成为当地的核心企业。如攀枝花市五个县（区）的中小企业经济发展速度加快，中小企业经济逐渐成为县域经济发展的主要力量。从总量看，2020 年 1 月至 9 月，攀枝花市东区民营经济规模最大，增加值达 72.04 亿元；仁和区次之，增加值为 64.56 亿元；米易县排第三，增加值为 36.88 亿元；西区和盐边县民营经济总量分别为 32.99 亿元和 31.32 亿元。从增长速度看，攀枝花市仁和区和米易县增长超过 19%，分别为 19.2% 和 19.1%；西区增长 18%；盐边县增长 16.2%；东区增速低于攀枝花市，为 11%。从民营经济所占比重来看，仁和区、米易县和西区三个县（区）经济总量中民营经济比重均超过五成，分别为 55.8%、55.3% 和 50.1%，盐边县为 41.7%，东区为 33%。①

引导中小企业集聚，进入特色小镇，是中小企业聚集发展的重要方式。围绕打造攀西民族地区最大的中小企业创业特色小镇和构建循环型发展体系的定位，攀枝花市精心打造循环经济项目集中小镇，提高承载能力，优化资源利用，使其成为拉动攀枝花市经济跨越发展的平台。随着市场经济的不断深化与发展，中小工业企业间竞争日益激烈。日趋完善的市场环境，进一步促进攀枝花市特色产业蓬勃发展，与此同时，也带来了相关第三产业的蓬勃发展。

4.5.1.3 提高市场化程度，提升第三产业发展水平

随着经济全球化的深化，我国市场化水平逐步提高，居民收入增长速度加快。收入增长带动消费重心从衣食向住房、文化教育、体育、健康等产业转移，从而使科技信息咨询、文化教育、体育健康、金融保险和旅居康养等产业加快发展。

2015—2020 年，攀枝花市城镇居民人均年消费支出分配比例中衣着消费比重下降 11 个百分点，教育文化消费支出稳步增长，科技等行业消费支出稳步增长。科技信息咨询、文化教育等行业消费增长带动相关产业快速发展。

第三产业市场需求的快速提高，为第三产业提供服务的需求也随之增

---

① 攀枝花市发改局. 攀枝花市经济社会发展公报 [R]. 攀枝花：攀枝花市发展和改革局，2020.

长，也为服务业的规范发展创造了条件，第三产业的发展获得前所未有的机会。加入世界贸易组织前，凉山州小镇第三产业年均增长率为1.5%，2001年以来其第三产业年均增长率为13.0%。

4.5.1.4 推动小城镇建设，拓展服务业发展空间

发展特色小镇助力乡村振兴，要以推进乡村振兴与康养小镇耦合协同为契机，走特色发展路径。为此，我们要贯彻落实新发展理念，构建发展新格局，走一条攀西民族地区乡村振兴特色发展新路径。

（1）把握小镇发展规律，确定发展目标

攀西民族地区要深入理解"非镇非区"特色小镇的独特内涵，准确区分特色小镇与新城建设、园区建设、景区开发、新农村建设等之间的差别，特色小镇相对独立行政区划来说，其产业特征更为明确。特色小镇除具有建制镇的功能外，其产业功能、文化功能、旅居康养功能是其区别于传统建制镇的主要特征，并且特色小镇还是具有一定社区功能的区域经济发展平台。特色小镇是企业集聚协同创新、合作共赢的载体，更是以企业为主体、市场化运作的生产空间。在特色小镇建设实践中，各地政府一定要避免"贪大求全"的传统做法，做到"小而精"，强化产业的培育和业态的形成，加快人才、技术、资本等资源要素的集聚，为产业发展创造良好的外部环境，同时加强基础设施建设，形成品牌培育，发挥品牌效应，形成新的经济增长点。

（2）做好特色小镇规划

特色小镇规划是小镇建设的前提。各地政府要强调规划刚性权威，在实施过程中，实施多规合一，突出规划的前瞻性、协调性、可操作性和实效性，聚焦"特强"产业、功能"集聚""精益求精"，搞好特色小镇规划；制定具体细则时，突出小镇环境生态功能，不仅要制定概念性规划，还要制定控制性详细规划、核心区设计方案等，推动概念性规划和后期的实施规划（建设规划）深度融合，确保实施特色小镇规划。

（3）注意区分主体

政府引导与企业自主经营相结合，政府责任与权力清单的明确性，发挥市场在资源配置中的决定作用，同时加强政府政策引导和企业自主经营协同，强化市场化运作，政府不应该越俎代庖、大包大揽。政府要专门设置特色小镇建设的主管部门，做好特色小镇发展建设规划，完善政策供给，做好小镇基础以及配套设施，完善各种考核奖惩办法，做好沟通协调

服务，不直接干预市场主体的行为。要鼓励企业参与小镇建设，让企业成为小镇的主人，强化企业在小镇建设中的作用，突出以企业为主体的项目建设。同时，要对外加大招商引资力度，引导社会资本、民间资本和外资参与特色小镇建设，注重形成合力，特别要加大引进上市公司和龙头企业进驻小镇，培育特色产业，形成优势，打造小镇发展壮大的增长极。

（4）打造特色小镇的产业高地

识别、突出、做大特色产业，攀西民族地区各个乡镇要根据自身资源禀赋，明确和聚焦自身小镇的特色产业和主要发展方向，做到"一镇一业"，做强做大自身最基础、最有潜力和最具发展前途的主导特色产业。政府在加大财政投入的同时，注重引进社会资本和技术改造升级，不断提升小镇特色产业产品质量和市场竞争力，让传统产业转型升级，在小镇空间内实现优势产业的集聚，形成集聚效应，并逐渐发展成为具有竞争力的产业集群，积极培育龙头企业，使企业占据区域产业价值链顶端。

（5）走集群化发展道路

攀西民族地区要紧跟行业发展趋势，在发展主导产业的同时，紧跟高端产业的走向，延伸产业链的上下游，逐渐形成产业集群，实现产业集群发展和规模效益，降低企业生产成本。通过建设特色小镇，提升特色产业水平，带动区域经济全面转型升级。把先进制造业研发与现代服务业营销作为突破口，增加投入，整合产业，加速高端要素在特色小镇的聚集，把特色小镇打造成产业集聚区。尤其是要把小镇打造成产业化优、专业化强、特色鲜明的产业集群。

（6）战略控制机制

要积极引导鼓励各乡镇创新特色小镇建设管理体制和方式，转变政府职能，将"政策、特许权、管控服务"形成现实生产力，将市场需要的能量释放到市场上。允许特色小镇根据自身发展需要进行制度创新的试验，使小镇在区域范围内发生"质"的变化。特色小镇应当把小镇服务全部纳入特色小镇建设中。

4.5.2 特色小镇给第三产业的发展带来了新的挑战

攀西民族地区特色小镇中存在"一村一品"的农业小镇、聚集大批中小企业的集聚小镇、以旅游业为载体的旅游小镇等，特色小镇建设在取得很大成效的同时，也存在诸多亟待厘定和解决的问题。特色小镇发展进程其实是历史的积淀及沿袭，如何突破特色小镇发展瓶颈，是攀西民族地区面临的巨大挑战。

4.5.2.1 加速了资源消耗，增大经济发展的不稳定性

特色小镇依靠劳动力和土地成本低的优势，吸引大量资金投入，带动区域经济发展。然而，随着城市化水平的提高和资源的大量消耗，由土地资源短缺导致的土地成本增加，加剧全球资本转移至其他土地成本较低、利率较高的地区。随着西昌市安宁镇"工业化"和"城镇化"步伐的加快，耕地资源的破坏和浪费已达到严重程度。相关数据显示，2017 年至2020 年，凉山州耕地面积分别减少 20.515 万公顷、16.732 万公顷、45.047 万公顷。① 长期来看，西昌市安宁镇耕地减少的趋势将长期存在，严重制约农业发展，进而影响行业的可持续发展。此外，中小企业长期处于发展状态，企业间的恶性竞争导致大量资源消耗。随着外部生产要素进入攀西市场，中小企业对外部生产要素供应商的依赖程度越来越高。规模越大，生产越不安全，产业发展越不稳定，中小企业发展受制于外部环境，制约了产业发展速度，增加了产业发展的不稳定性。

4.5.2.2 盲目建设使整体服务水平下降

受经济全球化的推动，各级政府都在加快提升特色小镇生活质量。从攀西民族地区各地实践看，建设一批地域文化突出、生态环境优美、经济繁荣的新型城镇是当前推进特色小镇建设的主要途径。但是，由于对于依靠第三产业的发展来拓展特色小镇空间集聚效应还缺乏足够的了解，各地只有依靠改善环境、美化小镇形象来吸引人口集聚、产业集聚，从而导致许多地区出现"千镇一面"现象。盲目的开发，浪费了大量的人力、物力和财力，大规模现代化公共设施脱离了特色小镇和附近农村居民的真实需求。与此相反，和居民生活生产息息相关的基本社会服务业却发展滞后。同时，特色小镇建设中出现了严重的"空心化"现象。例如，安宁镇排水管网都集中在中心镇范围内，服务人口只占该镇总人口的 3.5%。镇域内没有形成一个具有较强辐射能力的区域性综合服务中心。追求高水平的消费水平、基本社会服务投资不到位的第三产业，拉低了第三产业总体服务水平，极大地降低了第三产业在特色镇中的带动作用。因此，以提高居民生活品质为导向，大力发展现代生产性服务业是实现特色小镇建设可持续

---

① 凉山州统计局. 凉山州 2020 年国民经济和社会发展统计公报 [R]. 凉山州：凉山州统计局，2021.

健康发展的必由之路。

4.5.2.3　人才的大量流失加剧了地区之间经济发展的不平衡

不论是现代服务业，还是传统第三产业在现代信息技术改造和提升过程中所产生的信息、技术与知识含量均较高，且高度依赖行业人力资源。近几年，特色小镇尤其重视人才引进与培育，通过吸引高层次专业人才来促进当地经济发展是地方政府普遍采取的重要措施之一。攀西民族地区由于位置较为偏远，交通设施相对落后，工作环境和生活条件与四川其他地区特别是省会城市存在较大差距，人才匮乏与人才流失现象严重。而攀西民族地区作为三线建设中发展起来的地区，国有企业较多，但人才激励机制不够灵活，对高端人才缺乏足够的吸引力。尽管目前已建成一些国家级和省级企业技术中心、重点实验室，但由于缺少在国际、国内具有重要影响力的科技领军人才，很多重大领域的科技攻关还未取得实质性突破。农村劳动力的流失部分反映了在凉山州和攀枝花市相对欠发达地区的人力资源流失比较严重。2015 年至 2020 年攀枝花市平均技能人才流失率为14.6%，而凉山州人才流失更为严重，对该地区经济发展制约作用较为明显。

4.5.2.4　盲目开发旅游业，加快了特色小镇传统空间特色的遗失

古镇旅游作为特色小镇产业的一个重要组成部分，承载着两州市绝大部分的旅居康养产业。目前古镇旅游发展主要受经济利益驱动，往往忽视了文物的保护和当地居民生活的改善。一些地区，真实文物陆续被拆除，采用现代建筑技术和材料，追求统一的仿古建筑风格；一些地区，大量原有民居建筑被搬迁改造为现代娱乐服务设施，导致了传统生活方式和文化的损失。一系列不合理的发展，加速了特色小镇传统空间特色的流失，致使旅游资源遭到破坏，且出现逐渐衰落的趋势。同时，搬迁居民遭遇搬迁困难、各类服务设施匮乏的问题，基础设施不能满足基本生活需要，对当地经济发展不仅未达到预期，反而阻碍了当地经济发展。

攀西民族地区特色康养小镇是新型城镇化和乡村振兴的重要载体，是传统旅游的升级，是推动攀西民族地区经济高质量发展的重要方式。发展和建设特色小镇，要充分体现"特色"二字，首先要做优做强主导特色产业，这是特色小镇的基础，也是小镇核心竞争力的体现。如果在发展建设特色小镇过程中，丢掉"特色"二字，舍本求末，那就是对特色小镇概念的错误理解。对特色小镇定位不准确，就容易造成"千镇一面"现象，实

际上就是用现代模板来打造一个没有文化底蕴和内涵的特色小镇。

特色小镇要体现特色、性格，小镇才有生命力。攀西民族地区各地情况差异很大，每个地方都自己的优势和特点。因此，各地在发展和建设特色小镇的过程中，应从当地实际出发，因地制宜，尊重历史，充分体现各地的差异性和个性化，发展形态多样的特色小镇。凉山州德昌县乐跃镇的傈僳风情与红军长征文化，被誉为"四川文化艺术之乡"；盐源县泸沽湖镇植根于摩梭文化，入选四川首批文化旅游特色小镇；会理古镇被誉为"川滇锁钥"等，它不仅是古南方丝绸之路要津，也是三国时期诸葛亮南征渡泸的地方，也是红军长征途经的地方，还是"国家历史文化名城"。

无特色产业支撑，特色小镇也就失去了生命力；没有产业基础，特色小镇建设也无从谈起；没有完善的市场机制，就不会有一个健康可持续发展的特色小镇。从本质上来说，特色产业是特色小镇建设的核心要素和基础保障。特色产业内涵丰富多彩，关键是要利用本地的资源禀赋与区位优势。攀西民族地区拥有得天独厚的地理条件、独特的生态环境与自然资源。四川川贝产量占国内市场份额 70% 以上，其大部分产自攀西民族地区；凉山州德昌县乐跃镇高丰村枇杷年产值达 10 亿元以上，全国市场占有率达 80%。事实证明，单一功能只要发挥到极致，也可以形成一个大市场。只有挖掘最基础、最有潜力、最具成长性的地方特色产业，才能真正推动特色小镇的可持续发展。

人们对特色小镇的期待，不一定是熙熙攘攘的人流和大而统一的商业建筑。独特的地方"特色"是特色小镇发展的持久动力。

5 攀西民族地区特色小镇推动乡村振兴的功能分析

特色康养小镇建设推动乡村振兴的功能，取决于特色康养小镇的功能深化和提升，这是由特色康养小镇的长远目标和愿景决定的，目的是实现特色小镇功能叠加的"集聚"需求，从而助力乡村振兴。特色康养小镇规划要根据区位、资源特点，从居民、类型、建筑、管理、环境、经济、社会、文化八个不同方面展开，按照"先布局、后整合"的方式确定小镇发展具体目标和市场定位，并规划相关功能的建设发展具体细则。特色康养小镇建设是中小企业的集聚和促进产业发展的平台，以推动形成小镇的增长极，来实现乡村振兴的目标。本章将进一步分析攀西民族地区特色康养小镇功能及其服务乡村振兴作用机理。

特色小镇推动振兴乡村的功能基本逻辑，如图5-1所示。

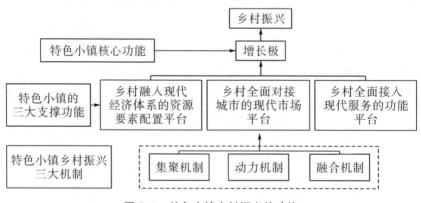

图5-1　特色小镇乡村振兴的功能

5.1 乡村振兴的阶段性要点及理论解释

攀西民族地区乡村振兴的目标与乡村落后的现实直接相连。西方发达国家在工业化、城镇化和现代化进程中，存在阶段性农村落后情况。随着攀西民族地区工业化、城镇化的不断推进，攀西民族地区农村相对落后的状况逐渐显现和突出。与其他领域的快速发展相比，攀西民族地区的农村落后有其自身的重要原因。攀西民族地区的社会发育程度相对较低，特别是农村，长期存在的城市偏向和城乡二元结构，以及地理位置偏僻、交通闭塞等带来了一系列问题，导致攀西民族地区农村发展相对落后。因此，攀西民族地区乡村振兴的关键是通过连接现代要素资源和现代经济体系，促进农村各种生产要素融入现代经济循环，推动更多现代要素植入攀西民族地区农村，进而从根本上激发攀西民族地区农村现代化的发展活力，实现农村现代化发展目标。

5.1.1 当前攀西民族地区农村发展滞后主要表现及原因

5.1.1.1 攀西民族地区农村发展滞后的主要表现

从新中国成立到改革开放期间，攀西民族地区发展本身相较于全国而言处于滞后状态。民主改革后，同其他地方一样，攀西民族地区进行了社会主义建设。社会发展起点较低，传统落后的生产方式，造成攀西农村地区发展相对落后。改革开放之初，攀西民族地区实施农村家庭联产承包经营责任制等改革，促进了农村生产关系的解放，释放了农村活力，进而促进了攀西民族地区农村生产力的发展，激发了农民的劳动积极性。这一时期，攀西民族地区农村也获得了较快发展，农村劳动生产率得到了快速提高，产生了剩余劳动力。农村经营制度的变革，也带动了农村个体私营经济、农副业、乡镇企业的发展，攀西民族地区的农村在这一时期出现了工业化和产业化发展的浪潮。很多乡镇企业、个体经济以及合资合作经营企业如雨后春笋般出现，尤其是县城周边地区，如西昌市周边地区，其非国有经济占到经济总量的一半以上。攀枝花市得益于三线建设，发展水平较高，但农村的改变依然不明显。

2000年以前，随着农村改革的深化和农村生产关系的解放，攀西民族地区乡镇企业也发展迅速，就地吸纳农村富余劳动力，农民收入迅速增加，农村集体经济实力也得到增强，农业农村社会事业在这一时期获得较快发展。非国有经济的快速发展促进了攀西民族地区国民经济发展。1987年，经过改革开放近十年的快速发展，攀西民族地区中小企业产值超过农业产值，占52.4%。到1998年，攀西民族地区中小企业从业人员37万人，比1978年的27万人增长近10万人；1998年，中小工业企业增加值130亿元，占两市工业增加值的46.3%。上缴国家税收5.13亿元，占两市税收总额的18.6%。攀西民族地区中小企业职工人均工资也大幅增长，是1978年的近4倍。①

进入21世纪，伴随着我国加入世界贸易组织（WTO），对外开放进一步扩大，我国与外界的交流进一步扩大。攀西民族地区改革继续深化，社会主义市场经济体制加快建立与完善。攀西民族地区经济发展步入新的发展阶段，城市经济加速发展，融入全球经济步伐加速。在此背景下，在农村发展起来的乡镇企业依托的低廉劳动力、低端产品、低价竞争的"三低"竞争优势逐渐消失。同时，乡镇企业因技术和装备水平低、职工素质较低、管理不科学等因素无法与其他现代企业进行竞争，其发展变得缓慢并逐渐衰落，但个体和民营经济取得了较快发展。统计数据显示，攀西民族地区2000年中小企业吸纳就业人数为26.53万人，2010年为56.85万人，十年间仅仅增加了30.32万人；而1978年中小企业吸纳就业人数为15.27万人，1999年增加到65.69万人，10年多增长近50万农村剩余劳动力。换句话说，从改革开放到20世纪末，攀西民族地区中小企业就地吸纳剩余劳动力近100万。进入21世纪以来，攀西民族地区中小企业吸纳劳动力的能力显著减弱，中小企业发展滞后，使得农村工业化、现代化明显滞后于城市，乡镇企业在整个地区的经济地位急剧下降。当前，攀西民族地区农村产业仍然以农业为主，农村就业人员仍然以从事农业生产为主。2017年的统计数据表明，农村360万人就业人口中，只有61万左右人口从事私营和个体经营。②

攀西民族地区的农业还处于低发展水平阶段，农业生产力水平不高，效率低下，种养业品种单一、产值低下。偏远的农村地区仍然在使用传统的耕种方法。此外，由于攀西民族地区人口众多、土地有限、信息交流闭

---

① 数据来源：凉山州统计年鉴1978—2000年整理而来。
② 数据来源：凉山州统计年鉴1978—2020年整理而来。

塞，加上社会发展和历史原因，攀西民族地区的农业发展水平仍然很低。家庭经营仍然是农业经营模式主流，这种生产和组织方式阻碍了攀西民族地区向现代农业理念的改变，尤其是没有新理念、大规模生产理念缺乏现代生产工具。与国内其他地区特别是沿海地区相比，攀西民族地区农业发展层次单一、现代化水平低，特别是机械化水平更低。因此，在目前的组织架构下，农业生产已经到了临界点，而现代资源与要素又无法大规模流入农村和改造农村，攀西民族地区农村产业发展严重滞后。

（1）乡村"空心化"和"老龄化"日益严重

随着工业化、城镇化进程的推进，攀西民族地区城市制造业、服务业快速发展，城市经济快速发展带动了城镇人均工资的增长以及城市服务水平的提高。城市的快速发展带来了就业增长，对农民工的吸引力大大增强。随着农村农民大规模向城市转移，攀西民族地区农村人口减少，农村出现了"空心化""老龄化"现象。

随着农村常住人口的减少，不少村社出现了"人去房空"的现象，很多房屋无人居住，农村地区凋敝现象出现。进入21世纪以来，随着攀西民族地区城市人口的快速增长，其农村人口迅速减少，农村自然村迅速消失。此外，随着农村人口的"空心化"，攀西民族地区的农村经济和公共服务缺乏应有的支撑，致使攀西民族地区农村产业凋敝，医疗教育、社会服务和文化卫生服务设施逐渐衰败。落后的公共服务让农民难以留在乡村，使空心化的局面越来越明显。

同时，农村人口结构不均衡，主要表现在年龄和性别上，居住在农村的人大多是老人和儿童，农村"空心化""老龄化"日趋严重。2010年和2020年两次人口普查数据显示，攀西民族地区中青年农民人口明显减少。攀西民族地区常住农民人数从2010年的3 769 649人减少到2020年3 431 609人，减少338 040人，其中15~64岁的农民工占农村总人口的比例下降到61.68%。① 这样的农村人口结构已成为影响和制约攀西民族地区经济发展的重要因素。2020年统计显示，攀西民族地区农村人口总抚养比达到38.76%。考虑到农村人口的预期寿命与城市相比相差5年，攀西民族地区农村的养老问题更加严重。因为中青年农民在城里找工作，离开农村到城里打工生活，而住在农村的大部分是妇女、儿童和老年人，他们已经成为

---

① 数据来源：凉山州统计年鉴2010－2020年整理而来。

农业生产的主力军，攀西民族地区农村劳动力结构制约影响了攀西民族地区农村的经济社会发展，也给攀西民族地区乡村振兴带来较大困难。

（2）乡村传统道德文化正在衰退

乡村文化是乡村人的"精神家园"，自然朴素的民族文化是攀西民族地区乡村文化的最大特点。各个地区的村社都有自己的乡村文化和传统。这种独特的乡村文化是由攀西民族地区乡村中的人与自然、人与人的长期互动中形成的。此外，这种特殊的民族乡村文化保留了乡村人、自然、社会的基本社会结构，维持着攀西民族地区乡村的生活秩序。但随着工业化、城市化的发展，乡村日常价值观得到重构，城市文化蓬勃发展，而与此相对应的是乡村文化的逐渐衰败。一方面，随着农村的"空心化"和城市文化的渗透，农村原有的生活方式逐渐被现代城市生活方式改变，农村特有的特色房屋风格变成了千篇一律的平房和楼房。浓郁的乡村风貌成为了城市框架结构，看城市不像城市，看乡村不像乡村。同时，大量农村居民出走，使传统的庆典、习俗、食品、手工艺品等失去了传承对象。另一方面，随着功利主义的兴起，传统的社会习俗、乡间伦理价值出现了分裂。此外，由于大量从农村打工的年轻人流向城市，劳动力资源不断流向城市，留在农村的青年劳动力资源不足，许多重要传统文化因缺失滋养土壤而面临消失。

（3）乡村生态环境问题日益突出

由于农村经济的衰退和攀西民族地区生态环境、基础设施保护缺乏资金支撑，攀西民族地区农村生态环境的问题日趋严重。一方面，攀西民族地区的农村面源污染越来越严重，这些污染包括农村生产、农产品加工和畜牧业以及农村生活垃圾带来的污染，化肥、杀虫剂和除草剂等化学产品过度用于农业生产导致的污染，以及采矿、加工工业的扩张、农村耕地和林地的破坏造成的大量水土流失。2020年环境保护部、自然资源部联合开展的全国土壤污染调查公报显示，土壤中有毒化学物质和重金属的总量超过标准的 15.4%，而攀西民族地区耕地有毒物质和重金属含量增加至19.3%。农村环境的生态问题不仅与空气和水的污染有关，还有地下水污染和土壤污染，也给农作物的基因安全带来危险。同时，攀西农村地区大量使用难以降解的塑料薄膜，易造成"白色污染"，给农业农村生态环境造成严重破坏。

5.1.1.2　攀西民族地区农村发展落后的原因

各国农村发展落后有其自身的原因。与国内其他发达地方相比，攀西民族地区农村发展落后的深度更为严重。这不仅是由于攀西民族地区的历史原因，如工业化、城镇化的非均衡发展，也与攀西民族地区长期存在的城乡二元结构体制有关，如市场化改革带来的市场机制作用，农村大量资源特别是人力资源流向城市，以及攀西民族地区乡村现代产业支撑不足。

（1）城乡二元结构体制是攀西民族地区乡村落后的根本原因

中华人民共和国成立初期，为快速医治战争创伤，走上工业化道路，我国在发展策略上，采取了非均衡发展战略，偏向于城市和工业，以工业化和城市化为代表和支撑的现代化发展为主，农业和农村长期为其发展作出巨大的牺牲。攀西民族地区长期存在的农产品和工业品的价格"剪刀差"状况，就是优先发展城市和工业，牺牲农村农业的典型例证，这也导致城市、工业与农村、农业之间进一步的发展落差。

攀西民族地区在二元户籍制度、土地制度等一系列体制机制的作用下，城乡二元结构十分明显，城市与农村之间巨大差异的长期存在，制约了农村发展，也影响了整个攀西民族地区经济社会的协调发展。城乡二元结构使城乡劳动力、土地等资源要素分离，经济发展的资源要素无法形成城乡双向自由流动。在强大的工业化和城镇化驱动下，农村劳动力、土地等资源要素只能单向流向城市，而城市资源要素不能自由流向农村。此外，由于城乡二元结构的存在，城乡分离的市场体系、城乡分离的工业化模式、城乡投入机制的差异等在攀西民族地区尤为严重。在这种城乡二元结构体系下，城市以政府和市场等强大优势力量吸引农村土地、劳动力等资源要素，农村资源要素向城市流动。与此相对应的是，由于农村相对于城市吸引力较弱，所以农村不能像城市一样吸引现代化先进要素资源供给。在这种不对称的要素流动的长期影响下，攀西民族地区的村社发展逐渐落后。

（2）市场经济机制的作用结果

改革开放初期，攀西民族地区农村以家庭联产承包代替生产队统一集体劳动，一些地方开始出现乡镇企业，吸纳大量农村剩余劳动力，并带动攀西民族地区农村快速发展，也出现了欣欣向荣的景象。随着攀西民族地区城市经济的改革和市场体制的建立和发展，市场机制在资源配置中的作用凸显。

按照市场机制原则，在市场机制的作用下，投资和要素资源一般集中配置在收益更高、机会更多的城市，即资源集中在潜力更大的城市中的第

二、三产业；与此相对应的农村，资源更多地被城市经济使用。投资风险高、收益不确定等因素，使农村很难吸引城市资源。此外，农产品属于生活必需品，需求的收入弹性较小，较为稳定，不会因价格上涨而使供给增加，也不会因价格下降而增加需求。随着城镇居民收入的增加和攀西民族地区恩格尔系数的下降，攀西民族地区居民不可能因收入增长而增加各种农产品的消费。同时，在开放条件下，外国农产品、现代化农产品不断进入攀西民族地区市场，造成了农业、农民、农产品之间的巨大竞争压力。这些因素让攀西民族地区的农村无法获得现代要素资源的有效供给。在市场机制的作用下，民族村社逐渐走向衰落也是必然。

（3）攀西民族地区乡村缺乏现代产业支撑

现代产业支持现代生活。当今的产业以现代科技、现代金融和现代人力资本为支撑，具有科技含量高、附加值高、成本耗费低、环境污染小等特点。现代产业不仅包括现代农业、现代工业、现代服务业，还包括三次产业的融合。一方面，攀西民族地区农村地处山区，山顶山谷落差较大，平地相对较少，种植养殖业落后，农业仍是传统生产方式，机械化、智能化很少得到运用，农业农村现代化水平相对于全国其他地区更低。加上农业投资风险高、效率低，社会资本不愿向风险高、效率地产业投入，攀西民族地区农业农村创新长期缺乏资金，现代农业也只能是刚刚起步。另一方面，攀西民族地区村镇企业的发展只是在改革开放初期有较快发展，但数量少，对地区经济贡献有限，即便如此，其也促进了农村工业化的发展。然而，由于地理位置、交通、信息以及人们思想观念等因素，无论城市或农村，都无法获得高技术人才、技术和现代金融等资源，以致攀西民族地区农村工业化、村镇化进程明显滞后，第二、三产业规模小、分散且技术含量低，产品缺乏区域特色、民族特点，市场影响力小。可以看出，在没有现代产业支撑的情况下，攀西民族地区农业农村落后现象越发凸显。

5.2 攀西民族地区乡村振兴特色发展路径探讨

从以上对攀西民族地区农村发展内在特点的分析来看，攀西民族地区农业农村发展的重点是推进农业农村现代化，而农业农村现代化的关键是农村产业现代化，促进农村融入现代产业体系。国内发达地区农业农村发展的实践也表明，农村振兴的关键是促进农业农村产业发展。2006 年，经济合作与发展组织（OECD）发布了基于欧洲农村发展计划的新农村发展模式，强调农业农村发展新模式的目标是区域竞争、可持续、地方资产以及未使用资源的开发利用，而不是农民的收入、农业内部之间的竞争；主要目标部门是农村产业结构，主要产业包括制造业、旅居康养产业等，而不仅仅是农业生产这个单一产业；主要工具是投资，而不是依靠补贴政策；关键要素是各级政府官员和农村利益相关者，而不是地方政府和农民。农村发展模式比较如下（见表 5-1）。

表 5-1　乡村发展模式比较

发展模式	传统模式	新模式
目标	平等、农民收入、农业部门竞争	乡村地区的竞争、本地资产价格稳定、未使用资源的开发利用
关键目标部门	农业	乡村经济各个部门（如农村旅游、制造业、信息产业等）
主要政策工具	补贴	投资
主要推动主体	地方政府和农民	各级政府（中央、区域和本地）、各种本地利益相关者（公共、私营、非政府组织）

因此，攀西民族地区的乡村振兴之路应该走现代产业发展之路，融入现代产业体系进程，而不能只依靠传统农业生产的发展。但是，攀西民族地区在农村区位、资源和其他方面的差异，远离大城市，交通不便，资源要素流动不畅。有的村靠近县城，发展稍好；有的旅游资源禀赋较好，包括自然资源和文化资源；有的具有独特农产品资源。因此，攀西民族地区应依靠自己的资源优势采取不同的发展路径，依托优势资源，走特色乡村振兴之路。为此，攀西民族地区乡村振兴主要路径分为三种类型：农村工业化为主导、农业产业化为主导和农村服务业为主导。

5.2.1　攀西民族地区农村工业化振兴乡村路径

前文对攀西民族地区乡村振兴的分析表明，改革开放初期的乡镇企业发展促进了攀西民族地区农业农村的发展。然而，由于经济发展和市场经济体制的建立和发展，市场经济对攀西民族地区传统产业冲击较大，乡镇企业转型较慢，很多企业在竞争中败下阵来，传统农业也因缺乏现代化技术支撑，受到很大冲击。攀西民族地区城市企业无法与现代产业竞争，城市服务业也未获得应有的发展，无法对农村经济实施有效支持，农业农村增长放缓，农村人口也快速缩减。

过去乡镇企业的发展本质上是农村的工业化，这种工业化与当时刚开始改革开放密切相关，随着时间的推移以及市场机制的作用，原来缺乏技术和现代管理的工业企业因不适应新的形势而逐渐衰落。在新时代，农业农村工业化必须依托现代资本、人才、技术等资源，促进现代技术等新要素与农村资源融合，支撑攀西民族地区农业农村融入现代产业体系。借助现代资本和技术，让古老的攀西民族地区农业农村焕发出现代经济活力，用工业化、产业化实现乡村振兴，主要体现在三个方面：

第一，农业产业化可以促进人口集聚，既可以促进农村人口就地城镇化，又可以通过资金和技术推动城市人才向乡村回流，实现攀西民族地区乡村振兴最重要的要素——人才的双向流动。

第二，农业农村工业化可以带动农村基础设施发展，以基础设施投资拉动农村经济增长，并能带动农村现代服务设施建设，实现农村现代化发展。

第三，通过农村工业化可以带来先进的管理理念，促进农村产业管理理念创新和建立现代企业制度，促进农村民主和法治观念建立，实施规范化、制度化管理，促进农村治理体系的不断完善。

5.2.2　选择以农村工业化为主导路径的条件基础

首先，以农村工业化为模式的乡村振兴必须要有一定基础设施。在具有一定经济基础的农村，嫁接现代资本、技术等要素，才有推进农村工业化的基础：一方面，有良好基础设施建设的农村需要人才和技术的积累；另一方面，以工业化发展为基础的农村要有区位优势，即要有便利的交通，能够让要素流动自由，容易与外界融合发展。

其次，以农村工业化为主导的农村区位条件要好，也就是市场在配置资源时能够发挥主导作用。农村工业化的最终产品是面向城乡市场，面向国际市场。根据市场理论，离市场越近，价格越低，竞争越激烈。为此，农村经济的发展需要良好的区位优势。

最后，即使市场、基础设施和区位条件不能满足，至少也需要一些特殊资源供给。增加现代科技、资金和管理等要素投入，来进一步开放和利用乡村的特殊资源，进而发展乡村工业，促进农村经济结构的改善。

5.2.3 以农业产业化为主导的乡村振兴

全面推进乡村振兴落地见效，应加快发展乡村产业。习近平总书记指出，要适应城乡居民消费需求，顺应产业发展规律，立足当地特色资源，拓展乡村多种功能，向广度深度进军，推动乡村产业发展壮大[①]。为此，攀西民族地区要充分利用本地资源优势和区位特点，大力发展特色农业产业，带动生态农业、生态旅游、绿色民宿等产业发展；对标国家"双碳"目标，发展以低碳排放为特征的新的农业经济增长点，特别是发展有机农业，实现农业产业化为主导的乡村振兴。

5.2.3.1 农业产业化的乡村振兴之路

攀西民族地区乡村振兴，农业现代化的重点在于实现农业产业化，农业产业化要以现代农业技术装备为支撑，以农业现代科技为基础，来促进农业生产科技化、专业化和品牌化，提高农业生产专业化、规模化和市场化水平。同时，政府要根据现代农业发展趋势，促进农村第一、二、三产业的融合，特别是要以现代农业为基础，推动农业产业规模化，从而实现规模效应，提高农业产出水平。此外，政府还要通过农业商品化实现农村经济快速发展，推动偏远地区项目投资，发展有机农业，利用市场机制作用，提高种粮农民收入，提高农民从事农业生产的积极性，缩小城乡差距，实现城乡融合发展。农业产业化与市场经济系统息息相关，我们要通过农业产业化，促进攀西民族地区农村社会各项事业的发展。

5.2.3.2 农业产业化方式的选择是实现乡村振兴基础条件

农业产业化的先决条件是规模化，这是有别传统的"小农户"的经营方式，其最大优势是可以规避来自自然和市场的风险，降低农业生产成本。首先，农业产业规模化发展要有空间场所和自然条件，良好的自然条件是农业产业化的前提，这有利于降低农业投入，实现低成本增长。其次，农业产业化是提升特色农业的基础，能够提升农业附加值。最后，农业产业化有利于形成良好的外部环境，包括培养出具有一定文化和掌握现代农业技术的农民。

---

① 习近平. 坚持把解决好"三农"问题作为全党工作重中之重 举全党全社会之力推动乡村振兴 [J]. 求知，2022（4）：4-10.

5.2.4 以发展农村服务业为主导的乡村振兴

5.2.4.1 以农村服务业振兴乡村之路

服务业引领产业发展走向更高形态，日益成为农业农村经济的增长动能和结构调整的战略重点。因此，加快推动农村服务业发展，不仅是实现城乡区域协调发展的必然要求，也是构建优势突出、结构合理、多极支撑的县域现代化产业体系，加快乡村振兴的现实需要。攀西民族地区依托农村特色资源，包括旅居康养资源、生态资源、民族文化资源等，建立现代服务业体系，以发展服务业促进多种要素资源的集聚，特别是现代服务业所需的各种人才。通过人才聚集人气，让古老的攀西民族地区的农村焕发出现代活力。同时，农村服务业的发展倒逼农村公共服务设施设备的发展和农村公共服务水平的提高。另外，农村服务业的发展通过对各种要素、资源和信息的集聚和交流，促进了乡村文明的提高、农村文化的发展和农村管理水平的提高。

5.2.4.2 发展农村服务业是乡村振兴重要基础条件

攀西民族地区可以依托特色旅居康养资源和生态资源，发展具有乡村特色的绿色产业和现代服务业。

攀西民族地区乡村振兴和特色小镇建设的快速推进，让攀西民族地区农村居民的消费方式和特色小镇的环境发生了巨大的变化。商贸物流、金融、旅游等传统服务业供给已不能满足生活生产需要，开始进入以需求为导向的创新服务业态发展。一方面，由于资金、技术等要素集聚优势不足，高层次服务人才匮乏，特色小镇优质生活服务产业短缺，个性供给、平台经济、共享经济、体验经济等创新服务业态发展短时间还难以满足人们需要，供需存在缺口；另一方面，特色小镇的制造企业多处于产业体系的加工制造环节，终端产品、研发设计、品牌管理、营销服务等高附加值服务能力差。知识密集、高附加值的生产性服务业发展相对缓慢，对发展制造业输送技术、知识等生产要素的作用有限。

5.3 攀西民族地区特色小镇推动乡村振兴的功能

从以上攀西民族地区乡村振兴的分析可以看出，攀西民族地区乡村振兴要依靠攀西民族地区农村工业化、农业产业化和农村服务业三大发展路径，而振兴之路需要一定的空间来承载。攀西民族地区特色康养小镇以其独特的空间结构，为乡村振兴的三大重要途径提供了发展空间。本节主要论述特色小镇的乡村振兴功能、动力机制，即特色小镇成为振兴乡村的增长极，特色小镇建设能完善市场机制、提供配置资源要素平台和布局现代服务集约平台。

5.3.1 增长极：攀西民族地区特色小镇推动乡村振兴的核心功能

5.3.1.1 区域发展理论

乡村振兴实质上是一个区域发展的问题。区域发展理论对乡村振兴具有重要意义。乡村振兴也好，乡村发展也好，都需要符合区域发展规律。第一个区域发展理论是杜能提出的农业区位论。1826年，他出版了《孤立国同农业和国民经济的关系》一书，承认乡村与城镇间地租，也就是地租或经济地租之区别，它是影响农业用地与工业用地分布的关键性因素。该理论对当时及后来世界各工业化发达国家的区域政策产生了重要影响。德国经济学家韦伯继杜能之后，于20世纪初出版了《工业区位理论》与《论工业区位》两本著名著作，从此体系完备的工业区位理论开始建立。从那时起，伴随着世界范围内种种区域问题，各国学者已经提出不少具有影响力的区域发展理论与发展战略模型，主要有：

（1）历史经验学派区域发展理论：该学派区域发展理论大多是在欧美等西方发达国家区域发展的历史进程基础上总结而成，包括部门理论、输出基础理论等。

（2）现代化学派区域发展理论：该学派区域发展理论把城市化与工业化作为自己的研究目标，主要有增长极理论、中心-边缘模型、累积因果理论、区域新经济增长的新古典理论等。

（3）乡村学派区域发展理论：该学派的区域发展理论将农村地区的发展作为研究的内容，并将其作为空间均衡发展的目标，其中有地域式发展理论、选择性空间封闭理论。

（4）主流经济学派区域发展理论：该学派的区域发展理论是主流应用经济理论研究区域发展问题。它是增长极理论的升级版，主要包括产业集群理论和新经济地理学。

增长极理论最早由弗朗索瓦·佩鲁提出。他在著名论文《略论"增长极"的概念》中写道："增长并非同时出现在所有的地方，它以不同的强度首先出现在一些点或增长极点，然后通过不同的渠道向外扩散，并对整个经济产生不同的终极影响。"

5.3.1.2　增长极理论

增长极的概念最早是由法国经济学家弗朗索瓦·佩鲁（Francois Perrour）率先提出的，他认为如果将发生主导效应的经济空间视为一个力场，那么位于这个力场中的推进单元就可以描述为一个增长极点。增长极是围绕一个具有推动力的主导工业部门组织起来的一个充满活力、高度整合的产业群，不仅增长快速，而且能通过乘数效应推动其他部门的增长。因此，增长极并不是在所有地方都出现，而是首先出现在一些不同强度的增长点或增长极上，这些增长点或增长极通过不同的渠道向外扩散，对整个经济产生不同的最终影响。他借用磁场的内部运动在磁极处最强的规律，把这个经济发展极化的区域称为增长极。

增长极理论是区域非均衡发展理论，不是均衡发展理论。同时，增长极理论强调创新，认为经济增长的主要驱动力是经济活动的创新，创新必须集中在一些特定的产业上。增长极理论认为，增长极既是创新的发源地，也是创新扩散的源泉。

5.3.2　攀西民族地区乡村需实施非均衡发展战略

攀西民族地区农村地域辽阔，各地之间差异较大。各具特色的乡村分布在不同的区域，包括山地、盆地、丘陵和河谷，即使在同一区域，内部差异也很大，影响了少数民族对乡村振兴路径的选择。攀西民族地区应根据区域发展理论或增长极理论，分析影响攀西民族地区经济发展的三个因素，即资源配置、转移成本和经济集聚，选择适合自己的振兴之路。攀西民族地区农村的异质化，本质上要求乡村振兴采取非均衡的发展战略。攀西民族地区农村的异质性体现在农村之间的差异上，一般包括四个因素：经济发展基础、自然资源禀赋、历史文化背景、区位交通便利情况。

5.3.2.1 农村经济发展基础差异

随着攀西民族地区的精准扶贫的胜利完成，各地都获得了较快发展，农村居民人均纯收入有了显著提高，农村基础设施、农业装备有了很大改善。但攀西民族地区不同的地方经济发展差异很大，如山地与盆地、河谷与丘陵因区位不同而差异较大。临近县城的郊区或交通要道受城市经济影响，其农村经济基础较好，跟城市的差距在逐渐缩小。而山区或交通不便地区虽然解决了绝对贫困，但发展受到诸多限制，较为缓慢，但这些地方也在从自身的发展中找到了发展之路。此外，地区之间的经济差异也很大，经济发展的基础也存在差异。比如西昌安宁镇有很多成熟的产业，而偏僻的木里的产业基础薄弱的问题依然未得到根本性改变。

5.3.2.2 自然资源禀赋的差异

攀西民族地区处在横断山区，幅员辽阔，各地自然状况差异较大，素有"一山有四季，十里不同天"之说。根据区域经济发展理论，区域经济发展需要资源共享。乡村振兴取决于乡村的资源和条件，而自然资源的分布因地而异，影响着乡村振兴。一些农村地区资源独特，包括矿产资源、旅居康养资源、独特农业产业资源等，而一些农村地区资源贫乏，没有特色资源。拥有丰富的自然资源的乡村可以更有效地促进农村发展，而自然资源供给短缺的地方发展较为困难。

5.3.2.3 历史文化差异

文化资源影响着一个地区的发展进程。历史上，黄河中上游是中国的主要发祥地，一直是我国历史上农耕经济最发达的地区。但随着历史的发展，我国的经济重心逐渐向东南移动，东南地区临近海洋，较先受到西方现代文化的影响。现代文明给东南沿海地区带来了商品意识、市场经济意识、开放意识等。攀西民族地区深处内陆，受外界影响较小，形成了独特的历史文化。这些独特的历史文化是一种宝贵的资源，利用好资源能对攀西民族地区的乡村振兴产生积极的影响。民族文化既是一种千百年来人们生活的积累，又是促进抑或制约地区发展的资源。保护和发展民族文化，既是对历史文化的认同，也是促进攀西民族地区经济发展的较好选择。我们应充分挖掘民族文化精髓，加以保护和利用，用以发展攀西民族地区旅居康养业，促进攀西民族地区乡村振兴。

5.3.2.4 农村区位与交通条件的差异

区位发展理论表明，区位和交通是一个地区发展的重要因素。攀西民族地区的地理位置和交通差异较大，发展不平衡。从范围来看，成昆铁路和沪昆高速以及108线附近的地理位置非常好，交通便利，区域发展较好。从区域的角度来看，靠近城市或中心城市的农村地区具有更好的区位和交通，其发展具有先天优势，在此集聚资源较为容易，区域发展也比其他地方更好更快，区位的重要性在此得到体现。

综上所述，根据区位发展理论，攀西民族地区农村发展应遵循非均衡发展战略。具有资源禀赋好、交通便利、产业基础好等优势的乡村将率先发展，当其发展成一个个增长极后，将它们逐步汇聚，形成强强联合的规模化发展，然后辐射周围区域，进而带动整个攀西民族地区乡村振兴。

5.3.3　攀西民族地区特色小镇成为振兴乡村的增长极

5.3.3.1　特色小镇是经济集聚的体现

特色小镇不是行政区划单元，而是产业发展载体。企业和企业家的集聚，给特色小镇带来新的发展生机。特色小镇随之逐渐聚集了为这些企业服务的上下游企业，扩展企业价值链，实现其附加价值。特色小镇是产业集聚的空间载体，企业在小镇内形成特色产业，通过小镇扩张自己的影响力。特色小镇依托农村产业特色和资源优势，集聚科技、人才、资金、技术等现代生产要素，扩大经济特色，形成集聚效应和传播效应，从而创造农村发展的增长极。

5.3.3.2　特色小镇体现创新发展趋势

特色小镇不再是过去靠低成本、低技术含量、低科技等打造的低端制造业，而是依托农村优势资源，以"生产、生活、生态"三生融合理念打造的特色产业发展平台。特色小镇发展的动力来源于创新，创新不仅是特色小镇发展的主要动力，也是特色小镇发展的基础。特色小镇要明确主导产业发展方向，突出特色和区位条件优势，完善基础设施建设和功能配套，努力将小镇打造成培育发展新产业、新业态的重要载体。我们要充分意识到特色小镇的"根"是特色，越有特色、越有魅力，就越有竞争力。瞄准产业升级趋势，笃定产业主攻方向，攀西民族地区要按照两州市特色小镇规划，倾力打造形态各异、风格鲜明的特色小镇。特色小镇的生命力在于创新，为此，各地在发展建设特色小镇时要杜绝简单模仿、千篇一律，要充分体现创新。要充分发挥政府主导、企业主体的带动作用，在有为政府与有效市场的契合点上，让有形与无形的两只手实现完美融合，使特色小镇彻底成为创新载体和平台。让创新成为特色小镇发展的密钥，需强化科技成果转化，让科技成为特色小镇起飞的翅膀。需强化知识产权保护，优化营商环境，努力把特色小镇打造成乡村振兴的样板。

5.3.3.3 特色小镇体现现代发展理念

农村和农民缺乏现代资源和载体融入现代化进程，这是攀西民族地区现代化进程缓慢的最主要原因。改革开放和城市经济发展的实践表明，融入现代发展需要良好的载体和方式，从而为现代资源的融入提供良好的平台。发展建设小镇就是要提供这样的平台和载体。特色小镇为资本、知识、技能、技术、土地、人才等现代要素提供载体和平台，积极引导攀西民族地区农村利用创新模式，共享现代发展成果。攀西民族地区的少数民族居民长期深居内陆，现代化信息和生活方式对他们影响较少，千百年来一直沿袭古老的劳作方式，简单劳动和惬意生活是他们的主要生产生活方式。在攀西民族地区发展特色小镇就是为现代要素提供平台，让城市资源在攀西民族地区农村有用武之地，坚持创新、协调、绿色、开放、共享的新发展理念，促进现代要素与农村资源的对接，将现代资源融入攀西民族地区的农村，实现攀西城乡互动融合，推动城乡融合发展。

5.3.4 攀西民族地区特色小镇推动乡村振兴的三大支撑功能

攀西民族地区特色小镇通过三大支撑功能来形成增长极，一是为农村融入现代经济系统的资源配置平台，二是形成连接农村和城市的市场渠道，三是为农村提供现代服务的集约承载平台。

5.3.4.1 为农村融入现代经济的资源配置平台

资源要素是经济增长的一个十分重要的因素。投资在经济增长中发挥着重要的作用。一直以来，攀西民族地区农村缺乏资金、技能、人才等现代资源来推动发展。农村仅靠自己的土地、劳动力、资金等要素的投入，发展较为缓慢，与大城市的差距逐渐拉大。

攀西民族地区特色小镇建设，改变了目前农村没有资源要素投入所需要的载体和平台的问题，特色小镇依托特色产业，成为农村集聚土地、资金、劳动力、技术、独特资源等要素载体。特色小镇是根据农村特色资源，通过现代要素的嵌入而打造出来的，让农村拥有资源要素投入的平台和载体。打造特色小镇，能让乡村不断获得发展所需的资源和要素，与城市现代经济接轨，融入现代经济，支撑农村经济发展。

5.3.4.2　形成连接农村和城市的市场渠道

特色小镇为与城市挂钩的农村资源提供了商机，成为维持城乡五要素，就业、资本、信息、技术、商品的市场通道。城乡五要素通过特色小镇平台在市场上进行交易，支撑了城乡资源的双向流动。一方面，特色小镇平台将农村与城市连接起来，使农村产品自由流通、参与竞争，融入现代经济，提升农村资源价值；另一方面，城市资源通过特色小镇流入农村，促进农村发展壮大，特别是新资源流入农村，为农村带来创新发展，促进一体化发展。在现代发展的浪潮中，特色小镇能促进城乡融合发展，实现乡村振兴。

5.3.4.3　为农村提供现代服务集聚承载平台

乡村振兴不仅仅是经济发展，更是服务现代化。农村地区无法与城市共享基本服务的主要原因是农村地区人口分散，服务设施设备不能形成规模效应。特色小镇建设为现代农村服务设施的投资建设提供了平台，实现了公共服务设施的现代化，具有规模效应的特点。特色小镇是农村居民聚集的场所，能让更多农村居民集聚在此，让服务设施具有规模效应，投资的基础设施能为更多农村居民服务，为居民提供了良好的发展机遇和平台。特色小镇为建立农业社会化服务提供了平台，围绕促进攀西民族地区农副产品流通和搞活攀西民族地区农村经济两个重点，以小镇为载体建成一批农产品电商平台，培育攀西民族地区供销农产品销售公司，发展攀西民族地区农产品电商、销售、物流联盟，努力打造"攀西优品"有机农产品品牌，构建攀西民族地区农产品冷链物流网络，推动攀西民族地区农产品流通进入成都以及其他大城市；特色小镇是农村产权交易服务重要平台。以激活农村要素市场和增加农民收入为目标，建立攀西民族地区农村产权交易市场，政府要严格落实交易平台、资金监管等管理责任，鼓励多种资源进入交易平台，提供产业链金融服务，助力攀西民族地区乡村产业发展；将特色小镇打造成农村社区综合服务平台。强化小镇服务载体作用，以服务农村居民为原则，以小镇"数字供销"为平台，加快建设攀西民族地区特色小镇为农服务综合平台，向特色小镇农村社区综合服务中心赋能，打通农产品上游、工业品下游双向流通通道，畅通线上线下一体化保障渠道，为攀西居民提供农资、农副产品、日用消费品供销以及为产权交易、金融服务、养老幼教、就业培训、文化娱乐等生产生活提供综合服务。

5.4 攀西民族地区特色小镇对乡村振兴的促进功能

特色小镇如何发挥其乡村振兴功能？关键是看特色小镇在促进乡村振兴中发挥了什么样的作用。从乡村振兴的微观基础看，特色小镇发挥集聚作用，集聚中小企业的同时，还集聚人才、技术和资本等资源，以促进中小企业升级，形成成长性乡村振兴的增长极。从乡村振兴动力来看，特色小镇可以通过体制机制改革、创新发展、开放发展推动乡村振兴。从乡村振兴成效看，特色小镇促进城乡要素融合、产业融合、服务设施完善，推进城乡融合发展。

5.4.1 特色小镇的资源要素集聚功能

现代产业的发展需要资源和要素的支撑，需要现代技术的助力。建设特色小镇能发挥其集聚作用，聚焦激活农村资源要素，促进农村特色产业集聚发展。

5.4.1.1 特色小镇建设加速现代要素资源向乡村集聚

攀西民族地区农村长期缺乏现代资源和要素嵌入，限制了攀西民族地区农村经济的发展。外部资源不愿流入，而内部资源却源源不断向外流出，造成攀西民族地区农村发展缺乏必要的要素、资源，"空心村"现象随处可见，农村发展严重滞后。经济增长理论表明，科技、资金、人才等资源要素是经济增长的重要因素。发展现代产业需要人才、资金、技术等现代资源要素，这也是乡村振兴的条件。特色小镇建设依托农村要素资源和特色产业，利用集聚优势打造增长极，带动技能、资本、技术等现代要素集聚，提升农村特色产业的影响力。

5.4.1.2 特色小镇建设吸纳特色产业在农村集聚发展

乡村振兴的关键在于农村产业的振兴，特色小镇的重要性在于产业的"特色"，以及特色产业的集聚。攀西民族地区特色小镇建设是充分发挥攀西民族地区乡村文化、地域特色和资源特色的"我们独有"优势。特色小镇整合产业发展所需的现代技术、创新、人才、服务等资源要素，将产业、生态嵌入特定区域及其历史文化地域，形成产业集群特色发展优势。特色小镇的发展模式和发展理念不同于以往工业园区的发展模式：一方面，特色小镇支持中小企业创新发展，能够实现共享产业信息，提升产品价值，降低产品成本；促进中小企业集聚，提高企业的利润和竞争力。另一方面，特色小镇通过企业聚集发展，产生外溢效应，带动周边或相关产业发展，促进城乡经济一体化发展。

5.4.1.3 特色小镇建设推动公共服务设施聚集布局

特色小镇是集产业、创新、文化、社区、自然环境为一体的功能复合体，也是产业与城市、人文与自然、创新与传统、生产与生活融为一体的功能综合体，包容性空间载体。特色小镇建设不仅需要产业的集聚，更需要宜人的生活环境和完善的公共服务。特色小镇建设促进了攀西民族地区农村基础设施和服务设施建设，实现了农村现代服务设施集聚布局。

特色小镇建设促进服务配套设施的建立和完善，包括文化、教育、医疗、卫生、体育等公共服务设施，为创新创业人才提供综合服务，增强吸引力，推动特色产业集聚。同时，特色小镇建设本身也包括现代基础设施建设，特别是推进供水、供气、信息网络等现代基础设施建设，从而加快推进攀西民族地区农村服务设施的现代化。

特色小镇建设为改善攀西民族地区农村基础设施和服务设施打通了投融资通道。在传统的发展模式下，攀西民族地区的农村基础设施建设完全依靠集体经济和地方财政投入。但由于地方经济长期发展乏力，农村集体经济薄弱，加上攀西民族地区农村基本服务设施的建设缺乏经济支撑，农村基本服务设施长期投入不足。特色小镇是一种新型的组织模式和开放的发展模式。特色小镇的建设，为攀西民族地区村社基础设施和服务设施的完善开辟了一条新路径。各地政府应通过现代服务业与农村发展的无缝对接，加快完善攀西民族地区农村基础设施和服务设施建设，推进现代服务业体系建设改进。

5.4.2 特色小镇的乡村振兴动力功能

特色小镇建设通过体制机制创新和开放发展形成发展动力，为乡村振兴注入强劲发展动力。特色小镇建设改变了农村社会固有的关系结构，释放了农业生产活力，为农村发展提供了动力；创新提升了农村生产效率，增强了农村经济动力，提升了农村产品附加值，提高了农村发展竞争力；开放式发展，为乡村振兴注入强劲动力，使农村可以在乡村振兴中可以接收到其他资源流入，促进城市与农村资源的双向流动。

5.4.2.1 特色小镇建设推动乡村振兴的体制变革

攀西民族地区农村发展的关键在创新；建立农村发展体制机制，打破城乡二元体制，释放农村发展活力。但由于农村土地等资源流动约束，现代生产要素难以在攀西民族地区植入，从而导致攀西农村难以获得现代经济要素，而攀西民族地区地方特色资源的价值也难以提升。特色小镇在体制机制方面表现出了较大的灵活性，能够较大地改变攀西民族地区农村地区封闭、自足的经济模式。

（1）特色小镇建设推动土地产权制度变革

土地资源是乡村振兴的基础和前提，土地产权改革是乡村振兴的基础。从长远来看，攀西民族地区的城乡土地分割是其农村发展难以获得外部支持的重要因素，阻碍了城乡要素的自由流动。特色小镇建设要创新土地制度，推进土地权属改革，完善农村集体土地承包经营权，推进集体建设土地制度的变革，改革农村宅基地使用权，促进建设用地和宅基地融入特色小镇建设，为乡村特色小镇建设提供土地供给，提升农村土地资源在现代经济中的价值，发挥农村土地价值作用。

（2）特色小镇建设推动攀西民族地区乡村开发体制变革

长期以来，攀西民族地区农村是依靠传统作业以获得发展，一直处于低水平发展状态。改革开放后，攀西民族地区采取开发区方式和乡镇企业发展方式。开放区发展方式虽然推动了攀西民族地区农村工业化，但对提升攀西民族地区城镇化水平帮助不大，与农业经济发展脱节。乡镇企业发展方式在过去一段时期发挥了作用，但它是一种基本的、简单的发展模式，发展水平较低，竞争力不强，在面对城市企业时，很快就败下阵来。建设特色小镇将从根本性改变过去的发展方式，用一种崭新的发展方式作为攀西民族地区乡村振兴的切入点，植入现代要素，强调城乡融合发展，走乡村特色发展之路。

（3）特色小镇建设推动乡村地方特色资源产权制度变革

特色小镇发展的基础是促进农村资源与外部发展的融合。农村的特色资源与外部现代生产相融合，关键是解决当地特色资源的权属问题。地方特色资源所有权是农村发展的重要内容，是地方资源融入外部发展的前提。特色小镇建设必须履行地方特色资源的产权，在完善区域特色产权的基础上，促进农村资源与外部发展体系的融合。

5.4.2.2 特色小镇建设推动乡村振兴的创新发展

特色小镇建设将为攀西民族地区乡村振兴注入新的增长动力，将带动传统农村走上科技创新之路。特色小镇建设能实现现代产业与传统产业的链接、生产与服务业的链接、市场要素与政府服务链接、自然与人的链接、生产与生活的链接以及外部资源与偏远农村、农村产业的联系，实现了农村产业的创新和农村文化提升，助推攀西民族地区农业农村发展。

（1）特色小镇发展促进农村产业创新

目前，攀西民族地区农村经济远落后于城市经济，农村产业仍然是传统农业，产出水平低、附加值低、竞争弱、规模小、抗市场风险和自然风险能力低，还存在严重的面源环境污染问题，这样的低水平产业无法支撑攀西民族地区乡村振兴。特色小镇建设实现了现代产业与乡村发展的有机联系，实现了现代产业与攀西民族地区特色资源、民族文化历史的联系，将为攀西民族地区乡村经济的发展注入强劲的活力，促进攀西民族地区农村经济质量、效率的提高。

（2）特色小镇推动乡村文化创新，促进乡村文化振兴

现代文化与攀西民族文化融合可以为攀西民族地区的农村发展提供新的动力。改革开放40多年来，攀西民族地区农村经济社会发展取得了巨大成就，但由于攀西民族地区农村文化资金投入不足，农村文化市场培育困难，民族文化保护传承人才匮乏，文化产业发展落后，文化机构设置落后，农村缺乏文化氛围，尤其是现代文化氛围。特色小镇的"特色"，就是在一定的历史、文化底蕴中具有独特性。特色小镇建设必须遵循一定的历史积淀和丰富的文化底蕴，保护当地历史文化遗产。特色小镇的发展，不是破坏村镇居民的历史文化。特色小镇建设对于文化建设十分重要。特色小镇通过引入市场经济、知识、信息、文化等现代元素，与攀西民族文化相融合发展；实现现代文化与攀西民族地区传统文化的直接对接，实现攀西民族地区乡村传统文化的创造，弘扬攀西民族地区地方特色文化，嵌入了现代文化精神，实现攀西民族地区乡村民族文化创新与发展。

5.4.2.3 特色小镇建设推动乡村振兴的开放发展

特色小镇是攀西民族地区乡村振兴的开放性平台。特色小镇的开放不是过去的低水平开放，而是建立在高质量发展基础上的高水平开放，以新思路、新资源支撑攀西民族地区城乡要素流动，即资源优化配置和市场深度融合。特色小镇的开放是新视野开放、资本源头的开放、市场的开放、智力资本的开放。特色小镇的开放，为攀西民族地区农村注入了现代基因。同时，特色小镇的开放，将攀西民族地区独特资源与外界联系起来，

是攀西民族地区与外界连接的桥梁和纽带，促进攀西民族地区农村社会资源与要素和对外发展的融合，激活了攀西民族地区乡村振兴活力。

（1）特色小镇推动外部现代要素资源植入攀西民族地区乡村发展体系

特色小镇应是一个开放的载体和平台。各地政府按照特色小镇建设发展要求，实现体制机制的创新，鼓励现代资本、人才、技术、市场和公共服务等现代要素向特色小镇集聚，促进特色小镇的经济发展、基础设施建设、公共服务和生态环境全面进步。特色小镇建设促进了资本对外开放，为巩固脱贫攻坚成果，实现精准脱贫与乡村振兴有效衔接，为攀西民族地区乡村振兴提供保障。通过流程和程序的"专业化"，创新技术和人才的管理，支持现代技术和人才的开放发展，特色小镇建设搭建起了农村市场与外界现代市场的平台，促进了攀西民族地区农村与外部现代市场的交流，激发攀西民族地区乡村振兴的活力。

（2）特色小镇促进农村特色资源融入外部发展体系

攀西民族地区农村经济发展滞后的一个重要原因是农村特色资源没有得到充分开发和利用，相对闭塞的条件阻碍了攀西民族地区与外界的交往交流，区域优势资源开发利用困难，民族优秀传统文化价值没有得到充分开发，特色产业特别是民族加工工业一直未得到开发，致使攀西民族地区农村发展缺乏动力。特色小镇的开放发展为攀西民族地区农村的开放发展开辟了新道路，促使各地将扩大开放与挖掘农村地方特色资源相结合，结合地方特色促进农村向外部发展体系融合，农村地方资源得到充分利用。

5.4.3　特色小镇的协调统筹融合功能

特色小镇建设对促进城乡融合、城乡产业融合、城乡居民服务均等化，促进城乡居民收入增加，促进城乡一体化发展等有重要作用。特色小镇是城市和农业的桥梁和纽带，实现文化发展与公共服务均衡相结合，是解决攀西民族地区农村与城市巨大发展差距的最有效方式，从而助力攀西民族地区的乡村振兴。

5.4.3.1　特色小镇建设推动城乡要素融合

特色小镇是依托农村特殊资源打造的特色产业发展平台，是现代要素集聚平台，是促进现代资源与农村资源的融合、促进要素自由流动的载体。

人才、资金、技术流向乡村的载体是特色小镇。我们可以通过特色小镇为农村植入现代产业基因，为攀西民族地区乡村振兴提供支撑。此外，特色小镇是"生产、生活、生态"的融合载体，具有良好的成长环境，提高其对人才、资金、技术的吸引力，从而促进现代资源向农村地区转移，促进攀西民族地区乡村的产业化、城镇化。同时，攀西民族地区特色小镇依托农村独特资源包括文化、自然资源等，充分发挥自身优势，与现代金融、现代科技和现代人力资源接轨，促进乡村特色资源与现代经济的融合，实现要素合理配置。

5.4.3.2　特色小镇建设推动城乡产业融合

城乡融合是经济一体化发展的关键，也是支撑农业农村发展的重要条件。将攀西民族地区特色小镇打造为一体化发展载体，可以为攀西民族地区城乡产业融合提供良好的平台和载体，为城乡经济相互融合搭建桥梁。

特色小镇具有产业集聚功能，能将分散产业集聚在小镇，而产业集聚进一步促进了分工合作。攀西民族地区特色小镇要立足农村独特资源，打造特色产业，以其生态优势和劳动力价格优势吸引中小企业集聚发展，形成周密分工合作。攀西民族地区特色小镇要实现产业规模经营，突破过去单一的弊端。规模化经营是特色小镇主要经济活动。特色小镇以特色产业、消费型加工工业、民族文化工业、制造业和服务业为主，从而形成分工又相结合的小镇经济综合体，提高攀西民族地区农村产业档次和整体工业化水平。

5.4.3.3　特色小镇建设推动城乡公共服务融合

城乡公共服务融合发展是城乡一体化的重要组成部分，也是乡村振兴的内在要求。特色小镇是在居住地创造城市的公共服务功能，将教育、文化、医疗等公共服务融入小镇，营造积极的公共服务成长环境，为特色小镇吸引人才、技术等创造条件，促进城乡公共部门合作，促进城乡公共服务均等化，实现城乡公共服务一体化发展。

攀西民族地区公共服务供给不充分、不均等问题依然突出。虽然城乡居民基本医疗保险制度已经全面覆盖，但攀西民族地区的偏远地区的社会公共服务水平依然薄弱，城乡公共服务差距较大。攀西民族地区要全面实施乡村振兴战略，推动攀西民族地区特色小镇建设与乡村振兴耦合协同进入良好的功能互补的协同发展，推进城乡公共服务均等化，提高攀西城乡公共服务质量与水平，为实现乡村振兴提供支撑。

一是关注攀西民族地区城乡公共服务均等化的空间不平衡的特点。全面了解攀西民族地区城乡公共服务不平衡的主要特点和发展规律，制定促进攀西民族地区城乡公共服务平衡的措施和政策；努力缩小区域差异，对离县城较远的地区的政策进行倾斜并加大财政资金支持力度；充分利用国家对攀西民族地区的政策倾斜，努力提供攀西民族地区城乡公共服务水平，建成一批公共服务一体化的示范小镇，形成示范带动作用；改善农村公共服务供给水平，逐步缩小城乡公共服务提供的差距，着力促进城乡公共服务供需平衡，深入探索支持城乡公共服务均衡的体制、机制，促进城乡全方位、多层次公共服务均等化的目标实现。

二是建立攀西民族地区城乡公共服务保障体系。为农村地区提供更多的基本公共服务，通过政府购买、公私合作等方式参与公共服务的供给，寻求多元主体参与、城市优质公共服务资源下乡的长期支持机制；进一步改善攀西民族地区城乡财政分配机制，加大基础教育特别是偏远山区教育投入，建立城乡教育联合学校，鼓励城乡学校组建"学校联盟"或"集团化办学"；打造城乡接合的公共文化服务体系，加强农村基础设施建设，促进攀西民族地区经济发展；整合城乡文化设施设备，缩小城乡文化发展差距；改善农村地区的文化和体育等方面的公共服务；完善城乡居民基本医疗保险，健全各项健康保险制度，发展和完善城镇医疗卫生制度，加快城乡最低保障制度，促进农民工在城市平等享有城市公共服务的权利；扩大社会保障覆盖面，把进城落户的农村人口纳入城镇社会保障体系，促进城乡基本公共服务均等化。

三是打通农村公共服务需求诉求渠道。完善攀西民族地区居民对公共服务需求诉求的表达机制，实现公共服务"向上"和"向下"诉求双向沟通；充分利用电视、报纸、新闻等媒体宣传公共服务基本常识，提高城乡公共服务意识，提高农民参与基本公共服务的观念；拓展渠道，组织培训讨论等，提高农民公共服务知识，提高合作水平；营造表达需求的环境，支持各种社会团体关注农民的需求，深入基层，方便公众表达需求；充分利用新媒体，扩展多样化表达渠道，让基层呼声能够得到直接回应。

6 攀西民族地区乡村振兴与特色康养小镇耦合协同推进的动力机制

本章结合特色康养小镇建设、中小企业集聚和乡村振兴，探讨攀西民族地区乡村振兴与耦合协同发展的动能机制，以及这种互动在攀西民族地区的理论与实践。乡村振兴与特色康养小镇建设的耦合协同发展不是随机的互动，而是客观的历史契合。通过特色康养小镇建设的衔接，创新解决了攀西民族地区发展所面临的问题，有效促进农业农村现代化建设与特色康养小镇建设形成有效的契合和互动关系。本章旨在通过对两者互动关系以及协同推进的动力机制的分析，清晰了解攀西民族地区特色康养小镇在促进中小企业发展和乡村振兴中的功能定位和作用，从而加快攀西民族地区中小企业集聚、升级和发展，促进攀西民族地区乡村振兴和农业农村现代化。

6.1 二者互动关系所反映攀西民族地区的现实发展困局

6.1.1 攀西民族地区城镇化、工业化发展与农村发展脱节

从世界许多国家的发展进程来看，城镇化、工业化始终引领着农业农村的发展进程。一般来说，城镇化和工业化取得一定成就，将迅速推进农业农村现代化，从而缩小农村与城市、农业与工业之间的差距，逐步走向城乡协调、可持续发展和城乡一体化的道路。

40多年前，以改革开放为标志，我国进入了以经济建设为中心的发展

阶段。经济建设主要以城镇化、工业化发展为标志。但在这一过程中，城镇化、工业化和农业农村现代化进程并不一致，三者发展脱节，城镇化和工业化在数量上迅速扩大，但城镇化、工业化质量并不高，特别是农业农村发展与城镇化和工业化发展进程相对分离，导致了城市化和工业化进程较快，而农业农村发展滞后，农村与城市、农业与工业的发展差距逐渐拉大。中央提出并强调乡村振兴战略目标是加快我国农业农村现代化进程，缩小城乡之间的差距。"没有农业和农村的现代化，就没有国家的现代化。"[①]农村发展滞后已成为我国经济社会发展及农业农村现代化进程中最大的短板。

截至 2021 年年底，攀西民族地区城镇达到 332 个，其中凉山州 183 个镇 105 个乡，攀枝花市 23 个镇 15 个乡。其中，攀枝花市常住人口城镇化率达到 69.85%，比全国平均水平 63.89% 高出 6 个百分点；凉山州常住人口城镇化率 37.37%，远低于全国平均水平。按照目前全国 1.2% 的年城镇化增长率推算，到 2030 年攀西民族地区城镇化率将达到 50%。而全球平均城市化水平在 50%，发达国家的城市化水平一般在 85% 左右。从城乡人口分布看，截至 2020 年年底第七次全国人口普查，攀西民族地区总人口达到 6 070 569 人，其中城市人口有 2 638 953 人，占 43.47%；农村人口 3 431 609 人，占 56.53%。与 2010 年相比，城镇人口增加 661 666 人，农村人口增加 338 040 人，城镇人口增加 25.07 个百分点。[②] 随着精准扶贫、易地搬迁、集中安置、新型工业化、信息化、乡村振兴、农业现代化的深入开展以及农业转移人口市民化政策在攀西民族地区的实施，特别是近10 年来，攀西民族地区城镇化进程稳步推进，工业化建设取得历史性成就。但是我们也清楚地看到，作为彝族主要聚居地之一的凉山州的城镇化率仍然很低。目前，整个攀西民族地区城镇人口仅占 36.96%，近 63% 的人口分布在农村，城镇化水平远低于全国平均水平，从事农业生产依然是攀西民族地区居民主要收入来源。为此，充分利用攀西民族地区优越的自然资源和独特的民族文化，发挥攀西民族地区的比较优势，发展旅居康养产业，做好阳光康养这篇大文章，开发建设特色康养小镇，将是有效巩固

---

① 中共中央，国务院. 中共中央 国务院关于实施乡村振兴战略的意见 [EB/OL]. (2018-01-02) [2023-06-30]. http://www.gov.cn/zhengce/2018-02/04/content 5263807.htm.

② 国家统计局. 第七次全国人口普查公报 [R/OL]. (2021-05-11) [2023-06-30]. http://www.gov.cn/guoqing/2021-05/13/content_5606149.htm.

脱贫攻坚成果的可行方法之一。推进乡村振兴和农业农村现代化对攀西民族地区意义重大，因为我们的现代化是全民族的现代化。

从全国各地城镇化发展进程来看，曾经有过片面将城镇面积扩大和城镇形态作为城镇化重要指标的观念，严重忽视与农村发展的协同推进关系，甚至出现过所谓通过城镇化把村庄变成城镇的做法，并且这一做法曾一度流行，并被认为这能从根本上解决我国"三农"问题。农村成了城镇肆意侵占的空间，实际上在一些地区，城镇化进程是对农村最具发展潜力的空间和资源的不断切割和蚕食，农业农村经济社会发展的整体性受到严重破坏和扭曲，发展的资源潜力、发展优势和社会空间被挤占，使农村经济日益衰落。这无疑会导致城乡、农业与工业、农民与市民之间的差距越来越大，形成日益明显的城乡"新二元"经济结构。

从理论和实践经验来看，城镇化与乡村振兴是一种互动促进、融合发展的关系，但攀西民族地区城镇化与乡村振兴进程呈现出明显的自主发展趋势，其中最突出的问题是盲目追求城镇化和工业化目标，严重忽视城乡互动关系，攀西民族地区农村地区发展滞后跟这种错误做法有很大关系。

曾经有很长一段时间，我们是以 GDP 增速和规模来看政绩的，导致整个社会的发展将 GDP 作为主要推动力。其思维逻辑是：无论是从增长速度还是从经济规模上看，工业和城镇绝对是农业和农村无法比拟的。"没有工业，就没有财富""没有城市，就没有强大"，成为改革开放后全国发展的普遍共识。然而，在我国体量巨大，与现代化密不可分、有机结合的农村，却作为快速发展的包袱而被忽视，处于困境之中。

在一个国家现代化的总体进程中，农业农村是一个不可忽视的领域。在工业化、城镇化的进程中，农业农村不仅不能忽视，而且还要加强。农业作为一个基础性产业，是整个产业的基础，农村是中国式现代化的最重要部分。因此，推进乡村振兴、推动农民就业和身份转变、形成农村活力和动力新格局、完善农村全面现代化基础设施和社会服务，是新时代补短板、统筹经济社会发展最重要一环；将工业化、城镇化作为推进乡村振兴、农业农村现代化的重要推手，是整个社会的不二选择。

攀西民族地区的部分地区的城镇化发展实践清楚地表明，即使在城市地区，如果没有现代化工业作为城镇的坚实支撑，现代化发展的难度也是巨大的，就更不用说农村了。例如，昔日辉煌的攀枝花市庄上村，由于缺乏现代化产业的支持，已陷入长期的发展困境。一些凭借资源兴起的城镇，资源产业衰落后，城镇也迅速衰落，如冕宁的锦屏镇；另一些城镇空间盲目扩张，但新城区与新兴产业脱节，导致新城区发展缺乏动力、活力和魅力。中国不断曝光的"鬼城"新闻就是一个明显的例子。以上海为例，投资巨大、风景秀丽的临港新城是顺应上海深水港和现代制造业发展而建设的新城区。在"自贸区"政策的推动下，随着大型现代产业的不断引进，临港新城的活力开始逐渐显现，在众多新兴产业和高新技术产业落户扎根的帮助下，临港新城站稳脚跟，成为上海工业发展的前沿。

农村因无城市影响力和工商业的支持而发展低迷，城市因缺乏农村的全方位支持和融合，面临的困难也越来越大。两者的联动和密切配合有客观的内在要求，但这种配合的主导力量在城市。在攀西民族地区的乡村振兴和现代化建设中，城镇的发展固然重要，但城镇的发展离不开农村的支撑。在发挥城镇引领作用的同时，城镇能有效带动郊区和周边农村的振兴和现代化发展，形成区域经济社会有机协调、功能互补、互动促进的整体。这也真实地体现攀西民族地区城镇现代化发展的活力和意义。攀西民族地区的农村现代化建设需要新平台、新空间，而特色康养小镇的开发建设正提供了这样一个平台和空间，连接城市与农村，带动了民族工业和农业农村的发展，实现城乡融合发展。攀西民族地区传统的工业化发展模式不仅与农村脱节，而且已走到了阶段性发展的尾声。

改革开放以来，我国工业化走的是开发区方式。在这种环境下，开发区方式之所以能取得巨大成功，与原有的发展阶段密切相关。在国内资本严重短缺的条件下，国内外资本蜂拥而至，只要具备最基本的生产要素——土地、资本和劳动力，生产就能顺利进行，投资风险较少，付出成本较低。因此，在这种环境下发展工业最快速有效的方式就是平铺模式，在平铺空间内不断扩大，通过不断批出更多开发区，提升生产规模，增加总产量，以实现经济增长。因此，开发区在城市周边农村占据了大量土地，遍地开花。

但经过这个短缺经济阶段后，开始出现供需失衡，甚至供大于求，也就是说，在进入追求质量的阶段后，类似的发展模式显然已经不能适应新的发展要求。新的发展模式是追求质量，并且要提高科学技术、设备和人才的投入。这是因为要素增长理论的内涵和外延发生了变化，原来简单的三个要素已经远远不够。追求品质的阶段，需要更多的要素来支撑，比如技术要素、装备要素、人才要素、信息要素、金融要素、中介要素等，但要能够容纳这些新要素,原有的、传统的、简单的、致使生产生活脱节的开发区方式不再适用,我们必须用以完善的现代化社会服务为核心的城市化空间取代原本单一的开发区。于是,开发区再次投入大量资金,打造和发展"产城融合"模式。但一个突出的问题是,开发区的边界泾渭分明,与农村地区隔离。城镇仅限于开发区,仍然忽略对周边农村地区的辐射带动作用。以城带乡如何体现?如何协调开发区和农村的发展?以发展特色小镇促进农村全面发展,以农村现代化支持新型城镇化,这将展现我国城镇化与乡村振兴的协调互动、创新发展的新局面。经过多年的开发区建设,我们并没有看到美好的局面出现。如今,当中共中央提出加快实施乡村振兴战略时,我们又开始看到了曙光,即城乡一体化发展、城镇化与乡村振兴协同推进。

6.1.2　中小企业多而分散,发展平台亟待集聚提升

目前,攀西民族地区中小企业的特点主要体现在企业数量多,规模小且分散。2021年年底,攀西民族地区有41 109家中小企业,分布在城市或城市周边。不过,攀西民族地区的中小企业数量波动较大,出现得快,消失也快。1992年和2009年,攀西民族地区的中小企业数量在5万到6万的高峰之间徘徊。1998年以后,就业人数迅速增加,产值也随之增加。2010年之后,迅速回落到3.5万左右的水平。[①] 从攀西民族地区中小企业数量的变化来看,中小企业的发展与经济发展周期有着非常明显的相关性。

攀西民族地区虽然有大量的中小企业,但规模较小,而且大多集中在县、市和自治州的周边。攀西民族地区中小企业的核心问题是技术缺乏,很多还是建立初期的传统技术,科研投入少,进步缓慢,因而出现一系列困难。我们认为,攀西民族地区的中小企业存在天然的"技术荒",中小企业不是以技术为基础,而是以市场需求为主。

攀西民族地区中小企业的"技术荒"主要源于以下几个原因:

(1) 短缺经济环境中以低技术消费品起步

攀西民族地区的中小企业起步于相对容易生存和发展的短缺经济环境。巨大的采购需求带动了各种消费品企业的快速发展。改革开放后,攀西民族地区中小企业发展较快的地区是率先进入消费品生产领域的中小企

---

① 数据来源:攀枝花市、凉山州历年统计年鉴整理而来。

业聚集区，尤其是凉山州西昌市和攀枝花市东区、仁和区。这些企业的迅速崛起与当时的发展环境息息相关。大多是从简单加工、餐饮、交通、住宿、牲畜屠宰等基本消费品起步，部分进入采矿业，仅用了几年时间就完成了资本的原始积累。短缺经济条件下的旺盛市场需求，是推动攀西民族地区中小企业规模化生产发展的重要因素。

（2）劳动力无限供给条件下低成本战略的路径依赖

40多年来，攀西民族地区中小企业快速成长的一个重要因素是市场需求旺盛，而其中劳动力的无限供给为其提供了重要支撑。企业数量、产品生产规模的快速扩张需要大量生产要素的支撑，其中最关键的要素是劳动力的供给。改革开放后，攀西民族地区与全国其他地区一样，最大的优势在于劳动力，尤其是凉山州，具体体现在以下三方面：①农村剩余劳动力无限供给。攀西民族地区实施家庭联产承包责任制后，释放出大量农村劳动力，众多的劳动力资源为中小企业的扩张提供了重要因素。②劳动力的无限供给为中小企业的发展提供了机器替代的可能，突破了机器设备瓶颈。③中小企业本土化和大规模劳动力转移形成一个简单的循环，即劳动力—产品—资金—再投资—扩大产品—扩大资金—扩大劳动力供给—扩大生产保证规模周期。

由于中小企业的规模化发展，攀西民族地区的劳动密集型产业迅速扩张，以劳动力代替机器和技术，成为攀西民族地区中小企业发展初期的理性路径选择。

（3）二元经济体系——国有经济、民营经济的相对合作与分工，技术溢出效应明显不足

攀西民族地区的经济体系，特别是生产体系比较分散。造成这种分裂的最深刻原因，是攀西民族地区长期实行的计划经济体制。国有企业对市场的排斥，导致了以市场为导向的国有企业合作支撑体系的分裂或消失。国有经济体制内（以攀钢为代表）的分工合作是行政安排的结果，不是市场机制的选择，围绕国有经济，形成了国有经济体系内的合作体系。即使是为了方便生产合作，大部分大型企业内部也形成了分工合作体系。例如，攀钢占据攀枝花半壁江山，内部分工合作便利；企业规模扩张的潜在便利；企业规模扩大带来的管理水平的提高；由于物质、资金和人员流动的扩大，企业规模也随之扩大。因此，国有企业具有"大而全、小而全"的特点。

分工合作的原则就是提高管理的专业化程度和工作效率，把组织的任务、目标分成各个层次、各个部门以及每个人的任务和目标，明确各个层次、各个部门乃至每个人应该做的工作以及完成工作的手段、方式和方法。分工合作的重点在于专业化发展、合作、优势互补。专业化发展是经济体系内促进效率和技术不断进步的强大内生动力。整个经济活动是根据专业化的客观要求不断在内部改进和发展的。攀西民族地区的这种国有企业和国有经济体制内的分工合作制度，最大的缺陷在于缺乏竞争者。其分工的原因不是优势互补，而是行政分工。

对于民营企业来说，他们的投资主要得益于攀西民族地区低成本的生产要素——土地、劳动力、税收优惠、环境使用成本以及巨大的市场消费规模。因此，攀西民族地区的很多民营企业都是生产终端产品和终端零部件，处于生产链的末端，合作需要有限，也几乎没有合作的空间和可能性。除非是大型行业，比如采矿业，需要其他企业的配套合作。在这方面，由于攀西民族地区的中小企业的生产技术和研发能力有限，符合配套合作条件的中小企业数量非常少。近期，随着中小企业技术水平的不断提高，其与国有企业的配套合作逐步加强。

（4）针对低端产品的生产系统——木桶理论与现实

攀西民族地区中小企业缺乏稳定的分工和技术基础，专业化生产的巨大市场风险促使许多中小企业转向生产最终产品，直接面向市场和消费者。例如，盐边县天成丝绸有限公司、天成石化有限公司、俊峰矿业有限公司就是这类公司的典型代表。但是，技术的缺乏和设备的落后限制了工艺流程的改进、产品质量的提升和市场评价的提高，导致这样的产品和企业会受到越来越激烈的外部竞争和越来越大的成本压力，令其处于长期的经济风险状态。

综上所述，攀西民族地区的中小企业本质上是在追求技术进步。然而，正是其发展之初的客观环境，决定了其劳动密集型和低成本战略的发展路径。在发展和完善的重要阶段，由于缺乏与大企业通过合作和支持带动的技术溢出，缺乏大范围产业和企业集聚所产生的专业化发展和优势互补，分工协作。缺乏大企业集聚和大批优秀人才的进入，难以突破专业技术和产品提升的瓶颈，不断陷入技术短缺和发展困难越的境地。

中小企业发展的根本途径是牢牢把握专业化方向。专业化水平的提高，将促进合作通道的畅通，进一步推动众多中小企业的专业化发展的实践。攀西少数民族地区一大批中小企业急需提高技术水平，加强分工合作，通过产业和企业集聚，实现企业的转型发展。

6.1.3 特色康养小镇建设与乡村振兴耦合互动效应

我们强调，攀西民族地区特色康养小镇的建设和发展，是在新时代顺应了攀西民族地区乡村振兴和中小企业发展的迫切要求，形成耦合协同互动。当前，攀西民族地区已经胜利完成精准脱贫，进入巩固脱贫攻坚成果同乡村振兴有效衔接发展阶段，乡村振兴和农业农村现代化是时代赋予攀西党和政府重大任务；在从高速发展转向高质量发展转变的过程中，提升一大批中小企业的技术水平和制造能力是另一项重要任务，也是一个非常艰难痛苦过程。乡村振兴与促进中小企业发展似乎没有直接的联系和互动。但是，我们从攀西民族地区具体情况出发，创新性地发现，通过特色康养小镇建设的合适平台将两者连接起来，会产生巨大的互动契合效应：中小企业通过特色小镇平台集聚，通过合作优势互补、集聚效应，有效促进中小企业专业化发展，显著提升中小企业专业化和产出水平，降低企业生产成本。通过中小企业的集聚，形成特色产业、康养产品和民族文化产等系列产品，增强特色康养小镇的经济实力；通过特色康养小镇的整体功能和渗透机制，有助于形成一系列支持和促进攀西农业农村发展的溢出效应。这是根据攀西民族地区实际发展情况和特定发展阶段面临的困难在理论逻辑和发展实践中形成的特殊发展思路，具有很强的实践上可操作性。

6.2 攀西民族地区乡村振兴与特色康养小镇契合互动的内在逻辑

我们把乡村振兴、特色康养小镇建设、中小企业聚集发展视为有机互动的逻辑关系，具有深厚的攀西特殊资源和攀西康养底蕴基础，反映了攀西民族地区的客观发展需求。

6.2.1 乡村振兴是三者互动关系的中心目标

攀西民族地区乡村振兴空间范围覆盖整个攀西农村，能促进农业农村与城镇实现现代化同步目标，形成"三生"（生态、生产、生活）与现代城镇协调耦合的空间。毫无疑问,攀西民族地区的乡村振兴需要强大的产业力量、经济实力和乡村资源的支撑。而这股强大的经济力量一定是内生的,不仅可以推动和支持攀西民族地区的乡村振兴,更重要的是通过这个内生增长极的辐射带动作用,辐射整个攀西民族地区的农村,带动攀西经济社会可以持续、稳定步入现代化发展轨道。

回首改革开放初期,农村生机勃勃:家庭联产承包责任制初步解决了农民温饱问题;乡镇企业的兴旺初显农村发展繁荣的希望。因此,我国改革开放 40 多年来,乡镇企业取得了不容置疑的巨大发展成就,但遗憾的是,缺乏后续的发展助力和完善的政策措施,很多地方乡镇企业在面对城市资本竞争时,纷纷倒闭,特别是偏远的内陆地区。由此,沿海与内地差距拉大,即便同一地区,农村与城市的差距也逐渐凸显,主要体现为发展不平衡、不充分。

近年来,中共中央提出建设和完善现代化经济体系,强调现代化经济体系是一个系统的有机整体。其中最重要的是农业农村现代化,其作为现代化经济体系的一部分,在整个现代化体系中,居于基础地位。没有农业农村的现代化,就没有完整的国家现代化经济体系。乡村振兴的一个非常重要的组成部分是构建现代乡村产业体系。因此,无论是攀西民族地区特色康养小镇的建设,还是中小企业集聚,或是中小企业转型升级,最终的目标都是实现乡村振兴和城乡经济一体化。

攀西民族地区特色康养小镇的建设,不应仅仅局限于康养小镇的自我发展和完善,而应着眼于最大程度地影响和带动乡村发展和农业农村现代化建设。特色康养小镇的最大特点就是吸纳和提升中小企业集聚区,不能只为中小企业集聚制定一系列政策措施,而应该从整个攀西民族地区乡村振兴和农业农村现代化的大局出发,充分发挥农业农村资源要素、农村康养和医疗卫生资源、民族文化资源等资源潜力,体现农业农村发展各环节的现代经济体制拉动效应,以引进中小企业为切入点,带动一系列现代化要素,如现代观念文化、现代经济体制、现代管理体制、现代基础设施、现代服务体系等集聚,加快农业农村现代化在攀西民族地区的发展进程。

6.2.2 特色康养小镇是二者互动关系的中枢平台

我们强调,乡村振兴除了需要强大的外部支持外,更重要的是培育内在动力。没有乡村发展的内生动力,仅仅依靠外援,乡村振兴难以实现。

攀西民族地区特色康养小镇建设是乡村振兴培育内生动力的重要创新举措，主要体现在其在乡村振兴中能实现具有现代意义的增长极的培育和发展。

6.2.2.1 农村不能仅仅依靠农业本身的积累来实现跨越式发展

农业作为一个国家的基础产业，要面对来自自然和市场的双重风险。同时，农民从事农业生产难以获得平均利润，增收困难。若仅仅依靠农业本身极其有限的资本积累，我们很难在短时间内缩小城乡差距和实现农业农村现代化。更重要的是，农业具有准公共产品的属性，政府提供的补贴政策相当于公共产品的投入，农村市场缺乏动力，只能由政府提供。农业是具有超强稳定性的传统产业。这种稳定性与工业相比，农业生产的土地规模基本是固定不变的，而且由于其生产力的变化非常缓慢，即使持续投资，产出的波动也很小，其规模和产量的增长空间并不大。攀西民族地区的农业生产技术落后，耕作原始，效率长期徘徊在低位，投入与产出严重不成比例。在这里，地处山地，现代生产技术、农业装备很难应用，大量农业人口从事低效率的农业生产。在这种情况下，推动攀西民族地区农业农村发展主要是依靠传统的耕作技术，生产要素的投入缺乏应有的平台。因此，攀西民族地区农业农村的出路主要在于第一、二、三次产业的融合，走多元化发展之路。攀西民族地区能通过特色康养小镇的建设带动其他产业在农村发展，就地吸纳大量农业劳动力，为攀西民族地区乡村振兴创造条件。同时，其他产业的发展将大大增强攀西民族地区农业农村经济实力和资本投入，这是推进攀西民族地区农业农村现代化的重要推动力。特色康养小镇的建设正是基于这样的理念，充分挖掘本地资源潜能，实现资源充分利用。

6.2.2.2 实施工业反哺农业，城市支援农村

工业对农业的反哺是农业发展的决定性要素和必然选择。但这种反哺必须是内生的、有机协调的、可持续的。攀西民族地区乡村振兴，离不开工业化、城镇化对农业农村的支持，离不开工业化、城镇化和农村发展的协调发展。从 20 世纪 50 年代起，中国政府相继出台了价格补贴、农业用电补贴、农机油料补贴、农业专项信贷等补贴政策。然而，也正是在这个时候，我国开始实行城乡二元体制，城乡分别实施不同的制度、政策。"城市偏向"的非均衡发展战略是以牺牲农业农村为代价，农业发展受到严重制约。改革开放后，随着工业化和城镇化进程的加快，农业 GDP 在国民经济中的比重逐年下降，农业农村成为了被忽视的对象，以往的"城市

偏向"政策制约了"三农"的发展，其中农业落后反过来又制约了城市的发展。显然，沿用过去的做法已不适合新的发展形势。1978年，改革开放的大幕拉开，农业获得了前所未有的发展机遇，农业生产活力得到释放。与这一时期国家的优惠农业政策和国家财政的大力支持密切相关，中国农业取得了前所未有的快速发展。粮食种植规模不断扩大，粮食产量不断增加，农民收入也实现了增长。但这种发展速度显然不具备持续性，农业农村很快被城市和工商业经济发展所超越。这时，需要工业反哺农业，城市支持农村。发达国家在农村农业发展方面取得的成就，离不开政府政策倾斜以及工商业、政府对农业农村的大力支持。Schlesinger（1984）认为，美国农业的成功归功于美国的补贴政策，这使得农业成为美国所有产业中效率最高的。但这种支持毕竟是外在的，农业农村处于被动地位，其可持续性也受到各种因素的制约。在当前攀西民族地区的发展阶段，乡村振兴和促进中小企业集聚不仅有强烈的客观需求，也是攀西民族地区农业农村发展摆脱对政策补贴的依赖的重要途径。农业农村要走产业多元化道路，培育其发展的内生经济动力，实现农业农村内部发展动力机制的建立和完善，依靠内生动力实现农业农村的发展，这也是乡村振兴必由之路。依托特色康养小镇建设的集聚平台和增长极的形成，引领攀西民族地区农业农村走上现代化发展道路，实现乡村振兴具有重要意义。

6.2.2.3 特色康养小镇与乡村振兴耦合协同

特色康养小镇与乡村振兴的耦合协同，推动了攀西民族地区乡村振兴与农业农村现代化发展，特色康养小镇建设本身也是攀西民族地区乡村振兴的内容，耦合协同度的高低决定了特色康养小镇的特色和巨大的发展空间。特色康养小镇建设的目标是服务于攀西民族地区的乡村振兴和农业农村现代化发展。主要内容是依托本地特色康养资源，充分利用农村自然资源存量，充分吸纳当地劳动力加入特色康养小镇特色产业以及服务体系，统筹兼顾攀西民族地区特色康养小镇环境与基础设施、产业布局协调发展。市场资源会根据市场情况不断流动，产业集聚的前提是以市场要素充分流动为前提。攀西民族地区的特色康养小镇与乡村振兴的有机紧密联系，有赖于攀西民族地区城乡资源的自由流动以及对资源的挖掘和利用，将现代产业和市场要素引入攀西民族地区农业农村，在攀西民族地区的传统村社中打造现代经济和现代村社的样板。

6.2.3　中小企业提升：二者互动关系的动力因素及其耦合

前面我们强调，乡村振兴的关键是培育内生经济发展动能。攀西民族地区特色康养小镇的建设，能够集聚现代经济要素，成为推动农业农村现代化的强大经济力量。将现代产业要素嵌入攀西民族地区农业农村地区，以特色康养小镇作为载体和平台，根据攀西民族地区的具体情况，我们认为中小企业是现代经济发展的主要力量，特色康养小镇建设能够集聚大量中小企业，是中小企业发展的平台和载体。其集聚效果取决于特色康养小镇与乡村振兴耦合协同关系。

乡村振兴是新时代我国的一项基本国策，攀西民族地区特色康养小镇建设是乡村振兴战略下重要的产业集聚发展平台。攀西民族地区接下来要面临的一个极其关键的问题是：企业从哪里来？现代产业发展的动力机制在哪里？

对目前攀西民族地区各经济组成部分的发展趋势进行分析可知，攀西民族地区数量众多的特色康养小镇，不可能吸引到足够多的国有经济。当前，国有经济本身正处于抓大放小、发展大集团、以开放的眼光从全球市场配置优质资源要素、可持续发展能力进一步增强的阶段，攀西民族地区相对狭小的空间和服务设施无法容纳庞大的国有经济。中小型外资企业更注重自主经营，服务于国有大企业和中高端产品。但是，国内很多中小企业，尤其是一直徘徊不前的乡镇企业，正处于转型升级的历史节点，苦苦寻找稳定优良的经营空间和合适的生存环境，而特色康养小镇正适合这类企业的集聚，能够带来巨大的集聚效应。因此，攀西民族地区特色康养小镇建设发展的需求与大批中小企业的发展需求是同步的，形成了我们所强调的"历史契合"。

改变目前攀西民族地区中小企业"技术荒"的重要途径，就是通过产业集聚和企业集群，形成专业化分工，加快提升中小企业集聚发展的步伐。一方面，在城镇综合运营成本持续上涨的情况下，中小企业的产业集聚和企业集群也需要合适的空间，尤其是成渝地区双城经济圈的建设，许多产业将加速搬迁，攀西民族地区正是这些中小企业的理想地；另一方面，攀西民族地区应做好承接工作，充分利用区位和成本优势，发展建设特色康养小镇，使攀西民族地区成为中小企业承接和转型升级的重要集聚平台，成为中小企业转型的载体，进而推进攀西民族地区乡村振兴和农业农村现代化，反过来也促进中小企业的技术进步。

因此，中小企业与特色康养小镇之间存在着相互吸引的内生动力。这种相互吸引、紧密结合的整体效应，正好成为攀西民族地区乡村振兴的重要的现代经济力量和发展支撑。

6.3 攀西民族地区乡村振兴与特色康养小镇耦合协同关系的理论阐释

6.3.1 乡村振兴与特色康养小镇耦合协同的目标是打破城乡二元经济结构

二元经济结构理论最早由经济学家刘易斯（W. A. Lewis）于 1954 年在其论文《劳动力无限供给条件下的经济发展》中提出。刘易斯认为，发展中国家以传统生产方式为主的农业农村和以现代城市部门为主导的制造业并存。这就是"城乡二元经济结构"及其表现形式。

刘易斯认为，形成城乡二元经济结构的主要原因是发展中国家耕地面积有限，工业不发达，传统农业人口过剩。在这种情况下，农业生产技术和生产组织难以取得突破。随着社会的发展，农业生产力达到一定水平后，基本无望继续增长。这种情况下去增加农业劳动力投入，实际上是增加农村"零价值劳动力"的数量，也就是说，这种劳动力对提高农业生产力的影响为零。刘易斯强调，正是由于农业农村存在大量"零价值工人"，发展中国家的经济发展长期处于低水平，从而导致城乡差异巨大。当发展中国家开始工业化和促进经济起飞时，由于生产力和工资的原因，大量的农业剩余劳动力可以从农业部门吸收，随着工业的不断发展，只要农村还有零价值劳动力，工业部门就可以不断吸纳农村劳动力，加快产业发展。由于农村剩余劳动力不断减少，农业农村现代化成为可能，农业生产力逐步提高，二元经济结构逐步减少。刘易斯认为，这是发展中国家摆脱贫困、迈向富裕的重要途径。

通过城乡收入差距比，我们可以看到改革开放以来我国二元经济结构的演变和波动。1979 年，我国城乡收入差距是 2.51 倍，到 1990 年城乡收入差距下降到了 2.2 倍，表明这段时间城乡二元经济结构有所缓和；1991 年我国城乡收入差距是 2.4 倍，到 2000 年，城乡收入差距扩大至 2.79 倍，城乡二元经济结构差异逐渐扩大；到 2008 年城乡收入差距扩大至 3.31 倍，城乡二元经济结构再次呈现强化趋势。① 在工业化快速发展、城镇化快速扩张的过程中，城市虽然吸收了大量农村剩余劳动力，农民的收入有了改观，生活水平也逐步提高，但整个农业农村的经济发展仍处于传统模式之中，与工业和城市的差距正在拉大。受国家一系列支农政策影响，2021 年全国城镇居民人均可支配收入为 35 128 元，比上年名义增长 9.1%，扣除物价因素后实际增长 8.1%；同比名义增速是 14.3%，与此相对应的农村居民两年平均增速为 6.9%，扣除价格因素，两年平均实际增速为 5.1%。②

我们认为，刘易斯提出的缩小二元经济结构的主要解决策略"依靠市场"在我国实施起来作用是有限的，也是困难的。中国通过快速工业化、城镇化，不断吸纳大量农村剩余劳动力，但农村人口仍然庞大。根据第七次全国人口普查统计，我国居住在乡村的人口为 50 979 万人，占 36.11%；根据联合国农村劳动力的测算，我国还有 2.3 亿人在农村从事农业生产劳动力，2.3 亿人生产不到 8% 的 GDP，农业生产效率较低；根据农业生产实际需要，我国农业仅需要 1.7 亿劳动力（农业种植需要 1.5 亿劳动力，林业、渔业、畜牧业、果业等副业需要 2 000 万劳动力），因此农村剩余劳动力还有近 1.5 亿③。更为严峻的是，我国工业化开始从劳动密集型进入以技术密集型和资本密集型为主的高质量发展阶段，吸纳一般劳动力的能力大幅下降。因此，攀西民族地区的农业农村发展和农业农村现代化建设必须从攀西民族地区的具体情况出发，发展特色康养小镇，吸纳农村剩余劳动力就地就业，不断就地使用农村剩余劳动力，从而提高农业生产效率。

对此，我国著名的人类学家、社会学家费孝通先生（1910—2005 年）毕生不懈探索，提出了许多非常有益的启示和方向。1936 年初夏，费孝通先生应姐姐的邀请，到江苏吴江开仙公村（官名江村）养病（我也受了重伤，此时身心俱疲。这个村子有了姐姐动员，在姐姐的个人帮助下，各种社会力量参与，成立并经营了一家生丝精练配送合作社，现在已经很繁荣了）。于是费孝通先生以认真客观的态度，对开仙公村进行了全面细致的考察。费孝通先生通过深入调查，逐渐了解到，开仙公村人多地少（这在江南地区是很普遍的现象），仅靠农业解决温饱问题是非常困难的。农业

---

① 王海军，张岢. 中国二元经济结构演变与发展趋势预测 [J]. 统计与决策，2010 (15)：122-124.

② 资料来源：国家统计局中国统计年鉴 (2021)。

③ 资料来源：国家统计局中国统计年鉴 (2021)。

产量仅仅是维持吃饭,更不用说富有了。开仙公村村民近一半的时间都花在了田间种地上,另一半则用于副业和小产业。村民总收入的一半左右来自副业或小产业。① 费孝通先生日后曾经非常生动地说道:村民能不能吃饱靠农业;但村民有没有钱花则靠工业和副业。1939 年,该调查报告《江村经济》率先在英国出版。在报告的最后,费孝通先生提出:"必须在此加以强调。在现代工业世界中,中国是一名后进者。中国有条件避免前人犯过的错误。在这个村庄里我们已经看到一个以合作为原则来发展小型工厂的实验是如何进行的……尽管它遇到很多困难甚至失败,但在中国乡村工业未来的发展问题上,这样一个实验是具有重要意义的。""最终解决中国农民问题的办法不在于紧缩农民的开支而应该增加农民的收入。因此,让我再重申一遍,恢复农村工业是根本的措施。"② 1936 年至 1985 年,费孝通先生在九峡江村考察,十分关注我国农村发展和地方产业,伴随着他对中国农村发展日益精练和深刻的见解:从最初关心农民有没有钱到怎么有钱投资江南农村工业发展;从关注农村产业发展到初步形成中国农村整体发展;最后逐渐明确地从关注中国医疗卫生到农村现代化和产业化,以及相关的城镇化问题;从地方产业到基层农村生产,从苏南模式、温州模式到中国独特的工业化道路。费孝通先生不断坚持中国农村实践和考察所确定的正确道路:农村工业化关乎农村发展繁荣;与当地工业化、城镇化相关,避免农村空心化和城市拥堵过度集中;中国农村工业化具有与独特的人文地理环境相互连接和相互支撑的特征。费孝通先生关注农村产业发展,最终目的不仅是解决中国医疗卫生问题,更是培育中国农业农村现代化的不竭内在动力。费孝通先生在《九访江村》一文中,对中国基层产业进行了历史比较,凸显了中国农村产业发展的独特潜在优势:与西方工业革命的历史相对照,草根工业无疑是中国农民的一个了不起的创举。西欧工业的发生,一股出自城市侵入农村的力量把农村作为工厂的猎地,农民变成工业发展的猎物……他们有力量冲破资本主义工业发展初期的老框框,他们根据自己的生活需要去改变工业的性质,让工业发展来适应自己。③

---

① 张冠生. 为文化找出路费孝通传 [M]. 北京:中国友谊出版公司,2012.
② 费孝通. 行行重行行乡镇发展论述 [M]. 银川:宁夏人民出版社,1992.
③ 费孝通. 江村农民生活及其变迁 [M]. 兰州:敦煌文艺出版社,1997.

6.3.2 攀西民族地区特色康养小镇建设：打造乡村振兴增长极

经济增长极理论由法国经济学家弗朗索瓦·佩鲁于 1950 年首先提出，经过不断的探讨和实践，得到进一步丰富和发展，成为发展中国家经济发展的主流观点。增长极理论认为，一个国家的均衡发展只是一种理想，在现实中很难实现。经济增长通常是从一个或几个"增长中心"逐渐向其他部门或地区传导。因此，各国应选择特定的地理空间作为增长极，带动区域整体经济发展。增长极的作用机制在于，它不仅形成了比周边地区更强的经济能力，而且对周边其他经济体具有主导效应、乘数效应，两极分化和扩散效应。增长极作为区域发展道路的引领者，发挥着重要作用。

增长极理论对攀西民族地区特色康养小镇建设有重要参考和借鉴价值。攀西民族地区特色康养小镇要发挥乡村振兴增长极作用，推动乡村现代经济发展，主要得益于三个方面。

6.3.2.1 产业集聚平台

攀西民族地区特色康养小镇建设要成为攀西民族地区重要的现代经济资源和农业农村现代化企业集聚平台。按照增长极理论，建设增长极必须具有一定的规模经济效应，即必须拥有相当数量的资金、技术和人才集聚，并通过投资形成经济规模，从而形成辐射力。通过要素集聚形成增长极，进而带动周围的村社发展，这就是辐射和带动作用。攀西民族地区的特色康养小镇建设不仅要遵循这个原则，在建设发展特色康养小镇时，其要更多注重发挥出本地特色资源优势，形成增长极，并能充分发挥辐射和带动作用。发展特色康养小镇，主要选择攀西民族地区的旅居资源、康养产业和旅居康养产品，充分开发利用当地资源，打造具有相当的"地方优势"和"亲和力"产品等。

6.3.2.2 要素互动与创新载体

创新是一切产业的生命，没有创新就没有发展。各地要通过创新发展，增强各要素之间的互动作用。攀西民族地区的特色康养小镇建设不是传统开发区的翻版，而是根据攀西民族地区村社的康养资源和康养产业特点，着眼于攀西民族地区农业农村的发展。这是一种创新，特色康养小镇建设给攀西民族地区的农村带来新的生机和发展平台。集聚特色康养小镇平台的广大中小企业，不仅生产所需中间产品成本低廉，而且劳动力资源、价格比较优势凸显，企业可以用更多资源进行研发，实现创新发展。

特色康养小镇这一创新举措契合经济发展主体和各种积极力量的需求，将使攀西民族地区特色小镇焕发出巨大的发展能量，实现多重积极效应，其增长极效应将更明显。

6.3.2.3 特色小镇与乡村振兴动力机制

动力机制有两种，一种是外生的，另一种是内生的。

外生视角认为，农业农村发展往往依靠政府的力量。这种模式称为外生增长理论。这种理论基础是古典经济学的增长理论，它把农村经济的主要论点放在农村的低下生产力与城市之间发展脱节上，认为只有通过城市经济的发展实现农村经济增长。根据该理论，农村发展所依赖的外部力量主要来自政府和企业。政府和企业通过提供政策、金融、贸易和技术来实现农业产业结构的变化。这样一来，农民就会丧失主动性和积极性，受到政府和企业的控制。因此，农村发展更多地依赖外来的人、资金、设备和管理，远离城市发展，失去了自己的发展动力，农村衰败不可避免。

内生视角认为，农业农村发展的主要动力来自内生因素，农业农村需要通过激活内生要素来促进经济增长。这种模式涉及两个问题：一是农民是参与农村发展的主体，需要扩大其决策权和话语权。二是农业农村发展的动力、农业农村发展的类型，需要以内部管理为主。该模式认为，农业农村发展应以农村内生动力，即劳动力、资金、企业等资源为基础，充分发挥农村居民在农业农村发展中的重要作用。农村发展怎么办，农村怎么建设，要由农民自己决定。同时，农业农村内生发展理论认为，农业农村发展的主要挑战在于如何激活农村内生动力，从而依靠内生动力实现农业农村的可持续发展。

攀西民族地区特色康养小镇建设与乡村振兴的耦合、协同关系和机制，实质上是一种内源式发展动力机制，激活和发挥农村内在资源和要素的活力，发挥小镇主体的创造力，实现内生式增长，通过不断发展形成增长极。增长极的作用是辐射和拉动，而不仅仅是特色康养小镇本身的发展。因此，特色康养小镇的建设应着眼于攀西民族地区村社的整体发展，强化乡村空间布局、产业结构、服务体系、基础设施、生态环境保护等的紧密耦合和协同。特色康养小镇的建设，是一个具体、细致的农业农村社会工程的组成部分，不能一蹴而就，需要不断的积累。

6.3.3 中小企业集聚、转型升级平台

集聚效应是指产业和经济活动空间集中所产生的经济效应，以及将经

济活动吸引到一定区域的能力。

产业集聚效应发展最典型的例子是美国硅谷，数十家全球 IT 巨头和无数中小型高科技公司在此汇聚，共同引领全球工业和 IT 产业的创新发展。事实上，在改革开放初期，我国沿海地区的产业发展也在市场规律的作用下，形成了明显的产业集聚效应。这种集中在特定区域的发展模式在当时也被称为"板块经济"。以中小企业为主导的产业集聚对带动我国区域经济发展、推动我国工业化进程和国民经济增长发挥了关键作用。可以说，我国改革开放后现代市场经济的兴起和发展，是中小企业集聚发展的重要动力和标志之一。

需要指出的是，攀西民族地区依托特色康养小镇建设，促进中小企业集聚，加快企业和产业转型升级，应该是更高层次的集聚，而不是简单的堆积。加快攀西民族地区中小企业及康养产业转型升级，这显然与改革开放初期沿海地区的企业、产业集聚不同。

改革开放初期的产业集聚主要是为了实现规模化生产，通过规模化生产降低单一产品的生产成本，从而增强产品的市场竞争力。攀西民族地区特色康养小镇中小企业和特色产业集聚的主要目标是企业、产业的转型升级以及它的辐射带动作用。改革开放初期，产业集聚的内部推进机制主要以横向分工合作为主，是专业化生产的需要。虽然这种集聚形成的分工合作，提高了各个生产环节和流程的生产效率，但这种分工主要以当地及周边企业为主，而且大多处于技术水平和生产能力基本相同的一种横向状态下的互助分工。攀西民族地区特色康养小镇打造的产业集聚，是一种促进分工的协作，吸引的企业不仅限于本地，还包括承接外来适合小镇需要的各种中小企业以及大型产业；从空间吸纳产业链优秀中小企业的角度，从开放的角度，努力吸纳全国相关资源。这些企业具有更专业的细分技术优势、专长和技术；从技术上看，这是一种具有自身优势的改进型分工，是"纵向+横向"分工的复杂形式，产品质量是一个新的"飞跃"。

打造中小企业集聚平台，推动攀西民族地区特色康养小镇中小企业转型升级，关键在于在企业之间形成规模效应、学习效应、协同效应和品牌效应。

6.4 攀西民族地区乡村振兴战略中特色康养小镇的动力机制

动力机制是指各个企业在寻找经济利益的过程中所创造的动力，这种动力机制是在市场机制作用下创造出来的。因此，利益是企业经营的动力所在，是市场经济机制的基础。

6.4.1 攀西民族地区特色康养小镇是对接现代化发展的重要平台

攀西民族地区乡村振兴是农村振兴、农业振兴、农民振兴。攀西民族地区农业农村整体发展明显滞后于攀西民族地区工业化、城镇化发展。攀西民族地区农村落后是由多种原因导致，其中一个主要原因是农业农村没有真正进入现代化发展轨道，而是停留在传统生产方式上。乡村振兴虽然需要强大的外力拉动，但关键是要在农村形成强大的内生增长动力和机制，促进农村资源要素与现代经济体系紧密结合，提升乡村价值，加快推进农业农村发展。攀西民族地区特色康养小镇的建设，是连接传统农村经济与现代经济的重要平台。

实施乡村振兴战略，强调乡村振兴战略的重要基础在于产业发展。农村产业不仅仅是第一产业的发展，即农业的发展，更重要的是第一、二、三产业协调发展、融合发展，特别是城乡一体化发展。

农业是国民经济的基础产业。正如二元经济结构理论提出的，农业必须是一个生产力不断提高的产业，才能成为一个有前途的产业。农业现代化和生产力的提高，无非是农业技术的进步，大型现代化机械设备的采用，农业生产的规模化组织，农业经营主体的完善，劳动者质量的提高，剩余农村劳动力被其他非农业产业吸收。改革开放以来，我国的发展工业化吸纳了大量农村剩余劳动力。然而，当前我国工业化正经历从高速增长向高质量发展的重大转变。尤其是在信息化、自动化、智能化的产业转型浪潮中，原制造业的大量普通工人面临着越来越多的挑战。在技术制约和稀缺的形势下，制造业吸收农村剩余劳动力的能力正在下降。

因此，攀西民族地区乡村振兴的现实合理路径是地方现代化。通过农村第一、二、三产业的融合发展和多元化发展，大规模吸纳当地农村剩余劳动力，为攀西民族地区乡村振兴打下坚实基础。

攀西民族地区特色康养小镇建设必须融入现代发展体系，其中极其重要的一环是与现代产业对接与融合。特色康养小镇的建设在这一过程中发挥了重要的对接平台作用。

在攀西民族地区产业对接过程中，攀西民族地区村社的生态环境、旅居康养产业、独特的产品和民族文化资源优势成为特色康养小镇与现代产业对接的有利因素。攀西民族地区特色康养小镇建设，应根据攀西的独特优势，科学选择三次产业：或实施有机农副产品深加工；或某一制造领域的企业集群和产业集聚区；或现代商业物流；或旅居康养、物化民族文化等。拥抱现代经济，引入市场机制，充分利用现代经济的资本、人才、技术、信息、市场等要素，使现代产业在攀西民族地区特色康养小镇集聚，通过不断发展，做大做强做优，利用特色康养小镇的平台优势，将现代经济的触角伸向攀西民族地区农村底层。

攀西民族地区特色康养小镇建设通过产业对接融入现代经济发展体系，这是发挥平台作用的关键，但这仅限于物质层面。随之而来的必然是文化层面的融入，这对攀西民族地区农村的乡村振兴具有深远意义，也是农村现代要素不断生长的基础。现代化发展的灵魂是文化。文化的意义就是约定俗成的风俗，现代文化就是现代风俗，包括思维方式、思想潮流、行为规范。攀西民族地区能通过产业对接和民族文化渗透，将现代经济所蕴含的现代文化特色，包括诚信守纪、市场观念、合作开放、互助共赢、科学管理等，甚至现代生活方式都巧妙地导入进来，并加以改造。随着攀西乡村现代文化的逐步培育，其必然会产生新的消费需求，优化乡村文化创新生态，增强高端元素下乡村的适应度，从而进一步推动特色康养小镇的可持续发展，以及农村生产生活生态全面改善。

6.4.2　植入现代产业，对接中小企业，打造攀西现代经济体系

与现代产业接轨是攀西民族地区乡村振兴的重要环节。但是，对接什么行业产业才有很大的价值，攀西民族地区必须根据当前发展的实际情况和资源禀赋情况来选择。攀西民族地区特色康养小镇的空间容量很难承接大型工业项目，像阿里巴巴的这样的大型服务企业一般遥不可及，只有选择适合的中小企业，与特色康养小镇的空间特点、服务特点和经营特点相协调，与攀西民族地区发展现状相适应。

6.4.2.1　中小企业成长的动力机制

综合成本相对较低的集聚平台是中小企业成长的重要条件。目前，攀西民族地区大量中小企业要么生活在非常简陋的传统农村开发区，要么分散在城乡角落，发展环境较差，缺乏与同行的广泛交流与合作。对于一直在技术上难以与大企业合作的中小企业来说，这种情况造成了其技术进步的桎梏。攀西民族地区特色康养小镇作为产业链或健康产业的集聚平台，提供了比大城市更便宜的活动空间。其通过集聚，为中小企业，尤其是小微企业提供了难得的各种服务，通过学习效应和优势互补效应，使中小企业健康发展。

6.4.2.2　提供中小企业成长所需服务

特色康养小镇的友好、全面、针对性的综合服务最受中小企业欢迎。特色康养小镇在一定程度上承担了承接大城市溢出效应的作用。如果大城市包容所有产业，那么特色康养小镇很难有突出表现。然而，随着经济社会的发展，由于土地、劳动力、交通、环保等成本的不断上涨，很多中小企业在大城市难以生存和发展，只能苦苦挣扎，从而寻找合适的转型升级平台。攀西民族地区特色康养小镇建设得到了攀西民族地区各级部门的大力关注和支持，以其友好全面的综合服务和优美的环境受到广大中小企业的欢迎，使广大中小企业享有大城市所不具有的比较优势。

6.4.2.3　中小企业主体地位得到体现

特色康养小镇接纳中小企业，使中小企业成为小镇主体，享有大城市所不能给予的主人翁地位。中小企业主体地位的实现要依托特色康养小镇，其是攀西民族地区农村现代经济体系的主要构成者。攀西民族地区特色康养小镇承担着吸引中小企业、促进乡村振兴、加快乡村发展的重任。这种由各方面良好条件支撑的平台型空间，具有持续稳定的特点，并能在发展中不断优化产业主体与企业的结合，同时又具有生产和生活的双重功能。

6.4.3　融入现代化经济体系，挖掘乡村存量资源的现代价值

在实施乡村振兴战略的过程中，最宝贵的资源就是土地。我们看到，当农村土地资源融入城镇化和工业化发展轨道时，其在现代化经济体系中的升值空间是巨大的。这种升值充分体现了城镇化和工业化对农村土地（特别是发展初期）的高度依赖，也体现了土地资源融入现代化发展体系

后的增值空间。土地资本是农村现代化的重要支撑和纽带，其价值的大幅提升也将是农业农村现代化的重要经济支撑。我国许多知名发达村的发展，就是充分利用存量土地资源，大力聚集和发展现代产业，成为实现农业农村快速现代化的样板。因此，攀西民族地区在乡村振兴战略实施过程中，必须高度重视乡村资源的开发利用，特别是土地资源和制度的创新安排，推动资源变资产、资金变股金、农民变股东，探索农村集体经济新的实现形式和运行机制。①

攀西民族地区的农村存量资源还包括农村的康养产品、康养文化、生态环境，以及古村落比较完善的基础设施和社会服务体系。在攀西民族地区的现代化发展过程中，当农村存量资源与现代资本、现代技术和现代理念相结合时，其可以辐射出巨大的市场价值能量。将攀西民族地区农村存量资源整合到现代发展中，也需要现代资本独到的洞察力。比如彭州宝山村的成功转型，就是存量资源跨越传统发展方式、全面提升农村、融入现代发展的经典案例。

6.4.4 攀西民族地区特色康养小镇建设将成为该地区乡村发展的样板

攀西民族地区乡村振兴战略要合理统筹。特色康养小镇是现代生产、生活、生态、历史人文传统有机融合的空间组织。按照"产业兴旺、生态宜居、乡风文明、治理有效、生活富裕"的总要求，推动攀西民族地区农村经济建设、政治建设、文化建设、社会建设、生态文明建设和党的建设的全面发展。加快攀西民族地区农村治理体系和治理能力现代化，加快推进农业农村现代化，走特色发展的乡村振兴之路，使农业成为令人向往的产业，使农民成为令人羡慕的职业，让乡村成为美丽家园，让农民安居乐业。农业农村发展的愿景是：内生的可持续发展动力，三次产业协调融合发展，田野生态景观与生态宜居有机结合，民族民俗文化与现代人文互动融合，优良的传统村落道德风尚与现代文明理念相结合。这些因素在攀西民族地区特色康养小镇的建设发展过程中不断丰富和完善，创造了一个新颖的现代传统村落中的新村社、桥头堡，它的影响和带动效应是巨大而深远的。

---

① 中共中央，国务院. 中共中央 国务院关于实施乡村振兴战略的意见［EB/OL］.（2018-01-02）［2023-06-30］. http://www.gov.cn/zhengce/2018-02/04/content_5263807.htm.

6.4.5 攀西民族地区特色康养小镇引发攀西农村土地制度创新性完善的紧迫需求

现代化进程与农村分离的一个重要原因在于对农村土地使用的严格限制，农村土地基本上只能用于农业，尤其是种植养殖业。从本质上讲，农村土地深度参与了整个社会的现代化进程，特别是在城镇化和工业化进程中，农村土地以征收的方式与农村分开。土地巨大的附加值与农村无关，农业农村进入现代化进程主要依靠的牢固纽带被切断。在这种形势下，农业农村发展已经脱离了支柱，农业农村发展的情况可想而知。

因此，在攀西民族地区全面实现乡村振兴和加快现代化进程的关键时期，攀西民族地区应根据当前发展的实际情况和要求，创新实施农村土地制度安排，鼓励农村土地制度创新尤为重要。在此基础上，大力推进攀西民族地区第一、二、三产业协调融合，多元发展的土地流转政策，进一步推进以攀西特色康养小镇为代表的建设，打造攀西民族地区农业农村现代化的增长极。

7 攀西民族地区乡村振兴与特色康养小镇耦合协同机制研究

攀西民族地区（包括攀枝花市和凉山州）是我国彝族主要集聚地，这里居住着除彝族外的十几个少数民族，因历史、区位等，这里较全国其他地区发展相对滞后，是我国当时脱贫攻坚的主战场。攀西民族地区推进精准扶贫与乡村振兴有效衔接，实施乡村振兴战略对于攀西民族地区经济社会的发展的意义不言而喻。中华民族包含着众多的民族，各民族彼此扶持、荣辱与共，中国的发展根本上就是实现所有民族共同富裕。我国的乡村振兴，必然是全中国所有地区、所有民族的乡村共同振兴，实现攀西民族地区乡村振兴对于解决发展不平衡、不充分问题具有里程碑意义。攀西民族地区在实现精准脱贫后，充分利用本地优势资源，发展建设特色康养小镇，实现特色康养小镇与乡村振兴耦合协同推进，走特色发展路径，将巩固脱贫攻坚成果与乡村振兴无缝衔接起来，在国家政策倾斜、资金支持以及兄弟省份的帮扶下，攀西民族地区将迎来前所未有的发展机遇，这对于攀西民族地区乡村振兴以及现代化建设意义重大。因此，稳步推进乡村振兴战略成为攀西民族地区党和政府以及攀西民族地区群众的首要任务，也是攀西民族地区经济社会快速发展、各民族共同进步并迈向共同富裕目标的关键所在。

7.1 发达国家乡村发展与中国乡村发展的历程梳理

在经济社会发展过程中，农业农村问题是世界各国普遍需要面对的一个重大问题。按照发展经济学相关理论，某一地区具备工业化、城镇化水平之后，会反过来对农业农村发展提供支持，帮扶农村发展，使农业成为具有同等竞争力的产业。从 20 世纪 20 年代开始，西方发达国家先后完成第二次工业革命，城市获得快速发展，绝大多数发达国家实现了工业化、城镇化，传统的生产、生活模式发生了巨大变化，农村相对于城市变得落后。因此，对乡村进行改造成为各发达国家共同面对的任务。如何加快农村发展，缩小城市与农村差距，各国在探索农业农村发展道路上，形成各具特色的发展模式，概括起来主要有三种：一是以日本、韩国为代表的高价现代模式；二是以美国、德国为代表的现代农业模式；三是以荷兰为代表的效益农业模式。这三种模式成为当今世界各国农业发展模式的典型代表。在各国农业农村的创新发展过程中，美国将"特色乡村"确定为乡村建设发展目标，支持和鼓励各地立足自身资源禀赋和特征实现创新发展，打造各自独特的乡村发展模式。而日本则提出"造村（町）运动"发展战略，针对农村地区存在的各项问题进行整治和改善，在打造特色农村的基础上推动农业产业的转型发展，以特色农业为核心带动农村经济社会发展模式的创新；同为亚洲发达国家之一的韩国，则以"新村运动"为核心推进农业农村创新发展。作为传统的欧洲发达国家，荷兰开展了"农地整理"运动，以水、土地等自然资源和农业生产资源为对象开展集中统一规划与科学统筹，以农业资源的最佳利用为目标，实现农业现代化，在此基础上打造多元化的新型农村生态系统。上述发达国家所实施的乡村发展策略纷纷以自身实际情况为发展基础，在充分发挥乡村资源优势的基础上实现乡村与自然、乡村与城市的协调发展，进而实现乡村经济社会的可持续稳定发展。相关情况如表 7-1 所示。

表 7-1 主要发达国家乡村发展运动方式

国家	时间	方式
美国	20 世纪初	特色乡村
英国	20 世纪 80 年代	野生植物和乡村
德国	20 世纪 50 年代	乡村更新运动
法国	20 世纪 60 年代	生态农业运动
荷兰	20 世纪 20 年代	农地整理运动
韩国	20 世纪 70—80 年代	新村运动
日本	20 世纪 70—80 年代	造村（町）运动

相较于其他发达国家，我国在探索农业农村发展道路、模式上不断创新，先后提出了多种不同发展方式，农业农村在不同发展阶段采用了不同的发展方式，大致形成了表7-2所示的阶段性发展方式。受特定国情和发展理念的制约，我国农业农村整体发展水平相对滞后，特别是改革开放后很长一段时间，城市偏向成为社会发展主流，农村与工业化、城镇化之间不协调越来越显著，严重制约了我国的现代化进程。但我国政府一直重视农业农村的发展，始终将农业、农村、农民问题作为关注重点，致力于农村社会经济的全面发展。特别是在党的十九大提出了乡村振兴战略，特色小镇、美丽乡村建设等成为农业农村创新发展的重要举措，形成了一条脉络相对清晰、彼此衔接的新发展模式，成为我国乡村经济社会创新发展的新举措。

发达国家的乡村发展大多作为农业现代化、城镇化的主要内容之一。与之相比，我国城市化、工业化的发展时间相对较短，尽管速度很快，但整体发展水平还不高，与发达国家之间仍然存在较大差距，特别是广大农村地区经济发展滞后的问题比较突出，各地资源、环境、历史、文化等差异较大，东部地区发展较快，幅员辽阔的西部地区则较为落后，因而各地应根据自身优势，选择适合自己的发展方式。而差异性的发展主体、发展目标和发展阶段也使得我国乡村发展区别于其他发达国家。根据已有的发展经验来看，当前我国乡村社会经济的发展已经不再片面关注经济价值，以生态价值、生活价值、环境价值为核心的多元化价值体系成为核心发展目标，可持续协调发展成为乡村发展的根本要求，而以"特色小镇""美丽乡村"为代表的发展战略成为现阶段我国乡村振兴的新模式，为农村社会经济的协调发展、城乡一体化发展提供了新的路径，成为新时代我国农村社会经济创新发展的重要举措。可以说，特色小镇建设将成为今后我国农村地区创新发展的核心任务，是各地城乡一体化发展的共同目标。

表7-2　中国乡村发展重大战略历程

年份	内容	年份	内容
1912	乡村自治	2005	建设社会主义新农村
1927	乡村改造	2012	新型城镇化
1953	农业生产责任制	2013	美丽乡村
1956	全国农村发展纲要	2014	特色小镇
1978	构建农村公共服务与社会保障	2017	乡村振兴

7.2 攀西民族地区发展特色康养小镇的条件

7.2.1 特色旅居康养资源优势

7.2.1.1 攀西民族地区拥有丰富的旅居康养资源

攀西民族地区位于横断山区，处于高原与平原的过渡地带山区，旅居康养资源丰富，景色迷人，截至 2021 年年底，有 A 级旅游景区 125 家（其中 4A 级以上旅游景区 18 家），生态旅游示范区 4 家，旅游度假区 10 家。其中，攀枝花市被誉为阳光康养城，有省级地质公园格萨拉，国家级苏铁自然保护区，二滩森林公园，阿曙哒彝族风情体验区，还有全国陈列最全、面积最大的三线建设博物馆。凉山州是全国知名的避暑胜地，这里有国家 4A 级邛海旅游度假区，拥有鸭嘴、鸡依、扎尼、雷马坪等 6 个省级森林公园和 7 个省级自然保护区。历史文化名城会理享誉全国，拥有 2 个省级湿地公园——梦寻花海、烟雨鹭洲。高原明珠泸沽湖，也称为"东方女儿国"。螺髻山国家风景名胜区则成为第四纪古冰川的典型代表，分布着极具代表性的冰川地貌，而螺髻九十九里温泉瀑布是全球最大的温泉瀑布，被誉为"世界上最美温泉"；凯地里拉温泉因其医用氟含量而闻名于国内外。

7.2.1.2 攀西民族地区优越的气候资源优势

攀西民族地区属于典型的亚热带季风气候地带，冬季温暖，夏季凉爽，全年平均气温 17℃；温度最适合于人体，一年四季不结霜，林木茂密，拥有良好的日照休憩条件。攀枝花市在冬季温暖方面表现得更为明显，是国内堪比三亚的冬日避寒胜地；而凉山州西昌市，则具有显著的夏季凉爽特征。攀枝花市和凉山州素有"洗肺城"之称，其空气质量优良率超过 99%，pm2.5 浓度国内最低，每年不下雨超过 250 天，年均日照 2 500 小时，年均降雨量 1 000 毫米；夏季无酷暑，冬季无严寒，令人身心舒畅，是夏季避暑、冬季避寒、日光疗养胜地。

7.2.1.3 攀西民族地区拥有适合旅居康养的独特人文资源

凉山州作为彝族主要集居地，民族文化丰富，其彝族文化就有 18 项国家级非物质文化遗产，例如彝歌，彝文，彝族服饰、彝族火把节等。攀枝花市人口 90%以上都是移民，各民族交流融合，形成独特的移民文化，其工业文化遗产是其独特的不可复制的火红文化记忆，形成了独具特色的工业文化、三线文化。两地多元文化资源造就了攀西民族地区丰富多彩的旅游胜地、多彩民族服饰、三线建设遗址、神奇古老的茶马古道、气吞山河的长征文化；抑或风光迷人的山水，醉人的物产美食，绚丽多彩的民族文化；古村、民居钟灵毓秀，为攀西民族地区发展特色旅居康养提供了独特的文化旅游资源。

7.2.1.4 攀西民族地区拥有特色康养的产业资源

两州市为发展攀西民族地区特色康养产业，充分挖掘现有资源，以本地特色优势资源为基础倾力发展康养产业，如凉山州利用安宁河流域阳光资源，全力推出安宁河生态圈大健康旅游产业，并强化建设发展康养产业带，将阳光康养与森林康养等产业结合起来，满足游客多元需求。凉山州2018 接待国内外旅游者总量 4 081.12 万人次，实现旅游总收入 301.62 亿元；2019 年接待 4 823.62 万人次，实现旅游总收入 530.21 亿元；2020 年受新型冠状病毒感染疫情影响，接待游客 2 888.27 万人次，实现旅游总收入 275.07 亿元。[①] 攀枝花市重点打造阳光康养这张城市名片，并在旅居康养方面取得了良好的成效。2018 年，接待旅游总人数 2 062.28 万人次，全年旅游总收入 242.6 亿元；2019 年的接待旅游总人数 3 014.81 万人次，全年旅游总收入 415.86 亿元；2020 年受新型冠状病毒感染疫情影响，接待旅游总人数 2 197.47 万人次，全年旅游总收入 313.91 亿元。[②]

7.2.2 特色康养小镇建设情况

为充分利用攀西民族地区特色康养资源优势，促进攀西民族地区特色康养产业有序健康发展，为攀西民族地区乡村振兴提供支撑，两州市相应制定了各项保障措施，如攀枝花市制定了以《关于推进特色小镇建设的实施意见》等为代表的特色发展战略规划；致力于打造地区特色康养小镇，明确了国家级、省级、市级特色小镇的建设发展目标，确定了核心产业与具体发展模式。与此同时，凉山州政府也积极推进乡村振兴工作，立足"阳光康养"这张名片，制定下发了《关于开展大凉山旅游名镇建设的实施意见》等文件，具体明确了"大凉山优秀旅游特色小镇"建设名单，将德昌县乐跃镇，越西县普雄镇，布拖县乐安镇，宁南县幸福镇，会理市黎

---

① 数据来源：根据凉山州统计年鉴—2018 至 2021 年整理而来。
② 数据来源：根据攀枝花市统计年鉴—2018 至 2021 年整理而来。

溪镇，西昌市礼州镇，冕宁县漫水湾镇等纳入重点康养小镇建设，聚集资源禀赋优势，完善基础服务设施，建设一批特色康养小镇，提升特色康养接待能力，加快生态旅游业发展速度，基于当地优势旅游资源积极推动文旅事业，在完善康养小镇基础设施的基础上，全力提高旅居品牌影响力，打造全国知名的生态旅游景区，以此为龙头产业带动相关产业的发展。

7.2.2.1 特色发展目标定位

第一，产业"优而强"。攀西两州市在特色小镇产业发展的长期规划中，强调始终着眼于攀西资源优势，在国家重点发展七大新兴战略产业等基础上，较早进行了发展规划，确定个小镇发展目标及定位。同时，强调要充分利用挖掘各县（市、区）本地优势产业，在芒果、枇杷、茶叶、加工工业、石雕等已有特色产业中，着重发展一到几个主导产业，产业间互补性要强，形成相互依托的产业链。着力培育在四川乃至全国具有一定影响力的产业或产品，成为小镇发展建设的支撑。

第二，功能"聚而合"。特色小镇建设不仅是攀西民族地区产业发展的集聚地，同时也是旅居康养、民族文化的聚合地，它更加凸显人与自然的和谐统一，其独特的民族文化底色、特色的产业布局、完备的社区功能，让特色小镇成为宜居、宜业、宜游的综合区。

第三，体制"活而新"。攀西民族地区特色小镇发展建设要依托本地资源优势，努力探索具有攀西特色的新路径，做到规划建设理念要新、运作机制要新、发展路径要新。创新是小镇的魂，特色康养小镇力争成为攀西民族地区创新发展先驱，为四川各地特色小镇建设提供攀西经验。

第四，民族文化"特而浓"。攀西民族地区特色小镇建设要始终不脱离攀西民族地区特有的历史文化底蕴，充分利用攀西民族地区人文元素，使特色小镇成为历史经典产业的保护传承地、特色产业与城乡融合发展的新阵地，以及新产业、新业态的始创地，为攀西民族地区经济社会发展提供新活力、新动能。

第五，形态"小而美"。攀西民族地区特色小镇建设应充分契合创业创新、商贸中心、文化窗口等综合展示平台、载体功能，将小镇融入绿水青山之中，强化小镇建设、公共设施和自然生态的和谐统一，逐步将小镇打造成为城乡一体化发展的新型城镇化样板。

7.2.2.2 特色小镇发展建设情况

截至2021年年底，攀西民族地区列入省级特色小镇规划建设共计

3 个,列入州市级特色规划建设的特色小镇已经达到 25 个。其中,已形成固定资产有效投资的共计 8 个。截至 2021 年 12 月底,攀西民族地区 25 个特色小镇累计完成有效投资 1 135 亿元,其中非政府投资 249.24 亿元,占比 21.96%。在产业发展方面,两州市 53 个规划的特色小镇中,旅游康养产业类 28 个、民族文化经典产业类 9 个、旅游产业类 6 个、高端装备制造业类 3 个、时尚产业类 2 个、环保产业类 5 个。[①] 攀西民族地区各特色小镇发展势头强劲,形态各异,如仁和区苴却砚特色小镇累计完成投资 48.13 亿元,为特色小镇发展奠定了基础;普格县螺髻山小镇入选百度"四川十大最美小镇",特色小镇建设成效显著。这些充分展示了攀西民族地区构建生态产业体系、培育旅居康养"第一战略性支柱产业"和建设攀西民族地区全域化生态旅游名城的目标导向,充分反映了攀西民族地区民族文化经典产业的特色。攀西民族地区部分重点特色小镇及产业定位见表 7-3。

表 7-3　攀西民族地区部分重点特色小镇及产业定位

特色小镇名称	特色产业定位
仁和区苴却砚小镇	历史经典产业
盐源县泸沽湖小镇	旅游产业
会理县小黑箐镇	旅居康养业
米易县电商创业撒莲镇	电子商务
西昌市礼州镇	时尚产业
西昌市安宁镇	现代特色农业产业
盐边县红格镇	温泉度假

7.2.3　乡村振兴与特色康养小镇耦合协同推进

乡村振兴与特色康养小镇耦合协同发展是新时代背景下攀西民族地区农村经济社会发展的客观要求,"特色康养小镇"建设将成为攀西民族地区经济社会创新发展的重大举措,是对攀西民族地区乡村振兴战略的细化和发展,二者目标一致、背景相同、相互承接。"特色康养小镇"建设本身是乡村振兴的组成部分,是攀西民族地区城乡一体化发展的关键所在。

---

① 资料来源:攀枝花市、凉山州发展和改革委员会的公开数据整理而来。

攀西民族地区乡村振兴与"特色康养小镇"耦合协同推进，有利于实现优势资源充分利用，有利于城乡一体化发展，有利于改善攀西民族地区人居环境，有利于实现生产、生活、生态各个领域的充分融合。"特色康养小镇"也将成为攀西民族地区精准扶贫与乡村振兴等工作的衔接关节点，是攀西民族地区乡村振兴重要抓手和具体实施方法。因此，对其耦合内涵、逻辑关联进行科学分析和把握，对攀西民族地区特色康养产业的发展至关重要，是攀西民族地区乡村振兴战略科学推进的重要前提，也是攀西民族地区实现创新发展的核心内容。

7.3 攀西民族地区乡村振兴与特色康养小镇耦合协同的逻辑关系

7.3.1 乡村振兴与特色康养小镇耦合协同的理论逻辑

就攀西民族地区资源、环境条件而言，发展"特色康养小镇"将成为其实施乡村振兴战略的重要实现方式，并将呈现出难以估量的经济价值、物理价值和社会价值。具体来讲，特色康养小镇根植于乡村，能够在充分发挥农业农村资源优势的基础上实现产业聚集，表现出带动提升乡村经济社会发展水平的巨大功能。特色康养小镇的较大的产业集聚带动效应，能够极大提升相关产业的综合发展水平，加快各产业融合发展，实现攀西民族地区农业农村产业经济模式创新发展，从而构建起更加完善、成熟的农村产业链，实现三次产业融合发展。

就耦合协同的内涵来看，"特色康养小镇"建设，主要聚焦民生事业，在原有文化与空间布局的基础上进行合理优化，形成更加科学的发展格局，充分发挥乡村自然资源、历史文化资源的优势；同时，加强基础设施建设并强化其服务功能，从根本上提升攀西民族地区农村经济社会整体发展水平，真正落实乡村振兴战略，推动攀西民族地区乡村振兴创新发展，实现地域资源的综合利用，挖掘资源潜能。由此，攀西民族地区推进发展"特色康养小镇"与乡村振兴内涵耦合协同，逻辑一致。"特色康养小镇"规划和实施是伴随着攀西民族地区经济社会发展，两州市政府倾力支持而产生，实现了民族区域特色产业的创新发展，并在充分发挥特色产业带动作用的基础上提升攀西民族地区整体社会经济发展水平，确保资本、技术、人才等资源的有效引进与充分利用，发挥优势产业的集聚作用，在创新理念、机制以及载体的基础上实现产业发展模式创新。我国所实施的乡村振兴战略体现了科学的发展理念，为我国农村社会经济的发展指明了科学道路，是城乡经济协调、实现共同富裕的正确举措，是物质文明、精神文明协同发展的合理模式，也是人类社会与生态环境和谐共存的必然选择。由此可知，具体到内涵层面，攀西民族地区发展"特色康养小镇"与乡村振兴一脉相承，共同作为攀西民族地区乡村振兴的重要方式并表现出密切关联的逻辑关系。从二者的内涵上考察，特色康养小镇和乡村振兴是一个有机耦合的逻辑关系，二者的发展内涵相互耦合，具有高度的契合性，体现了新时代攀西民族地区城乡协调与融合发展的客观要求。

7.3.2 乡村振兴与特色康养小镇耦合协同的逻辑主线

对于攀西民族地区这个典型的农业区域而言，乡村自然成为社会的基本构成单元，属于攀西民族地区社会与自然环境的关联基础。就其本质上来说，乡村发展的根本目标是克服二元经济结构的局限性，提升乡村社会经济发展水平，实现城乡一体化发展。攀西民族地区特色康养小镇与乡村振兴战略之间高度契合，发展特色康养小镇是乡村振兴的重要组成部分，也是新时代攀西民族地区农村发展方向，这对于稳定攀西民族地区至关重要。特色康养小镇是攀西民族地区乡村振兴的发展载体之一，为乡村振兴战略的实施提供了重要平台。而乡村振兴则能够从制度层面出发对其他战略目标的实现提供必要保障。乡村振兴战略将构建起新时代攀西民族地区农业农村现代化发展新格局。

7.3.3 乡村振兴与特色康养小镇耦合协同的发展逻辑理念一脉相承

从我国城镇化发展历程来看，"特色小镇"是代表性的创新模式之一。在国家住建部的指导和推动下，我国于 2016 年正式启动"特色小镇"建设，先后确定了 400 多个特色小镇，并在 2020 年完成 1 000 个左右的特色小镇建设。① 实践经验表明，特色小镇在乡镇经济创新发展过程中表现出巨大的优势，是城乡一体化发展、城镇化科学转型发展的正确举措，有利于充分发挥城镇、乡村的区位特点，提升城乡一体化发展水平。攀西民族

---

① 根据国家发展改革委、财政部及住建部的相关文件整理而来。

地区发展特色康养小镇能够发挥城镇、乡村各自区位特点和资源优势，实现攀西城镇、乡村协调发展并发挥显著的示范效应，立足攀西民族地区乡村生态，提升乡村经济发展水平以及农民收入水平。而攀西民族地区乡村振兴战略的制定实施，也将进一步丰富特色康养小镇的内涵并提升其发展水平。但是在具体实施过程中，特色康养小镇必须立足于攀西民族地区乡村固有的资源禀赋，避免与攀西民族地区乡村实际发展情况相背离。这就要求在具体实施过程中，各地要以特色康养发展战略为依据，在推进产业融合的基础上实现城镇、乡村发展资源的优势互补，重点打造乡村生态旅游产业，在此基础上实现攀西民族地区乡村社会经济的可持续发展。

就发展逻辑而言，各国学者都对相关问题表现出巨大关注，形成了日益丰富的理论研究成果。颜佳等（2016）以美丽乡村、特色小镇为研究基础，对比分析了其异同，对其内在关系进行了分析论述。王超等（2018）从具体内涵、模式等角度出发，从乡村振兴的角度出发就特色小镇的内在关联进行了对比分析，明确了其协同机制。我国所提出的乡村振兴发展战略，是马克思主义与中国国情的科学结合，是新时代我国农业农村发展的科学举措，也是解决"三农"问题的重大举措，更是广大农村地区践行中国特色社会主义事业的科学选择。攀西民族地区发展"特色康养小镇"依托新型城镇化发展理念，是对"小城镇"发展模式的进一步延伸与拓展，是新时代推进乡村振兴的重要抓手。发展特色康养小镇是攀西民族地区城乡一体化在新时代的全新发展模式，是当前城镇建设发展与经济比较优势理论的有机融合，也是新时代城镇化改革的全新内容，为美丽乡村、乡村振兴等建设发展提供了必要载体，也为城乡一体化发展提供了重要平台。而乡村振兴战略代表着新时代农业农村的科学发展方向，也是党和国家对农业农村发展模式的全新规划，是中国特色社会主义事业的重要组成。这就充分表明了攀西民族地区乡村振兴与特色康养小镇之间的密切逻辑关联，其在发展逻辑方面保持一致，均体现出攀西民族地区农业农村创新发展的科学选择，代表着攀西民族地区农村经济社会的科学发展方向。

就攀西民族地区特色康养小镇而言，产业、旅游、文化与社区等要素的有机融合将成为其发展核心。具体来看，康养产业将成为特色小镇核心基础，是特色康养小镇的存在前提与核心要素，也是特色康养小镇发展特色的来源。文化要素则是特色康养小镇独特品位和灵魂的体现，是特色康养小镇文化标签、文化魅力的客观表现，也是特色康养小镇发展魅力的直接来源。乡村现有的资源要素则将成为特色康养小镇的物质基础，是生态、文化等资源的融合基础，是特色康养业发展的基础所在，也是提升攀西民族地区农业农村总体发展水平、农民收入水平的关键所在。在康养产业聚集发展的过程中，特色康养小镇将对周边地区和关联领域表现出显著吸引力，在其公共服务水平不断提升的同时实现显著的聚集效应，从而实现特色康养小镇的持续发展壮大，构建起城市、乡村之间的良好交互关系并实现其均衡发展。

7.4 攀西民族地区乡村振兴与特色康养小镇耦合协同机制分析

发展特色康养小镇作为攀西民族地区乡村振兴的重要举措，是实现攀西民族地区乡村振兴战略的重要内容。从理论来看，特色康养小镇与乡村振兴彼此关联、相互补充，为新时代攀西民族地区农村社会的创新发展提供了科学指导。乡村振兴为特色康养小镇发展奠定良好基础，而新农村、特色康养小镇则是攀西民族地区乡村振兴战略在不同时期、发展阶段的实践模式。因此，特色康养小镇与乡村振兴相互协调，为攀西民族地区农村可持续发展的新模式，为乡村持续、稳定发展提供了重要基础。

特色康养小镇同时也体现了攀西城市、小镇之间的协调发展理念，其能够充分发挥攀西城市、小镇各自优势，在优势互补的基础上实现科学协调与差异性发展，进而构建起错位匹配的发展格局，有效避免无效竞争并实现协调发展目标。党的十九大提出的乡村振兴战略，为攀西民族地区乡村经济社会的全面、持续发展指明了科学发展方向，是对新时代攀西民族地区城乡一体化发展的新定位与科学部署。而发展特色康养小镇与乡村振兴战略在机制上高度契合，各地能够在充分发挥特色康养小镇发展优势的基础上，推动攀西民族地区乡村振兴战略的科学创新，更好地发挥攀西民族地区的区位特点与资源禀赋，从而为攀西民族地区乡村经济社会的可持续发展提供科学指导。

7.4.1 乡村振兴与特色康养小镇耦合协同的理论机制

经过四十多年的改革创新，攀西民族地区工业化、城镇化水平不断提升。但是在工业、农业各自不同的产业生产率的影响下，攀西民族地区经济结构的二元特征表现依然十分突出。在早期发展阶段，劳动密集型产业成为工业化的核心要素，对农村剩余劳动力形成了巨大吸引力，导致大量攀西民族地区农村人口由农村地区向城市地区转移。而在新时代，技术以及资本密集型产业逐渐处于主导地位，高质量发展成为工业化发展趋势，使得工业对农村剩余劳动力的需求量逐渐下降，攀西民族地区农村人口向城市地区的转移数量也逐渐降低，导致越来越多的农村人口逐渐回归农村地区，从而充实农村人力资源并提升攀西民族地区农村经济社会发展水平，逐步缩小城乡发展差距。刘易斯（1954）认为，在发展中国家经济社会快速发展的同时，城乡协调发展的有效性相对有限且面临较大困难。乔根森（1967）、托达罗（1970）等人的研究表明，城乡一体化发展的核心问题在于农村经济发展，而城市与农村的协调发展更是关键所在。发展特色康养小镇这一发展理念能够对攀西民族地区农村资源进行合理开发和科学利用，结合现代经济因素实现农业产业现代化转型，从而实现更高的产业效率与产业效益，突破传统农业的限制和制约，实现攀西民族地区农村产业的升级转型，从而解决二元经济结构导致的攀西民族地区城乡发展失衡问题。

7.4.2　特色康养小镇与乡村振兴耦合协同作用机理

特色小镇与农村之间的耦合协同发展是特色康养小镇的根本目标所在。特色康养小镇的建设发展，不仅能发挥城市的技术和资金优势，也能够充分利用农村的资源优势，在优势互补的基础上构建起差异性的竞合发展模式。攀西民族地区乡村振兴战略的制定实施，标志着攀西民族地区农村经济社会创新发展模式的科学转变，为攀西民族地区乡村整体发展水平的提升提供了科学指导。基于产业、社区、旅游、文化的特色康养小镇，则是对攀西民族地区乡村振兴战略的进一步延伸和发展，是新时代攀西民族地区农村经济、农业产业创新发展的全新探索，是致力于攀西民族地区乡村特色历史文化资源、生态旅游资源的挖掘和利用。

7.4.2.1　康养产业为载体促进攀西农村产业兴旺

对于特色康养小镇而言，其核心要素为康养产业，区域特有的资源则将作为康养产业的发展基础，也是康养产业发展所需的必备要素并且决定了相关产业的发展潜力。而特色康养产业在自身发展过程中也将因相应的产业链、价值链决定其竞争力，同时也受到产业融合发展水平的直接影响。目前，攀西民族地区村镇所重点推进的康养产业一般集中在农业领域，大多选择特色养殖、种植业与加工业。基于现代产业运营管理模式的特色康养产业在自身发展的过程中也会积极推动传统产业结构、运营管理模式的创新发展。在市场主体创新发展的过程中，产业组织结构日益优化，产业集中度也不断提升，而相关新兴技术的发展和应用也将为产业创新发展提供有力支持，在产品创新发展的同时也将实现产业结构的优化和升级；而特色康养产业所形成的规模效应和辐射带动效应也将推动产业进一步集聚，从而提高资源的综合利用水平并延长产业价值链，并提高特色康养产业的综合效益水平。

7.4.2.2 特色康养小镇为窗口引领乡村文化兴盛

攀西民族地区乡村振兴战略，并非以经济振兴为唯一目的，同时也关注文化、生态等领域的振兴。随着城镇化的快速发展，人们的需求不再集中于物质层面，对情感、精神层面的需求也将不断提升。作为传统农业地区，攀西民族地区在数千年传承发展的过程中沉淀下的深厚农耕和民族文化底蕴，而这种文化底蕴也将成为攀西民族地区乡村振兴的重要资源，也是生态旅游、文化旅游的发展基础。与传统小城镇发展策略相比，特色康养小镇的发展更加注重乡村历史文化价值的挖掘和利用，基于特色乡村文化资源形成自身发展优势。特色康养小镇在打造主题特色时，一般以攀西民族地区独有的地域文化为基础，在充分挖掘传统民族文化价值内涵的同时，与现代文化理念有机结合，在构建起个性化发展模式的同时，克服同质性问题的不利影响，这就使得不同特色康养小镇的发展特征各有区别，分别形成了农业型、历史型、旅游型等不同的发展模式，分别满足不同的需求从而构建起不同的发展格局。由此可知，对于特色康养小镇而言，其资源禀赋、主题类型的差异也将决定其发展方式的差异，并且为攀西民族文化的传承和发展带来新途径。

7.4.2.3 特色康养小镇为平台带动乡村生活富裕

在特色康养小镇建设发展的过程中，基础设施建设将作为首要环节，由此显著提升各乡镇基础设施建设水平，从而为村镇社会经济的发展奠定更加扎实的基础，同时也为城乡一体化发展、优势互补创造有利条件。在二者协调发展的过程中，乡村将大量承接城市产业要素的转移，从而更好地满足乡村居民的就业需求，在提升居民知识水平、技术能力的同时，也将唤醒其自我意识和发展意识。特色康养产业作为特色康养小镇的核心要素，在其创新发展的过程中必然表现出庞大的劳动力需求，这就对乡村剩余劳动力表现出巨大吸引，实现攀西民族地区农业剩余劳动力由农业领域向其他领域的转移，在满足剩余劳动力就业需求的同时也提升农民收入水平。此外，特色康养小镇在自身发展过程中也将为创新创业提供更多的平台和机会。对于部分农业转移人口而言，其在流动的过程中将接触更加先进的理念和知识，在长期工作的过程中也将积累日益丰富的经验，也由此具备相对更强的发展能力和创业需求。特色康养小镇所带来的发展机遇将对外出务工人员形成巨大吸引，增强其返乡创业的积极性，为攀西民族地区乡镇发展带来更加充分的人力资源和技术资源，进而实现攀西民族地区农村创新发展、农民增收的美好图景。

7.4.2.4 特色康养小镇为示范拉动乡村生态宜居

基于科学的发展规划，特色康养小镇在建设发展过程中能够充分保证对有限空间、土地资源的科学与高效利用，能够实现生产、生活、生态等领域的有机协调，从而确保总体发展的持续性与稳定性，为其他乡村地区的经济社会发展带来科学参考。而城乡一体化发展理念也将为乡村土地资源的科学开发、合理利用提供科学指导，以此确保相关资源的最佳利用。特色康养小镇也能够为攀西民族地区乡村社会优化人居环境提供科学参考，实现人居环境的进一步改善。而以农家乐为代表的乡村旅游业也将成为攀西民族地区乡村创新发展的重要方式，实现农业农村创新发展。

7.4.3 乡村振兴与特色康养小镇耦合协同关系

乡村振兴与特色康养小镇之间的耦合协同关系可抽象理解为手段、目标之间的关系。以特色康养小镇的建设为手段，根本目标则是攀西民族地区乡村经济社会的全面振兴。为此，在制定特色康养小镇建设规划时，以乡村振兴的目标为自身目标，发展特色康养小镇的出发点和最终归宿是乡村振兴。乡村振兴、特色康养小镇还表现出彼此依赖、相互促进的耦合关系。特色康养小镇建设将作为攀西民族地区乡村产业创新发展的重要方向，由此决定了其对乡村振兴可持续发展的推动性、支持性地位，特色康养小镇对乡村振兴推动作用的大小，取决于乡村振兴所确定的发展内容、发展目标、发展模式和经营管理状况；而乡村振兴战略必然包含特色康养小镇发展的目标、内容、运营管理模式，也将直接制约特色康养小镇的建设发展水平，进而反过来影响了乡村的整体发展水平和发展潜力。

乡村振兴、特色康养小镇也因各自构成要素之间的相互影响而构建起特定的耦合协同发展机制。因二者的基本构成表现为内容、模式以及管理，因此我们可具体从上述要素出发，对其耦合协同进行分析和解读，即二者的耦合协同关系可进一步分解细化到内容、模式与管理三个维度。基于上述三个维度可构建起耦合关系模型，以此为工具对二者的耦合关系进行直观、准确的描述。

7.4.3.1 内容维度的耦合协同关系

乡村振兴战略全面系统地描绘了乡村社会经济创新发展的根本目标和具体内容，涵盖乡村社会经济各个领域，从农业振兴、文化振兴、人才振兴、组织振兴与生态环境等维度出发提出了具体的目标和要求。特色康养小镇则侧重于生态、经济、社会、文化、政治等五个领域，发挥特色康养小镇的功能作用，全面提升上述领域的建设发展水平，具体以生态环境、农业产业、基础设施建设、公共服务创新、特色产业发展、社会和谐稳定等为发展目标。

从上述发展目标和具体内容可知，乡村振兴、特色小镇之间客观存在耦合协同关系，二者在具体内容上彼此重合且相互促进，二者的协同发展能显著提升整体建设发展水平，从而共同加快农村地区社会经济整体创新发展速度，真正实现农村社会经济的全面发展进步，缩小城乡发展差距。

7.4.3.2 模式维度的耦合关系

相关模式具体表现为发展模式、融资模式、参与模式以及权属关系模式等。因此在模式层面，乡村振兴、特色小镇之间表现出显著的耦合关系：

（1）融资模式的耦合

融资模式方面，投资主体都以政府、企业、社会组织以及农村居民为主，其中政府指导作用对乡村振兴而言表现出更加显著的意义。在投资主体基本相同的同时，相关资金所表现出的功能作用也基本一致，即资金收益并无本质区别。

（2）实施模式的耦合

从实施模式上看，无论是乡村振兴还是特色康养小镇建设均以政府实施、企业实施、基层实施、个人实施、多元实施等为主要形式，二者在实施形式方面并无根本区别；无论是行为主体还是行为过程都表现出一定的共性特征，这就是实施模式耦合关系的具体表现。

（3）参与模式的耦合

公众在参与乡村振兴、特色康养小镇等发展战略的过程中，主要表现为部分参与、全程参与等不同形式，后者的总体效果相对较好，但是在具体内容和特征方面并无本质区别。

（4）权属关系模式的耦合

对于乡村振兴而言，其权属关系具体表现为国家、集体、企业、个人等不同主体之间的权属关系；而对于特色康养小镇而言，其权属关系则集中在土地、建筑、产业等环节。虽然在概念和说法方面各有不同，但是其表现形式、本质属性之间表现出显著的一致性特征，二者的耦合关系也十分显著。

7.4.3.3 管理维度的耦合关系

攀西民族地区乡村振兴管理的内容不仅涵盖了规划管理，同时涉及行政管理、组织管理等内容。而规划管理也因此成为二者管理耦合的具体表现；在特色康养小镇建设发展过程中，具体须借助规划管理、项目管理等方法实现其良性发展。在具体内容方面，规划管理都以编制、审批、实施为共性内容，二者的程序也表现出显著的相似性特征，这就使得攀西民族地区乡村振兴、特色康养小镇表现出显著的管理耦合协同关系特征，都与攀西民族地区特定的社会经济发展状况密切关联。

7.4.4 攀西民族地区乡村振兴与特色康养小镇耦合协同动力机制

7.4.4.1 基于时空耦合的协同发展基础

从耦合协同层面来看，乡村振兴、特色康养小镇之间呈现出辩证统一的耦合关系。攀西民族地区拥有着丰富的生态资源与民族历史文化资源，特别是民族文化，这是发展特色康养小镇的先天条件。实施乡村振兴战略，将发展特色康养小镇与乡村振兴结合起来，推进攀西民族地区城乡一体化发展。其动力机制体表现在：一是从空间维度来看，特色康养小镇、乡村振兴彼此重叠并相互关联。攀西民族地区乡村振兴战略所覆盖的范围并非仅仅利用旅游资源或开放旅游项目，同时也兼顾了农田生态系统、农业景观以及农民住所等领域，兼顾了农民生产生活空间以及其他空间。随着攀西民族地区特色康养小镇建设的不断发展，越来越多的落后地区能够基于自身优势资源实现快速发展，这种优势特色资源也将作为攀西民族地区乡村振兴战略的开发重点。这就使乡村振兴战略、特色康养小镇在具体建设发展过程中表现出显著的空间重叠特征，为二者耦合协同发展创造了有利条件。二是从发展特征来看，乡村振兴表现出良好的创新发展势头，特色康养小镇则作为全新探索而快速发展。虽然二者发展规律各有差异，但是其都属于新时代攀西民族地区城乡一体化发展战略的具体表现，表现出显著的时空耦合关系特征。

7.4.4.2 基于内外双重驱动的协同发展动力机制

从产业发展领域来看，发展特色康养产业是攀西民族地区农村经济社会创新发展的全新探索和尝试，特色康养小镇以康养产业为基础，是实现城乡一体化发展的重要举措，也是攀西民族地区农村可持续发展的科学道路。乡村振兴战略目标能否顺利实现，关键在于相关支持、保障要素的建设发展水平，具体表现为基础设施、资金、政策、环境等要素。虽然乡村振兴战略与特色康养产业在具体建设发展过程中表现出差异性的驱动力，但是其驱动力具备一定的协同基础，能够相互影响并彼此促进。

乡村振兴与特色康养小镇协同发展动力机制表明，乡村振兴、特色小镇耦合关系的基础在于互为基础而彼此支持，这也是二者协同发展的先决条件。

发展特色康养小镇的目标是乡村振兴，即农业增产、农民增收以及农业可持续发展。对于乡村振兴战略而言，农业现代化转型、特色产业培育、农民增收以及农村地区社会经济全面发展则是其根本目标。由此可知，在目标方面二者表现出显著的共同点，这种目标一致也决定了二者协同发展的可能性与必然性。

除上述关系以外，以政府、市场为代表的外部驱动力也将成为乡村振兴、特色康养小镇协同发展的外部因素。政府驱动力具体表现为乡村振兴战略实施提供的优惠政策、资金奖励、财税政策等相应的政策环境，市场驱动力（农民、企业、游客）所构成的供给动力、企业动力、需求动力，具体表现为相关主体的发展需求，而乡村振兴、特色康养小镇的协同发展是上述外部驱动力共同影响下叠加的动力合力。

在攀西民族地区乡村振兴战略实施过程中，各级地方政府将以主导者、支持者的身份参与具体工作，在发挥自身职能作用的基础上统筹协调地方建设工作，因此，其职能的实现将客观推动乡村可持续发展，这就决定了政府主导对于二者融合发展的重要影响作用。作为乡村振兴战略的参与主体和受益主体，农民对生活质量、收入的追求也将成为攀西民族地区乡村振兴、特色康养小镇耦合协同发展的重要驱动力；而企业利益最大化的发展目标也将有力推动二者协同发展，这就使得乡村振兴、特色康养小镇先天性具备协同发展的基础与环境。

7.4.5 乡村振兴与特色康养小镇目标、指向与平台耦合协同

党中央将乡村振兴战略确立为解决当前城乡发展失衡、"三农"问题的科学路径和重大举措，是新时代推动城乡一体化发展的科学选择，从制度层面明确了当前我国农村工作的目标和任务。这也为攀西民族地区特色康养小镇建设、乡村振兴战略实施提供了路径选择，明确了特色康养小镇的科学发展方向和具体目标，使得乡村振兴与特色康养小镇在目标、指向等层面表现出显著的耦合性特征。在长期的发展过程中，农业产业在生产要素、生产率等方面表现出相对稳定的变化特征，无论是投入还是产出均未表现出较大的变化幅度，这就使得农业产业本身并不具备强大的发展潜力。因此，实现攀西民族地区乡村振兴战略目标，不能片面依赖农业产业的革新，而是需要侧重于各领域的科学融合，为攀西民族地区城镇化、现代化转型发展提供有力支持。特色康养小镇将作为攀西民族地区农村资源禀赋的科学利用模式，能够在充分挖掘农村地区优势资源和发展潜力的基础上实现民族经济快速发展，从而为攀西民族地区农村社会经济的全面发展提供前所未有的强大载体，发挥显著的平台作用，实现相关资源的科学配置与最佳利用。

7.5 攀西民族地区乡村振兴与特色康养小镇耦合度分析

7.5.1 乡村振兴与特色康养小镇二者耦合度的协调性分析

实施乡村振兴战略和发展特色康养小镇的共同目标是解决城乡发展失衡，实现一体化发展，最终实现共同富裕目标。乡村振兴与特色康养小镇二者耦合协同度如何，直接影响了相关工作的开展和实践效果。逯进（2016）、周克昊（2021）等人提出了二元协调度模型，在对二元协调度模型进行优化和改进的基础上构建起协调度测度模型，以此为工具对乡村振兴、特色小镇的协调水平进行量化分析。高文智（2019）、徐维详

（2020）、马广兴（2020）、马亚飞（2020）等人研究兼顾多项因素开展耦合协同关系，结合当地实际情况完成乡村振兴、特色小镇等子系统模型的构建工作，进而对其耦合关系进行全面系统的研究分析。

（1）耦合度及指标体系

耦合度最早出现在物理学领域，是对电路能量传输特征进行度量的工具，能够反映多个电路元件、系统之间的能量输入、输出的相互影响作用以及具体关系。对于经济学而言，耦合度可作为不同产业相互影响关系的一种分析和描述工具。在本书中，选择凉山州15个特色康养小镇、攀枝花市5个特色康养小镇作为样本，建立指标体系，对攀西民族地区乡村振兴、特色康养小镇之间的协同发展水平进行量化分析，并构建起如表7-4所示的评价指标体系，以确保量化分析结果的全面性与准确性。

表7-4 乡村振兴与特色康养小镇耦合指标体系

子系统	系统要素	测度指标及权重
特色康养小镇	人居环境	农村生活污水处理率（0.115）、农村卫生户厕普及率（0.115）
	文化传承与发展	学前教育（0.135）、中小学生辍学率（0.135）乡村文化建设（0.115）
	社会保障	养老保险覆盖率（0.125）、新农合参保水平（0.135）
	生活幸福	城镇化率（0.135）、农村从业人数所占比重（0.125）
	就业效应	年旅居游客接待量（0.125）、特色产业产值比重（0.125）、特色产业吸纳农村就业人数（0.125）
	产业效应	特色产业相关产品销售收入（0.125）、特色产业市场占有率（0.125）
乡村振兴	产业兴旺	农民人均纯收入（0.110）、农业人口比重（0.105）
	生态宜居	乡镇每万人卫生院床位数（0.065）、每公顷耕地化肥施用量（0.060）、人均养老服务机构数量（0.065）
	乡风文明	农村从业人员大专以上占比（0.115）、高中（0.115）、初中以下（0.110）
	治理有效	贫困户发生率（0.105）、村务公开率（0.075）、文化艺术观众人次（0.065）、农村人均刑事案件发生率（0.060）
	生活富裕	农民居民恩格尔系数（0.115）、农民人均可支配收入（0.085）、农村人均住房面积（0.075）

在对二者耦合关系进行量化分析时，本书具体以离差系数 Cr 为工具对其协调水平进行分析描述，该系数的具体计算方法如下：

$$Cr = \sqrt{\frac{\frac{1}{2}\left[\left(x_1 - \frac{x_1 + x_2}{2}\right)^2 + \left(x_2 - \frac{x_1 + x_2}{2}\right)^2\right]}{2}} \qquad (1)$$

特色康养小镇与乡村振兴的协同度即可以转换为

$$C^* = \frac{2x_1 x_2}{(x_1 + x_2)^2} \qquad (2)$$

若协调度 C^* 的值为1，那么当有 $Cr = 0$ 且 $x_1 = x_2$ 时，对应的是二者最佳的协调度关系。结合二元系统的分类标准以及耦合度量化依据，可通过公式（2）对协调度的具体取值进行计算分析，所得结果详见表7-5。

表 7-5　2012—2021年攀西民族地区乡村振兴与特色康养小镇耦合协同度

年份	耦合度	含义	年份	耦合度	含义
2012	0.432 4	失调	2017	0.721 3	中等
2013	0.507 8	及格	2018	0.754 2	中等
2014	0.534 9	初等	2019	0.769 1	中等
2015	0.635 1	初等	2020	0.819 7	良好
2016	0.671 5	初等	2021	0.822 9	良好

上述研究实证结果显示，从2012年到2021年，攀西民族地区乡村振兴与特色康养小镇之间的协调度从失调开始先后转变为及格协调（2013）、初级协调（2014）、中等协调（2015）以及良好协调（2020）等不同关系特征。在上述发展阶段，攀西民族地区地方政府充分认识到了特色康养小镇发展的重要性和必要性，在新农村建设的基础上积极推动特色康养小镇建设，让攀西民族地区的农村地区的基础设施建设水平不断提升，特色康养小镇呈现出良好发展势头，农村社会经济整体发展水平不断提升，实现了农民增收、农村环境改善等目标。在乡村振兴战略持续推进的同时，其与特色康养小镇的协调发展水平也不断提升，最终达到了良好耦合协同发展阶段，尚未实现优质耦合协同关系，但整体表现出比较显著的发展潜力。

7.5.2 攀西民族地区乡村振兴与特色康养小镇耦合协同存在的问题分析

7.5.2.1 地方政府重视程度还有待提高

不少地方政府以及领导干部缺乏科学认知，并未真正理解乡村振兴、特色康养小镇的耦合逻辑关系，以及二者的协同发展关系，从而导致将二者的发展对立起来。具体来看，发展特色康养小镇表现出显著的民生特征，这一工作的开展旨在提高农村居民生活质量，为其创造更好的生存与发展环境。但是在具体工作中，一些地方政府对特色康养小镇的发展目标缺乏科学理解，仅仅将"新建住房"这个建设工作作为特色康养小镇的工作任务，因此出现了"粉饰外观"等表面问题，过度关注基础设施建设工作，缺乏对农村产业、乡土文化的充分重视与挖掘，导致优秀攀西民族文化得不到科学的开发利用。而乡村振兴侧重于特色的农业产业，兼顾产业、生态、乡风、治理等要素的协调发展，确保农村经济社会、农业产业的科学发展与协同发展。不少地方政府也未真正理解特色康养小镇的目标和意义，片面开展城镇基础设施建设工作，错误地将硬件建设等同于特色康养小镇建设目标，导致特色康养小镇建设存在片面、孤立的问题，使得相关工作的整体发展水平较低，预期效果难以实现。

7.5.2.2 缺乏科学统一规划，发展模式同质化问题突出

攀西民族地区在自身发展过程中形成了各自不同的民族历史文化与资源特征，但是在资源禀赋方面也表现出一定的共性特征。在缺乏统一规划的情况下，其发展战略无法体现出地区差异性与资源差异性，无法实现因地制宜的科学效果，从而导致相关发展规划不科学、不合理，出现了落实难、同质化等问题。在制定具体发展规划环节，一些地方政府也未能区分特色康养小镇和乡村振兴的具体差别，未能准确界定自身资源优势并针对性地制定个性化的康养产业项目，导致不同地区的康养产业发展项目存在不同程度的内容雷同、定位模糊、业态单一、发展孤立等问题，难以实现良好的协同发展效果；既导致了优势自然资源、生态资源以及人文资源的巨大浪费，也使特色康养小镇建设失去了目标，影响产业项目科学发展的同时，也不利于各项工作的顺利开展。

7.5.2.3 过度依赖政府，市场优势难以发挥

无论是乡村振兴战略还是特色康养小镇战略都属于中长期发展规划，

是攀西民族地区当前乃至今后较长一段时间农村经济社会创新发展的重要举措，因此表现出影响范围大、持续时间长、资源需求庞大等特征，对地方财政的投入和支持力度表现出显著依赖，并且难以获得社会力量的认可和参与，导致社会参与积极性不足、资金短缺等，并且存在比较严重的"重建设轻管理"问题。乡村基层组织无力开展各项工作，对地方政府财政过度依赖，难以发挥市场机制的积极作用而获得所需资金，从而导致康养产业发展落后、组织管理水平落后、产业带动作用薄弱等后果。由于缺乏科学战略与长远规划，不同职能部门之间存在职能重合、模糊不清等问题，这不仅容易导致建设风险，而且严重影响了各项工作的顺利开展，难以实现良好的建设效果与工作成效。

7.6 攀西民族地区乡村振兴与特色康养小镇耦合协同发展方向

基于"新农村"建设发展经验的攀西民族地区特色康养小镇是对乡村振兴发展模式的创新与发展，因此，特色康养小镇的建设发展应当以"小城镇"为前提条件。随着攀西民族地区乡村振兴战略的深入实施，发展特色康养小镇将成为巩固脱贫攻坚成果、实现攀西民族地区农业农村现代化的重要举措，是攀西民族地区就地城镇化的科学发展模式。基于二者之间显著的耦合关系，特色康养小镇与乡村振兴将彼此影响且相互关联，其协同发展水平也将直接影响攀西民族地区经济社会的整体发展水平。

7.6.1 强化政策供给

政府支持是特色康养小镇健康发展的重要条件，政府政策供给为特色康养小镇提供外部支持，为发展特色康养小镇提供动力：一是加大财政支持力度。攀西民族地区各级政府应设立特色康养小镇建设发展专项基金，用以支持各地特色康养小镇建设；对特色康养小镇规划、小镇公共服务设施的建设，以及生态环境保护等，给予财政资金支持。二是保障小镇建设合理用地。特色康养小镇建设需要一定的建设用地，而土地资源又是稀缺的，因此，攀西民族地区各级政府需要合理规划用地空间，积极盘活存量土地，新增建设用地。三是创新融资平台。积极引导银行、非银行金融机构给予特色康养小镇以及产业项目给予信贷支持，对特色康养小镇项目、产业链等融资予以信贷支持。设立特色康养产业基金，为康养产业提供多元化融资。四是改革管理机制。按照"放管服"原则，改革原有管理方式，推行一站式、一条龙服务，提高服务效率。五是强化人才支撑。人才是第一资源，发展特色康养小镇，实施乡村振兴战略，都需要人来实现。为此，攀西民族地区应加大人才培养、引进力度，对于产业领军人才、科技人员、创业者、大学生、返乡创业人员等给予政策倾斜，让人才进得来、留得住。

7.6.2　坚持协同推进，共同推动城乡融合发展

无论是乡村振兴还是发展特色康养小镇，都是攀西民族地区各级政府对当前以及今后农业农村科学发展的重要部署，特色康养小镇建设发展水平将直接影响攀西民族地区农业农村现代化发展水平，也将直接影响农业农村资源的开发和利用水平。因此，攀西民族地区各级政府应充分协同好乡村振兴与特色康养小镇之间关系，共同推动城乡一体化发展，实现城乡现代化和共同富裕发展目标。

7.6.3　制定好特色康养小镇发展规划，改善农村人居环境

制定攀西民族地区特色康养小镇发展规划，应充分综合考虑区位特点、资源禀赋、承载能力以及发展潜力等问题。攀西民族地区各级政府需要对自身区位特征、产业结构、资源特征等问题进行全面系统的调研分析，因地制宜开展具体建设工作，以实现良好的实施成效。在具体实施过程中，地方政府不仅需要充分保证自然资源的科学开发利用水平，同时也需要兼顾历史文化资源价值潜力的合理挖掘，实现资源开发利用与保护的有机均衡与科学协调，在确保农业农村可持续发展的前提下开展各项建设工作，以此实现最佳建设效果，确保乡村社会经济的多元化发展与协调发展，构建起攀西民族地区独特的品牌影响力和发展模式。

特色康养小镇建设为改善农村人居环境奠定了基础，良好的人居环境不仅是农村创新发展的重要任务之一，同时，也是村容村貌的直接展示。无论是乡村振兴还是特色小镇，改善农民生活环境都将是基本内容之一。特色小镇的建设发展不仅需要关注居住质量与环境质量，同时也需要科学规划基础设施建设工作，发挥PPP模式的优势作用，提升基础设施建设发展

水平，逐步构建起高效、可靠的市场化运营管理模式，进而打造出良好的生存环境。具体需要发挥特色小镇的优势作用，兼顾垃圾分类、废弃物循环利用等策略的优势作用，在降低环境污染风险的同时提升相关资源的综合利用水平，方可打造舒适的农村生活环境，满足农村居民对高品质生活的需求。

7.6.4　发挥特色康养小镇聚集带动作用

按照增长极理论相关内容，"以点带面"将带动整个区域经济发展。对于攀西民族地区县域经济而言，特色康养小镇将成为县域经济社会创新发展的重要突破点，并在发挥其带动作用的基础上全面提升县域经济发展水平，实现县域资源的有效整合与高效利用，构建起以特色康养小镇为支点、以周边配套为纽带的发展格局，真正发挥特色康养小镇的产业集聚效应以及扩散效应，带动周边区域的协同发展。在发展特色康养小镇的过程中应以乡村实际情况为发展基础，以乡村产业科学发展、乡村经济创新发展为根本目标，构建起城乡之间的协同发展关系，实现生产要素在城市、乡村之间的合理流动，真正提升特色康养小镇的竞争优势，奠定其在乡村振兴战略中的重要地位。与此同时，需要做好科学统筹工作，确保特色康养小镇与关联领域的协调发展，打造各环节高度关联、各要素高效流动的发展格局，真正实现特色康养小镇的"以点带面"作用，对城乡空间结构实现科学的优化和调整。

7.6.5　特色康养小镇应是三次产业融合发展的平台

乡村振兴战略目标的实现不能片面依赖农业产业的转型升级，其还需要加强产业融合，实现产业的多元化发展进而实现更高的综合效益。三次产业融合也因此成为乡村振兴战略的核心内容之一。三次产业融合目标的实现，核心在于主体培育，关键在于融合平台，实现资源的合理配置与利用，从而构建起全社会广泛参与的发展格局。攀西民族地区康养产业作为特色康养小镇的核心要素，其发展水平取决于乡村资源的开发利用水平以及关联产业、配套设施的建设发展水平，并对三次产业融合表现出显著的推动作用和带动作用，在实现特色产业创新发展的基础上构建起更加成熟、完善的产业链与价值链，进一步推动三次产业融合发展，全面提升攀西民族地区经济社会整体发展水平，充分发挥特色产业竞争优势，加快产业创新发展速度以及三次产业融合发展速度，为攀西民族地区乡村振兴创造更好的平台。

7.6.6 特色康养小镇应彰显民族文化品位

经过数千年的传承发展，攀西民族地区沉淀积累了丰富的民族文明底蕴，形成了庞大的历史文化资源。地区特色的历史文化要素是乡村振兴的重要基础，特色小镇发展水平直接影响地区文明及历史文化的传承与发展。在城市化高速发展过程中，传统历史文化受到了巨大冲击，导致乡土文化的传承根基发生动摇。虽然攀西民族地区保留了丰富的传统文化风貌，但由于缺乏科学规划，从而导致不少农村地区存在不同程度的"脏乱差"问题，在严重影响村容村貌的同时也会导致乡村的吸引力下降，甚至使得乡村成为落后、愚昧的象征。为此，发展特色康养小镇将成为一个有效保护和传承民族文化的重要方法，立足于自身特色产业实现农村面貌的转变，让特色康养小镇成为传统历史文化资源的传承与发展载体，为优秀传统文化创造提供更加直观的展示平台。作为优秀传统文化的集中体现，特色康养小镇所表现出的文化品位也将直接促进传统乡土文化的传承。因此在充分保证攀西民族文化要素开发利用水平的基础上，这不仅能够丰富特色康养小镇的文化内涵，同时也能实现特色产业与特色文化的有机融合与协调发展，充分体现传统文化的价值内涵，实现文化与经济均衡发展，在提升乡村经济发展水平的同时也实现良好的文化保护效果。

8 攀西民族地区乡村振兴与特色康养小镇耦合协同推进机制的思考

8.1 加强宏观层面的政府制度供给

特色康养小镇具有地域特色，是"小镇+新经济"的一种新组织模式。在建设和发展攀西民族地区特色康养小镇的过程中，攀西民族地区地方政府作为特色康养小镇最积极的参与者，其行为将影响甚至决定特色康养小镇演变发展的方向、路径和实施过程，而攀西民族地区大多数特色康养小镇处于初始或成长阶段，需要政府营造良好的发展环境，促进发展主体之间的合作开发环境。因此，攀西民族地区地方政府可以通过自身的战略规划和政策实施来规范特色康养小镇的发展，让特色康养小镇走上健康发展轨道，朝着旅居康养方向创新发展。

8.1.1 提供特色康养小镇建设的公共政策

自组织与他组织表现为既对立又统一的关系。所有复杂的系统都可以看作是自组织与他组织之间的某种统一。"他组织是以承认自组织为前提而存在的，有自组织存在的地方就一定会有他组织的存在"①。他组织是由外部力量驱动而形成的组织过程或结果，是直接从外部环境注入相关信息，参与系统模式构建过程的过程。他组织过程和结果对应于系统已有模

---

① 侯光明，等. 组织系统科学概论［M］. 北京：科学出版社，2006.

式数量的增加，而自组织过程和结果对应于系统新模式质量的变化。因此，"他组织可以被看作自组织的放大与扩张，或者是为实现量的扩张所必须具备的环节"[①]。

特色小镇是一个复杂的系统，其本质属性是自组织，但也离不开他组织的积极推动。基于创新产业理论的特色小镇的发展演变过程是自组织与他组织的共同作用。因此，在特色小镇的发展和演变过程中，自组织起主要作用，他组织起辅助作用。特色康养小镇的他组织在遵循自组织规律的基础上，通过系统内部的自组织活动，影响整个系统的发展。特色康养小镇从形成到成长再到成熟的发展过程，是特色康养小镇提升自身发展质量、促进区域经济可持续发展的过程。积极培育特色康养小镇与社会环境的和谐共生关系，对攀西民族地区经济发展和现代经济体系建设具有重要意义。特色康养小镇是攀西民族地区发展的一个子系统。基于创新产业系统理论的特色康养小镇的最终目标是"内生可持续发展"的创新产业系统，构建内生、可持续发展的特色康养小镇，创新产业系统需要自身的共同推动——自组织和他组织，即特色康养小镇和政府需要合作。政府作为他组织动力作用体现在支持和监督特色康养小镇发展的宏观政策，创新产业系统的软环境，为特色康养小镇建设发展提供政策支撑。政府宏观政策的制定需要遵循特色康养小镇的自组织发展规律，在特色康养小镇的不同发展阶段寻找平衡点。政府对特色康养小镇其他组织的政策导向主要是引导、调整和利用，而不是人为地创造或束缚。

8.1.1.1 强化政策规划先导作用

特色康养小镇是推进农业农村发展的一种崭新事物，其发展是一种系统性工程，涵盖了产业、空间、文化、生态等多个领域。特色康养小镇的这一复杂性要求建设主体在全局上要有正确的把握，这就要求各级政府要坚持政策规划先行，建立多元化、智慧化规划小组，从而为特色康养小镇的可持续发展提供保障。针对攀西民族地区特色康养小镇发展"目前处于成长阶段"这一结论，各级政府在实施特色康养小镇政策时，要十分注意因人才需求、产业升级改造、旅游发展、文化保护与传承等引发的要求，将政策规划与特色康养小镇可持续发展及小镇治理相结合；同时，在构建特色康养小镇创新生态系统的过程中，要科学预测不同时期的发展情况，

---

① 邬焜. 信息科学纲领与自组织演化的复杂性 [J]. 中国人民大学学报, 2004 (5): 10-16.

提前研判并主动储备相关政策，以备不时之需。

政府要引导营造小镇异质化发展的环境和氛围，积极将其精神理念和实践行为融入所在特色康养小镇。政府要在镇内核心企业中营造宽松的竞争氛围：一是特色康养小镇管理部门要确保公平自由的市场竞争秩序，确保起点公平，充分营造适宜的市场竞争氛围。要防止特色康养小镇核心企业联合起来形成具有强大垄断力量的组织，干预市场价格的形成。二是引导特色康养小镇企业建立稳定的合作关系。特色康养小镇管理部门要引导企业家认识到合作是互利共赢的有效途径，鼓励企业在知识和技术方面开展深度合作。三是要关注特色康养小镇核心企业的地位。核心企业是特色康养小镇子系统的重要组成部分，具有不可替代性。特色康养小镇管理部门要引导核心企业从政策角度发挥超越理性的力量，设定自主发展目标。在发展的过程中，在政策引导下，企业能够勇敢地面对发展中的错误和失败。此外，政府的政策规划要避免主观心理、情感或其他社会障碍，促进特色康养小镇发展主体之间的信任，建立一套社会规范，鼓励内部主体相互交流。乡镇之间、乡镇内部之间要团结起来，追求互惠互利。四是鼓励特色康养小镇核心企业积极适应消费需求的多元化、精细化、个性化，倡导其与客户建立稳定的供需关系，在特色小镇体系内形成竞争与合作关系。如果特色康养小镇中的各个要素不合作、只竞争，每个要素都是单独行动的个体，那么就不利于小镇企业整体效率的提升。特色康养小镇企业之间、企业与消费者之间的竞争合作关系是特色康养小镇发展的动力源泉。政府要积极发挥组织作用，为特色康养小镇内外竞争与合作营造适宜环境。

8.1.1.2 要突出政策的重点

在坚持特色康养小镇发展统一规划政策的基础上，突出政策发力点。从特色康养小镇创新点形成阶段或成长阶段向成熟阶段迈进的角度看，特色康养小镇要重视创新和资源优化组合，加强产业支撑，形成特色康养小镇独特的竞争优势。一是政府在政策上要分清重点和次要问题，先聚焦重点问题，再解决次要问题。在引导的同时，要选择重点关注对象，包括重点企业和重点特色产业。对于特色康养小镇的创新生态系统建设，政府需要在一定程度上予以重视。特别是对属于特色康养小镇特色产业载体的企业、相关服务企业和政府单位要加以引导，为特色康养小镇发展营造良好环境，服务特色康养小镇建设和健康成长。二是政府要对特色康养小镇的运行状况进行管控。对于经济欠发达的攀西民族地区来说，特色康养小镇发展的外部经济基础并不十分优越，外部环境的快速变化意味着小镇发展也不一定能够完全使用。因此，当能够对特色康养小镇产生强烈影响的外部环境突然发生变化时，政府应制定政策，帮助小镇主要成员做好防范和应对措施，让特色康养小镇克服外部环境的变化，力争稳步发展。三是政府要将发展较好的特色康养小镇树立为榜样，对这些特色康养小镇给予表彰和鼓励，鼓励更多的特色康养小镇主体参与到小镇的创新生态系统的建设中来，以促进经济发展，为小镇的创新发展做出更大贡献。如凉山州政府正式将螺髻山镇和安宁小镇申报为省级特色小镇，政府鼓励其他小镇效仿，积极迈向成熟阶段。

8.1.1.3 稳步提升政府政策执行能力

政府政策执行能力的提升，有利于促进特色康养小镇健康发展，有利于推动特色康养小镇发展走向成熟阶段，加快实现特色康养小镇的创新系统形成。对此，一是政府首先应加强对特色康养小镇的政策扶持，以弥补当前攀西民族地区市场发展不完善造成的自我调控的不足和短板，从而提升特色康养小镇的绩效。二是进一步完善现有特色康养小镇核心企业相关政策和法律法规。产业组织之间因争夺市场、技术和资源而形成的恶性竞争，会破坏政策的平衡。为维护公平、公正的竞争环境，政府需要制定相关的法律法规和政策来抑制特色康养小镇企业之间的恶性竞争。政府应通过一系列严格的政策调控来约束企业的不当市场行为，确保特色康养小镇企业的健康运行；同时，要建立清晰的社会契约，让特色康养小镇的发展主体更加自觉、理性地做出行为选择。三是特色康养小镇承担着生产、生活、生态等功能。

因此，政府要修改与完善现行的政策，严厉打击欺骗消费者、不正当竞争等违法行为；依法办事，高度重视；根据特色康养小镇的发展趋势，针对特色康养小镇在不同发展阶段面临的新问题，适时制定新的政策法规，做到随时随地有依可循。构建特色康养小镇的创新系统，政府需要严格实行环保法规和文物保护法规（小镇是文化的载体，特色康养小镇的建设也关系到文化的生存和发展），文物保护是重中之重。特色康养小镇的投资比较大，政府经常采取与民间资本合作的方式，要保证资产的安全和保值。因此，政府要严格遵守建设工程法律法规（主要是施工合同方面）、固定资产投资政策法规、知识产权法律法规。在执法方面，政府要加大执法力度，严厉打击违法投机、扰乱社会秩序、破坏特色康养小镇发展的投机行为。

8.1.2 建立健全特色制度供给

当特色康养小镇处于奠基期或成长期时，周边地区与城市发展主体的合作程度处于较低水平，而这种合作程度的提升需要制度的有效供给，以促进两者之间的联系，使小镇走向成熟的创新系统阶段。一是要明确政府管理的边界，充分发挥政府搭建平台、提供服务的作用。深化体制机制改革，为建设特色康养小镇提供制度保障。二是突出市场主体，提高经营效率。传统的"政府投资、招商引资"存在弊端，特色康养小镇发展应摒弃这种做法。应统一由专业招投标公司承担特色康养小镇的招商引资、开发建设、对外合作和管理服务工作（范远航，2017）。政府的作用应该是积极发布相关政策，并宣传和实施政策——能够促进特色康养小镇可持续发展的政策。充分发挥特色康养小镇龙头企业的作用，尤其是在特色康养小镇，龙头企业的作用更为明显。在特色康养小镇的建设发展过程中，政府应积极引进或培育具有较强市场力量和资金实力的龙头企业，以促进产业全过程的可持续发展。整体实力较弱的企业，要加强与金融机构的合作，力争得到金融机构的资金支持，借助资金做大做强。三是强调制度创新。特色康养小镇建设涉及社会的方方面面，需要建立专门的机构，协调各方利益冲突，为特色康养小镇建设推进扫清障碍。特色康养小镇的建设和初步发展需要大量资金。可以说，资本是早期制约特色康养小镇发展的重要因素之一。政府应多渠道筹集特色康养小镇建设资金，改革现有投融资体制的短板，鼓励其他社会资金灵活参与特色康养小镇建设，克服资金匮乏的障碍，消除特色康养小镇建设发展短板。四是尊重经济发展规律，顺应新常态下经济社会发展趋势，发扬"敢为天下先"的创新精神。在创新驱动发展过程中，攀西民族地区特色康养小镇要努力实现制度创新、理念创新、机制创新的良性互动和统一。在理念创新方面，特色康养小镇的发展要超越"存量经济"的传统发展理念，树立"流动经济"的新发展理念。

8.1.3 强化新型城镇化与特色小镇的互动

目前，我国新型城镇化建设处于缓慢提升期，新型城镇化增速缓慢，这也意味着城镇化建设空间有限，而发展特色小镇可以解决这个问题。另外，对于成长中的特色小镇来说，每个小镇都有自己的个性特点，其发展和发展的模式会与其他城市的模式大相径庭。在发展过程中，特色小镇要融合新型城镇化，结合自身特点，与城镇化建设形成相辅相成的关系。一方面，新型城镇化的发展可以促进特色城市的发展，可以鼓励农民向特色小镇转移，特色小镇的文化和生活方式会通过城镇化的发展向农村传播，从而增强特色小镇的集聚力，带动周边农村，以区域经济为核心。另一方面，发展特色小镇是建设新型城镇化的重要途径。最具特色的小镇大多位于远离主要城市的山区，这些地区的特色小镇与美丽乡村元素的互动与碰撞，可以加速城乡融合进程。科技创新、特色城市打造、生态环境保护等先进发展经验和理念，为新型城镇化发展提供了正确思路。

8.1.4 优化特色小镇空间组织

在形成阶段或迅速发展中的特色康养小镇，必须持续改进质量，要对空间组织加以优化。特色康养小镇空间结构优化可以分为"点"——核心区域、"线"——城镇轴线、"面"——生态廊道三个方面。特色康养小镇发展历程，将经历小镇先行先试，吸引要素进入聚集，产生聚集效应，小镇发展壮大后，再通过产业转移的方式，通过要素扩散和其他方式呈现扩散效应，拉动周边腹地发展。对于特色康养小镇而言，其可以采取"点—线—面"相结合的空间布局模式。就特色康养小镇实质而言，其始终有着小空间、大发展的特点。因此，政府要发展特色康养小镇，一是应优先在有条件需求的原小镇的基础上，大力发展特色小镇，结合小镇自身有利条件及市场需求，选择适宜的特色产业，改善城镇间道路状况，并提供水、气和其他所需基础设施，立足现有产业，发展基础设施，通过增加产业项目、产业分工协作等方式优化小镇内部空间组织，促进空间组合高效进行。另外，政府还可以考虑将小镇内部进行适当地改造升级以提高居民生活品质和生活水平，同时，还要加强对文化活动的宣传力度以及培育旅游消费群体。二是特色康养小镇空间应着力向知识空间、众创空间、网络空间等新型空间发展。三是以人为中心进行小镇空间体系规划。在以往传统工业化时代，区域发展空间更多体现在物质空间，当下，社会经济发展进入知识经济、创新经济的新时期。这一时期强调创新要素集聚性。在此背景下，特色康养小镇需要更加重视自身创新能力的培育和提高，尤其应该强调特色小镇中的"知识空间""网络空间""众创空间"等新型空间特征，而特色康养小镇中各发展主体间的互动性正是这些新型空间的最大特征。从这个意义上讲，特色康养小镇可以被看作一个由不同类型的组织机构共同构成的网络型系统。各发展主体相互作用，推动着新知识和新理念的出现，更是打造特色康养小镇创新生态系统所必需。

8.1.5 建立特色小镇发展的软环境

特色康养小镇的创新系统建设需要优化土地、人才、资金、交通网络、基础设施等支撑要素，但也要充分发挥市场机制的主导作用，重视对社交网络、知识学习、经验积累和市场结构的探索和改进。强化专业分工、历史文化、无形资源等软元素支撑。特色康养小镇发展软环境建设需要：一是注重社会互动作用。黄胜利（2015）认为，组织与组织之间偶尔的交流可能创造预想不到的环境，人们聚在一起具有很高的价值。社交互动的出现，增加了特色康养小镇发展主体之间的学习机会。二是加强多元化合作。加强孤立、同质化、非一体化的特色康养小镇开发主体之间，或特色小镇核心企业与其他特色康养小镇核心企业之间的多元化联系，使其在发展和进化积累中获得知识沉淀。三是创建一个社交反馈循环。特色康养小镇的发展通过社会反馈不断提升和重新定位。社会反馈系统增强了诚信、服务、及时、公平、信任等积极行为，可以降低社会壁垒，提高透明度，促进特色康养小镇发展主体之间的交流；形成特色康养小镇的无形资源，让小镇在不断的反馈中螺旋提升自身水平，向新的创新系统模式进化。

8.2　特色康养小镇产业的网络化复合发展

特色康养小镇建设源于攀西民族地区经济和产业结构升级的转型期，不仅为缓解攀西民族地区区域发展不平衡问题、为提高攀西民族地区居民生活质量提供了新条件和新发展方向，也为一些初创企业的创新创业创造了条件，为推动攀西民族地区新型城镇化发展和产城融合提供了新的解决方案。但就攀西民族地区而言，特色康养小镇大多处于成长阶段，也有一些处于形成阶段。产业只是横向或纵向的集聚，尚未形成横向与纵向相结合的一体化网络结构。因此，要推动特色康养小镇发展到成熟阶段，就需要突破垂直集聚的特色产业结构,构建产业创新系统,以特色产业的发展推动攀西民族地区特色康养小镇的发展,最终形成特色康养小镇的创新系统。

8.2.1 注重产业结构的调整

在成长阶段,特色康养小镇,从地理空间上看,正逐渐从单一产业集聚区的限制中蜕变出来。特色康养小镇空间结构优化可以分为"点"——核心区域、"线"——城镇轴线、"面"——生态廊道三个方面。特色康养小镇向成熟阶段创新系统模式发展,必须全力发展特色产业,重视业态创新,推动产业转型升级,以产业升级带动社区功能的提升。课题组提出了"生态+"理念下特色康养小镇的概念,即把传统工业企业与现代服务业融合起来,并以此作为其主导产业。特色康养小镇成长所面对的大环境,是社会正处在后工业时代、创新经济新阶段。在这一背景下,传统的产业组织形态已经不能满足市场需求。产业发展已经不是大众化、标准化、同质化的问题,而应转变为小众化、个性化、差异化、多元化发展模式(段锦军,2015)。传统的农业经济已经不能满足人们日益增长的物质文化需求,而以服务业为主的第三产业正在成为国民经济增长的新动力。在后工业社会时代,是消费主义占统治地位的年代。市场需求呈多元化、个性化的发展趋势,将由工业时代"正态分布"向"长尾分布"差异化模式过渡。同时,随着工业化进程的不断深化,传统制造业逐步向服务业过渡。这一改变会迫使特色康养小镇刚性产业结构发生改变,促进特色康养小镇产业结构弹性化发展,同时也对特色康养小镇产业规划与布局提出了新要求。对此,政府一是必须加快产业转型升级的步伐,健全产业淘汰机制,重视产业规模经济,着力提升产品与服务附加值。二是加强产业支撑作用,走出一条小众化、多元化和差异化的路子,发挥特色康养小镇产业集聚优势、资源优势与竞争优势,推动工业企业集群的发展。三要注重产业与当地独特地域文化的结合,打造与特色文化相关的产业。发展文化产业,既能促进特色文化的可持续传承与发扬,又能实现"特色文化与时代特色相结合的生产"。四要做好相关产业政策服务工作,树立现代高效的服务理念。政府和特色康养小镇管理部门要主动帮助企业解决政策问题,化解各种矛盾,努力为特色康养小镇营造优良的投资环境。

8.2.2 强化科技与文化对特色产业的支撑

特色小镇向成熟阶段发展应立足于小镇的高端产业,占据产业链高端环节，围绕创新生态发展特色产业，统筹医疗、教育、就业、养老、社会保障、住房等配套设施，形成创新系统。因此，政府要加强对特色产业的科技文化支撑。

现代科技手段和信息技术在特色小镇的产业形态中得到广泛应用，提高了应用效率。尽管小镇可能仍然存在人才匮乏、要素市场落后等不利因素，但特色小镇在现代科技建设方面取得了长足的进步，保持了较强的竞争力。不同特色小镇面临不同的问题，各特色小镇应根据自身类型采取适当的差异化策略，解决各自的实际问题。例如，民族服饰加工特色小镇要时刻关注市场需求的动态变化，对需求变化采取跟进策略，升级或改变产品和服务，以适应不同时期市场需求的新变化。以特色农业为主的特色小镇，应加强与涉农科研部门的合作，在农业经营过程中引进先进技术，通过培育新型农业产业，发展创意农业、智慧农业、高科技农业，加强对智慧化农业机械的普及。以商贸为主的特色小镇要借助互联网开展 B2C、C2C、B2B 电子商务交易，做大做强电子商务，提升特色小镇相关产业。以旅居康养为导向的特色小镇要积极利用移动互联网的便捷优势，一方面在互联网上推广和营销地方旅居康养资源，积极开发和使用地方旅居康养相关应用软件，竭力方便到访旅居康养者，为旅居康养者提供必需生活用品；另一方面凸显特色小镇文化特色，把文化魅力融入小镇产品及服务，在文化产品与服务方面做足文章。

随着区域产业结构调整以及特色小镇建设进程加快，特色小镇将进入快速成长期。相对于其他区域，攀西民族地区有着丰富的旅游资源，且民族文化资源丰富多样，特别是留存下来的古建筑数量较多，民俗风情丰富。这些都为当地特色产业发展提供了良好机遇。攀西民族地区工业要与攀西物质文化的丰富性相结合；同时，还要注重发挥政府对地方文化发展的引导作用，使其为小镇经济建设提供动力支撑。要实现这一目标，政府首先要保护好外部的文化载体，包括古建筑、古村镇、文物、民俗风情等，对文化资源进行挖掘，并进行有效地保护；其次，应注重对古镇内部的挖掘和利用，将其转变为新的经济增长点，使之更好地为地方经济社会发展服务；最后，注重提升攀西特色小镇区域居民文化素养，提升特色小镇住户个人文化素质，使小镇居民全面了解地方传统文化的内涵与价值，积极投身特色小镇文化的展示与传承中。

8.2.3 构筑网络型的新兴产业组织形式

总体而言，特色小镇可分为制造业特色小镇和服务产业特色小镇两类。许多现有的工业小镇都是典型的外向导向型经济体，并未从根本上摆脱"产业链"的陷阱。美国硅谷小镇之所以发展得如此成功，是因为硅谷小镇的企业之间已经形成了有序的网络化分工与合作，而制造业特色小镇仍有规模化成长的阶段，组织之间的分工合作关系密切，公司治理模式完全摆脱了官僚管理。因此，特色小镇的创新系统的建设必须超越外向型经济的产业链发展模式，构建网络化的新兴产业组织形态；超越单纯的产业链垂直扩张模式，构建基于网络的新兴产业组织模式，实现从低端制造连接向中高端连接的跨越。制造业不应单纯作为产品制造流水线，但可通过降低交易和创新成本，增强竞争力。特色小镇应注重打造具有地域特点的特色产业集群，使之形成区域竞争优势；同时加快推进"互联网+""+互联网"，发展云计算、大数据和其他行业，重视数字经济的发展，提倡相互融合。这就要求我们必须把制造业放在整个经济的核心地位，从全局高度把握工业化进程的方向，使之成为推动经济社会可持续发展的动力源泉。大数据、云计算等新兴产业和制造业的有机融合，"互联网+"战略的提出，同样是改革的过程，因此在"互联网+"的同时，也要"改革+"。目前，攀西民族地区许多地方都已经提出了建设特色小镇的构想，但很多都停留在口号上，没有具体实践措施。所以在特色小镇发展过程中，我们必须突出"互联网+""改革+"和"众创+"的重要性，把握工业4.0这一历史性机遇，使现实世界和虚拟网络融为一体；注重产品整个生命周期，提升产品制造过程数字化水平，形成产品与服务个性化，形成数字化产业发展新格局。今后攀西民族地区特色小镇开发，还会转变垂直产业链模式，向网络化发展的新型模式转变，使得它在特色小镇创新系统、创新社区中处于主体机构地位。

8.2.4 构建以生态平衡为主导的产业结构体系

我们在任何时候都应将生态可持续发展理念贯彻到特色小镇产业结构的优化中，打造环境友好的特色小镇生活体系，进而走向成熟阶段的创新生态系统建设。尤其是那些服务业占比较大的特色小镇，如旅居康养型特色小镇、文化型特色小镇、科技型特色小镇等，更需要推动旅游、文化、科技等产业的发展。我们要大力提升旅居康养产业的规模化和标准化进程,通过提供旅居康养产业的技术支持和市场渠道的建设,最终实现第一产业、第二产业和第三产业协调发展的产业互动新模式。产业可持续发展才能构建以生态平衡为主的特色小镇产业结构体系。首先,我们必须记住习近平总书记关于"绿水青山就是金山银山"的发展思想,提高特色小镇的生态环境质量,强化特色小镇生态建设;要继续深化供给侧结构性改革,推进制造业高质量发展;注重对特色景观资源的保护,搞好小镇环境治理,完善特色小镇生态环境;坚持走绿色低碳道路,提高特色小镇能源利用效率,推进绿色生产和生活方式,打造绿色生态产业体系。其次,打造与3A级景区相近或者更高标准的特色小镇和宜居宜商特色小镇、宜游之美镇,实现生态资源向"美丽经济"转变。积极推动乡村振兴战略,促进农民增收致富。加强对历史文化资源的保护,用先进保护理念对特色文化进行保护,建设历史、文化、民俗浓郁的特色小镇。

8.3 强化微观内部动力的形成

初创期特色小镇由政府驱动,成长期特色小镇由政府和市场驱动。可见,要推动特色小镇发展成为成熟的创新系统,市场力量必须成为发展模式的主导驱动力,这种理论产生的基础是特色小镇的内在组织力,即特色小镇发展的内在动力。这种内在动力主要来自于发展主体之间的合作与竞争,以及内生因素的推动等。因此,我们要加强特色小镇内各主体之间的交流与交往,培育人才、吸纳资本等,不断为特色小镇的成长提供动力;探索创新市场体系,促进特色小镇的创新系统形成。

8.3.1 增强特色小镇内部各主体间的联系

特色小镇的发展主体主要有企业、政府、小镇居民、科研机构、教育机构、金融机构和基层组织。我们要鼓励和引导特色小镇各发展主体树立开放创新理念,加强信息沟通与合作交流,通过产学研合作、产业技术创新联盟等多种形式,加强经济主体间相互联系。一方面,鼓励与特色产业相关的新创企业、研发机构、服务中介机构进驻。特色小镇企业发展要遵循政府对特色小镇发展的总体规划,灵活运用政府主导的产学研合作服务平台，以创新市场需求为导向，积极推进企业孵化器建设；另一方面，特色小镇企业要提高自主创新水平，有效利用内外部科研资源，重视研发，积极投入研发，增强研发成果转化的能力，推动特色小镇产学研深度合作，统筹发展，优化资源配置。此外，我们还应着力培育特色小镇基层组织，扩大基层组织链接的关系边界，推动特色小镇主体之间网络结构的形成。

8.3.2 注重人才的培养与利用

现阶段，困扰特色小镇发展的主要因素是缺乏先进思想、知识和技术，而"人"是先进思想、知识和技术的载体。所以，我们应积极吸引外部人才到特色小镇，同时还要对内积极培养特色小镇各主体的内在人才。推动特色小镇发展成为成熟的创新系统，我们需要全方位吸引外部人才和培养本土人才，特色小镇要充分发挥"以人为本"的核心精髓，促进人才在小镇之间与小镇内部之间的交流与合作。发展重点主体之间的人才交流与合作，以人才成长带动小镇发展，同时根据特色小镇的区域性，大力培育一批适合地方特色小镇发展的新型人才。一方面，我们要积极推进职业技术教育，特别是要加强对行业关键技术和重点领域的人才培训，只有这样才能培养有利于行业发展的抢手人才；另一方面，我们要大力推进学校和企业的联合培训和公司内部培训，企业应根据自身发展需要培养相关人才，满足自身人力资源需求，提高企业效益，促进特色小镇的发展。

8.3.3 提升特色小镇资金利用效果

目前，攀西民族地区对特色小镇的金融支持还处于较低水平，而攀西民族地区是特色小镇发展较为有利的地区，金融支持相对薄弱，小镇建设发展面临资金短缺困难，一些资源相对匮乏的地区的小镇建设更是举步维艰。为此，各级政府要合理利用有限的资金，提高资金使用效率。

特色小镇建设的资金短缺问题不仅仅是一个金融问题，而是一个系统问题。我国很多地区都加大了对特色小镇建设的投资，甚至有些地方的资金比国外一些著名的特色小镇还多，但仍然存在资金短缺问题。其最大的问题不是资本结构，而是如何在特色小镇的发展建设中设计出有效的资本运用手段。资金问题在特色小镇发展的各个阶段都非常重要，但在特色小镇发展建设周期的不同时间点，存在明显不同的风险，需要不同类型的资金投入。这对支持特色小镇建设的资金也提出了多样化的要求。第一，在一个运转良好的特色小镇中，各方利益必须相对平衡和稳定。找到这种平衡，也是特色小镇发展变化的关键。但是在一些时刻会发生两种相互竞争的利益：投资者对财务回报的渴望和企业家对充分激励的需求。这两个相互竞争的需求会不断打破来之不易的平衡。因此，我们应鼓励投资者在此时充分考虑风险投资较大的竞争行业，选择在早期投资特色小镇，以获得更大的盈利机会。第二，在特色小镇内建立信任，规范行为。当特色小镇的参与者集体表现出显著降低交易成本的行为时，这将改变整个金融回报曲线。信任和受监管的行为可以降低交易成本。投资小镇风险高的早期，应获得较高的投资收益。第三，激活补贴资金在特色小镇发展过程中的作用，由政府或企业资助的财政补贴可以为特色小镇的发展搭建起金融桥梁，使整个系统实现利润的可持续增长。但在获取补贴资金的过程中存在诸多问题，这会扭曲激励机制，使特色小镇产生依赖。因此，补贴投资需要融入特色小镇的持续投资链条，才能真正发挥其作用。当补贴对象与特色小镇发展主体对接，鼓励创业者在开发新产业、更新理念、承担新风险时，补贴资金将发挥最有效的作用。

8.3.4 探索发展新型市场体系

特色小镇建设要以市场为导向，充分发挥市场机制的作用。一方面，这是对市场规律的尊重，通过提高市场活力，降低政府直接分配资源的权力，重视市场化运作，来给予市场充分的空间，并对特色小镇建设起决定作用，提升特色小镇市场竞争力等；同时，还要强化市场的主导作用，通过培育市场主体、完善市场机制等方式来激发各类要素，特别是民间资本参与特色小镇建设的积极性，从而提高特色小镇的创新能力。另一方面，我们要把特色小镇企业作为市场化经营主体。企业是否有实力、是否有活力，是特色小镇能否成功、发展是否有高度的关键因素。市场不是万能的，但它可以成为引导企业形成竞争优势的杠杆。市场以企业为主，市场就是企业舞台。只有市场主体充满活力才能实现资源配置效率的最大化。如果市场机制不能发挥作用，那么企业不可能取得更大成功。因此，政府必须从政策层面，积极推动企业参与小镇创新活动。发挥企业的主体作用，加强市场在创新中的导向作用。首先，鼓励企业增加对科研的投入，提升企业自主创新能力。企业要提高自身的技术水平，不断开发出符合市场需求的新产品，才能获得较好的经济效益和社会效益。企业的科研机构应与高校合作创新，在大学科研能力的加持下，开发与企业现实需求相适应的产品；利用高等院校雄厚的技术资源和人才优势，为企业提供技术创新所需的先进技术。其次，建立产业投资基金，方便企业融资。政府要加强政策扶持，完善相关法律法规，营造良好的制度环境；吸引企业、金融机构、社会资金的流入，确立市场化运作模式，着力扶持特色产业发展。最后，政府加强引导与政策扶持，营造良好的创业氛围和文化氛围。不断提升小镇的创新体系，服务支撑特色小镇创新系统发展。

特色小镇的成长应放在大发展范围，而不仅限于小镇本身。特色小镇应拓展其外部网络空间，以促进小镇快速发展为成熟的创新系统。特色小镇的对外网络主要包括两个层面：一是与全国其他地区特色小镇的合作交流，如与长三角、珠三角地区特色小镇之间的合作交流；二是与国外特色小镇的合作交流，加快提高对外开放水平。一方面，长三角、珠三角经济带是中国经济发展比较好的地区，特色小镇建设相对超前，加强同它们的合作和交流，能对攀西民族地区特色小镇的发展有所帮助。因此，我们必须从政策层面上加强对特色小镇市场化运行机制的研究。根据《国务院关于进一步推进长江三角洲地区改革开放和经济社会发展的指导意见》，以长江三角洲地区经济协调发展机制为统筹，长江三角洲地区的各特色小镇之间合作与沟通频繁，且效果良好。这些特色小镇正在开发民航制造、先进重大装备、生物医药、电子信息制造、新能源汽车、海洋工程装备、新材料等，以及以软件、信息服务为核心的高新技术产业，在推进一批重大合作项目向特色小镇进军等方面收到良好效果。另一方面，攀西民族地区在打造特色小镇的进程中，政府主导推动和浙江、广东等发达地区特色小镇的沟通合作，借鉴浙江发展特色小镇的先进经验，因地制宜，指导攀西民族地区部分优秀特色小镇加强对鲁家村、余村和其他小镇经验进行学习和研究。同时，政府要加强对当地资源开发企业和农民群众进行培训指导，引导其合理利用土地。

特色小镇是适应中国并引领中国经济新常态的战略选择，是迎接产业结构转型升级、优化环境容量等所作出的适当抉择，是中国特色城乡治理体系现代化、产业转型发展的综合试验区（林玮，2017）。实施特色小镇战略，有效促进了中国经济社会的进步与发展。随着时代的发展，特色小镇在促进区域协调发展、提高居民生活质量方面发挥着越来越重要的作用。特色小镇建设是我国促进城乡一体化的重要抓手，供给侧改革、传承文化、产业结构升级是其主要载体。其将中国新型城镇化的水平与质量提升到一个更高的层次，深刻变革着中国经济社会发展格局。

总之，攀西民族地区特色小镇的开发建设是顺应并引领攀西民族地区新常态下经济发展的策略选择，要促进攀西民族地区产业结构的转型升级，并对环境容量进行了优化和适当开发。它对提升地方政府治理能力和改善民生等方面有着重大而深远的意义。从某种程度上讲，推行特色小镇发展战略，代表着以攀西民族地区乡村振兴为特征的现代城乡一体化制度的创新，大大推动了攀西民族地区经济与社会的进步与发展。特色小镇建设已取得明显成效，但还存在诸多问题与不足，需要通过加强顶层设计、健全政策体系等方式进一步完善。

8.4　攀西民族地区特色康养小镇规范发展思路

攀西民族地区特色康养小镇经过 30 多年的建设，取得了显著成效，特色康养小镇的功能和作用日益突出。在旅居康养业带动下，攀西民族地区特色康养小镇建设初具规模，发展基础和格局基本形成，得到攀西民族地区党和政府以及公众、游客和投资者的认可和支持。但不可否认的是，攀西民族地区的旅居康养产业还存在一些问题。在体验经济时代，后现代消费文化引领主要消费群体的消费倾向，攀西民族地区的旅居康养产业逐渐不能适应游客的多元化需求。

2010 年以前，攀西民族地区大部分旅居康养目的地仍采用粗放式开发方式，主要提供自然风光观赏、古镇古村游、低档民族文化表演等粗放型旅居康养产品，仍以团体游客为主要客源。面对游客不断升级的个性化旅游康养消费需求，攀西民族地区旅居康养产品的生产和供给仍存在一定的滞后，无法适应多元化、个性化旅游康养消费需求。因此，特色康养小镇需要不断创新升级旅居康养产品，延伸旅居康养产业链，拓展旅居康养边界，打造泛旅居康养产业集群，推进攀西民族地区特色康养小镇可持续发展。

8.4.1　充分利用本地资源优势，实现与大城市优势互补

攀西民族地区特色康养小镇不断发展的根本动力，是为攀西民族地区的特色康养资源与大城市优势互补。这些特色康养小镇提升生态产品、地方特色产品、休闲度假产品的生产供应能力，充分发挥有机农产品对大城市的衔接互补作用以及大城市要素和消费群体的集聚作用，促进两者通过产品和功能的互补来实现特色小镇的发展，从而实现发展的协调可持续。具体思路上，针对旅居康养者的消费需求升级趋势，以及后现代消费文化影响日益深入的市场环境，特色康养小镇立足体验攀西民族地区优质自然、人文、民族文化资源的基础上，创新发展旅居康养产品，完善提升个性化、多元化旅居康养产品的生产和供给能力，完善旅游康养品生产供应体系，为大城市旅居消费者提供急需的生态旅游康养产品、地方特色农牧产品、优质特色民族文化产品等；利用各种平台和渠道，积极实现与城市消费群体互补互通。

从业态来看，特色康养小镇以旅居康养服务业和休闲业为主，以实现旅居聚集为核心，包括"吃、住、行、游、购、娱、农"等七大旅居康养要素，完善小镇公共服务基础设施，使小镇风貌和建筑景观体现出攀西民族地区的民族特色文化主题。从前面分析可知，影响攀西民族地区特色康养小镇发展的因素有以下四个：一是旅居康养产业是攀西民族地区特色康养小镇可持续发展的根本基础；二是自然生态环境是攀西民族地区特色康养小镇可持续发展的基本保障；三是民族文化是攀西民族地区旅居康养产品供给，是特色康养小镇转型升级、可持续发展的内涵基础；四是社会治理体系和社会治理能力是攀西民族地区旅居康养产业和特色康养小镇可持续发展的可靠保障。具体如图8-1所示。

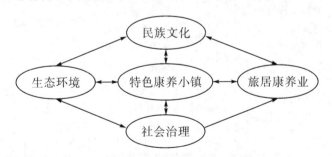

图 8-1　影响攀西民族地区特色康养小镇发展的因素

为此，攀西民族地区特色康养小镇可持续发展的基本思路是：从四个维度，运用新发展理念，创新特色康养小镇的发展路径。实施旅居康养产品供给侧结构性改革，通过攀西民族地区旅居康养产品体系创新升级，打造独特的旅居康养核心吸引力，构建旅居康养供给体系，创新突出民族地区独特文化特色的康养产品。通过提升旅居康养产品供给质量，突出民族文化特色，为攀西民族地区旅居康养产业创新发展注入源源不断的文化动力，吸引源源不断的外来游客。推出"文化+旅游康养"等旅居康养新产品，努力为休闲度假游客，为康养服务人员、常住人口等各类人员的不断聚集提供平台；推进小镇基础设施和公共服务水平提升，完善小镇主体"共建、共治、共享"的社会治理体系，提升攀西民族地区特色健康小镇的现代治理能力，充分发挥各种影响因素的综合作用，带动和引领攀西民族地区特色康养小镇的可持续发展。具体发展路径的大致思路如表 8-1 所示。

表 8-1　攀西民族地区特色康养小镇规范发展思路

要素	思路建议				
旅居康养产业	旅居康养产业供给体系创新	泛旅居康养产业链协调发展	旅居康养全产业链绿色生态	发展共享型旅居康养经济	民众、经营者、政府共享旅居康养经济发展收益
生态环境	围绕旅居康养产业的要素，激励环保型旅居康养产品供给体系创新	旅居康养产业与其他生态产业融合协调发展	全旅居康养环境生态绿色	多元共创良好生态环境	共建、共治、共享旅居康养生态环境
民族文化	发展民族文创经济、民族文化展演产业	文创产业、旅居康养演艺、展示产业相融	通过创新发展旅居康养产业，传承和保护优秀民族文化	多元文化共存共生	多元文化和谐参与旅居康养
社会治理	发展民族文创经济、民族文化展演产业	文创产业、旅居康养演艺、展示产业相融	通过创新发展旅居康养产业，传承和保护优秀民族文化	多元文化共存共生	旅居康养带来多元文化和谐共处

8.4.2 夯实特色康养小镇可持续发展的产业基础

积极推进攀西民族地区旅居康养产业供给侧结构性改革，提高攀西民族地区旅居康养产品供给体系结构和产品质量，为攀西民族地区特色康养小镇的可持续发展奠定坚实的产业基础。源源不断的游客是特色康养小镇可持续发展的根本保障，而旅居康养产品的不断创新和专业化是吸引游客源源不断涌入的关键。旅居康养产品结构升级、品质提升，是旅居康养产业结构升级的基础。由于攀西民族地区旅居康养产业的惯性，其已经无法适应多元化、个性化旅居康养时代的消费需求，产品供给体系主体的理念和供给质量长期滞后于游客消费需求变化趋势，制约了攀西民族地区旅居康养经济可持续发展。为此，我们要创新升级攀西民族地区旅居康养供给体系，进而推动攀西民族地区旅居康养产业创新升级，夯实攀西民族地区特色康养小镇产业基础。

旅居康养产品具有明显的供给和消费同时性、不可转移性的特点，致使旅居康养目的地区的区位条件和可达性，成为影响攀西民族地区旅居康养产业发展的重要因素。旅居目的地风景名胜、自然文化资源和民族文化资源对区位条件影响很大。攀西民族地区特色康养小镇应立足自身资源和功能定位，深入分析研究后现代消费文化影响下消费群体的旅居康养消费需求特征及演绎趋势。旅居与康养发展战略是围绕康养产品供给体系的区域互补和康养产品差异化供给，促进攀西民族地区各特色康养小镇之间的康养资源互补共享，实现各特色康养小镇之间协调发展，形成旅居康养的小镇社区。根据游客多元化、个性化、体验式的旅居康养消费需求，开发利用攀西民族地区独特的民族文化资源，提升民族文化旅游的个性化，把攀西民族地区目前仅可展演供游客观赏的民族文化旅居康养产品，增强其个性化和体验性，进而实现游客个性认同的心理需求，增强攀西民族地区旅居康养产品生产供应体系对游客和旅居保健企业的吸引力，促进泛康养产业集群的形成，带动攀西民族地区旅游经济发展。以个性化的民族文化体验、小团体休闲度假、小家庭旅居，培育康养新业态。以攀西民族地区个性化、差异化的民族文化旅游、居住、康养产品为小镇核心特色等，嵌入现代科技手段，打造以便捷商务会议、亲子康养、团建养老、康养接待、会展等为目的的特色康养小镇。

根据旅居康养产业的发展，攀西民族地区在原有"食、住、行、游、购、娱"传统六大旅游产业的基础上,提炼出旅居康养六大基本要素(食、住、行、游、购、娱)和六大发展要素(产业、养生、学习、文化、体育、农业),并在这十二个要素的指导下,以攀西民族地区现有的旅居康养产业为基础,结合攀西民族地区各地旅居康养资源的优势和实际情况,将高新技术和民族文化元素融入特定旅居和康养的流程中,衍生出农地旅游、科学旅游、康养旅游、运动养生旅游、暑假旅游等旅游康养新产品,为旅居康养产业增添新动能。发展了攀西民族地区旅居康养产业,催生出攀西民族地区文化创意产业、医疗健康产业、教育培训产业等新兴产业。通过多元化的产业集聚,形成多元化的产品结构,从而在特色康养小镇形成旅游康养产品的内生创新结构,进而实现三次产业深度融合联动,增强攀西民族地区特色康养小镇抗风险能力。依托当地自然文化资源得天独厚的优势,运用多种技术手段,提高攀西民族地区旅游、居住、康养产品的丰富性,提升游客个性化体验的品质感和获得感,满足游客多样化、个性化的旅居康养体验需求,培养游客忠诚度,进而吸引源源不断的游客前来体验。

攀西民族地区特色康养小镇的产品创新应围绕旅游者日益增长的休闲康养消费需求的发展和演绎趋势,立足特色康养小镇的旅游资源和民族文化实际,通过休闲康养旅游打造康养核心吸引力,打造彰显和体现攀西民族地区民族文化的体验式旅游和康养产品供给结构,进而形成主题餐饮、特色购物街、主题旅游展、温泉 SPA 等休闲产品集聚,进而形成旅居康养产业的多元化聚集,从而形成攀西民族地区旅游、休闲、康养等多种产业协调发展的格局和局面,减少单一性旅居康养产品供给的风险,吸引大量游客消费多样旅居康养产品,实现旅游消费群体的不断进入和聚集,进而稳定攀西民族地区特色康养小镇的旅居康养消费群体,推动特色康养小镇可持续发展。

攀西民族地区的党、政府、社会团体和居民应该共同努力,探索开发生态产品、民族特色文化产品、特色农产品等具有自己特色的地方特产,并充分利用文旅康养一体化发展平台,提升这些地方产品的内在价值,拓展其市场空间,降低攀西民族地区旅居康养产业单一、薄弱的风险。充分发挥各特色康养小镇所辖区域资源差异,培育自身特色细分产业,努力实现多层次、多元化的旅居康养产品,实现"一镇一特色""一镇一品牌",避免区域内同质化与替代竞争,实现差异化发展。

近些年来，攀西民族地区村寨旅居康养如火如荼地发展起来，典型如桃坪羌寨、西江苗寨、郎德苗寨等民族村寨。课题组在调研过程中发现，在攀西民族地区，一些民族村寨旅居康养与特色康养小镇形成了互相助推、协同发展、相得益彰的态势，有的游客会在民族村寨观光娱乐，在特色康养小镇食宿、娱乐。因此我们认为，政府应当积极扶持攀西民族村社旅居康养产业，让攀西民族村社旅居康养产品创新升级；同时，攀西民族地区应主动开发冬季体验类旅居康养产品项目，把攀西民族地区少数民族民俗文化融入旅居康养开发项目，增强攀西民族地区旅居康养产品的核心吸引力，吸引成渝城市群大量外地客源持续不断前来体验消费，提升他们的体验感和获得感，把旅居康养淡季做活做热，尽力降低旅居康养淡季的影响。此外，构建临时性文化与旅居康养消费空间（消费能力＋消费需求），引领驱动人、财、物、信息等元素的集聚并生产出高品质的文化与旅居康养产品来满足和填充这些文化与旅居康养消费空间，进而与特色康养小镇形成旅居康养协调发展格局。

8.4.3 保护修复优良生态环境，为旅居康养业可持续发展提供生态保障

自然生态环境，是人类社会各行业生存与发展的根本保证，旅居康养产业的情况尤其如此。随着时代的发展，特色小镇在促进区域协调发展、提高居民生活质量方面发挥着越来越大的作用。2021年11月，习近平主席同美国总统拜登举行视频会晤时强调，绿水青山就是金山银山，要像保护眼睛一样保护生态环境，像对待生命一样对待生态环境。因此，旅游业与康养产业融合发展已成为全球趋势，这对我国来说既是机遇又是挑战。很明显，良好的自然生态环境正是旅居康养业得以发展的根本。

攀西民族地区是金沙江和雅砻江的发源地，是成都平原、长江中下游地区的生态屏障，是长江中下游生产生活主要水源地，对生态环境进行保护性开发利用至关重要，这些区域的生态自然环境曾有退化恶化之势。它对提升地方政府治理能力和改善民生等方面有着重大而深远的意义。尽管攀西民族地区在过去的20年里，进行过"封山育林""退耕还林""退耕还草"等政策及其他生态保护与修复措施。但是，生态环境恶化的趋势并未从根本上得到抑制，一些地方以发展经济为由，过度开发使用资源的现象尚未完全改变。因此，各地在旅游开发过程中应该注意如何实现旅游业与

生态环境保护相协调发展的问题。课题组经过研究发现，攀西民族地区日益恶化的生态环境影响并制约着其旅居康养产业及特色康养小镇的可持续发展。

攀西民族地区当地政府要结合国家战略，将生态保护、修复与本地旅居康养产业发展规划相结合，充分利用本地特色资源，通过培育生态旅居全产业链，大量发展攀西民族地区旅居康养产业，形成泛居民康养产业向特色康养小镇集聚，吸引攀西民族地区剩余劳动力向特色康养小镇集聚，向非农产业转移，提高攀西民族地区居民的就业能力，拓宽其就业渠道。通过政府投入和社会参与，遏制攀西民族地区生态环境退化恶化的趋势，鼓励和引导当地群众积极参与攀西民族地区生态保护与修复的伟大事业。积极探索攀西民族地区生态环境保护与修复产业形成机制，通过形成生态产业，培育和保护攀西民族地区生态环境，确保人民受益于生态环境保护与修复事业的进程中。只有在过程中获得可持续效益，才能真正落实绿色发展理念，践行"绿水青山就是金山银山"的生态文明建设理念。

在攀西民族地区旅居康养产品供给侧结构性改革中，攀西民族地区在旅居康养产业结构升级过程中，注重生态旅居康养产品的开发和利用，以旅居康养产品创新开发带动旅居康养产业，产品从原材料获取到生产再到消费，实现集约化循环利用，减少对自然生态环境的破坏，确保旅游康养产品供给和生活垃圾处理进入自然生态循环系统。在攀西旅居康养产品需求侧，各地政府鼓励和倡导"负责任的旅居康养"，倡导旅居康养的伦理道德，从游客旅居康养理念的根源出发，发挥积极引领作用和组织作用，利用"网红""网咖"等自媒体终端，引导游客关注在攀西民族地区消费旅居和康养过程中如何对生态环境进行保护。

只有从供需两方面入手，减少对生态环境的破坏，以生态生活健康产品的生产和供给为重点，才能从根本上遏制攀西民族地区生态环境的退化和恶化，并为攀西民族地区的旅居康养产业奠定基础。创新发展为特色康养小镇的可持续发展提供了自然生态支撑和生态保障。

8.4.4 创建民族特色文化传承保护机制

文化与旅居康养就像诗与远方。人们的消费水平随着收入水平的提高而不断提高，旅居康养消费也是如此。进入新时代，大众观光旅游型消费转变为旅居康养型消费、文化型消费。旅居康养消费群体逐渐呈现年轻化、自主化、个性化的趋势，旅居康养的功能要素也得到了极大的拓展和完善。人们更加关注生活健康、身份、群体的个性化体验，因此，提供个性化的、体验式的旅居康养产品，不仅可以满足人们对旅居和康养的基本消费需求，还可以实现休闲娱乐的功能，同时也带动游客个性化的旅居和康养体验。同时可以实现旅游群体识别和认同的功能，最大限度地发挥旅居和康养的可扩展功能和效益。

民族文化的异质性和差异性是民族地区旅居康养业发展的核心吸引力，也是攀西民族地区旅居康养产品持续创新发展的重要保障因素之一。各民族生存环境的差异，决定了民族之间、民族内部的民族文化的多样性，人们需求的共性决定了民族文化之间交流的必然性。因此，在民族文化交流的过程中，不可避免地会出现各地区民族文化的积累和融合的趋势。加之现代场景和全球化的冲击，强势文化拥有强大的资本动能，以势不可挡的优势冲击着民族文化差异，推动民族文化日益向强势文化汇聚，民族文化差异逐渐消失。因此，在这种情况下，建立良性的民族文化传承与保护机制就显得尤为重要，这关系到民族地区旅居康养产业的可持续发展和全球文化多样性的保护。

作为全国最大的彝族聚居区和历史上农牧民族的经济文化交流区，攀西民族地区的民族分布呈现彝、藏、回、汉等多民族并存的格局。各民族在生存发展的过程中，创造了丰富多样的民族文化，具有很大的开发利用价值。攀西民族地区旅居康养产业发展了几十年，虽然取得了较好的经济效益和社会效益，但作为攀西民族地区的支柱产业，旅居康养业后续发展乏力，制约了攀西民族地区的城镇化进程和经济社会事业正常发展。

解决攀西民族地区旅居康养产业问题的根本出路是增强旅居康养的民族文化成分，增加民族文化体验和旅居康养产品供给。为此，保护和传承攀西民族地区优秀的民族文化势在必行。第一，要培育攀西民族地区文化产业，引进知名品牌文化企业，开发利用攀西民族地区优秀的民族文化资源，实现攀西民族地区民族文化资源物化成文创产品，推动地方民族文化产业化，延伸民族文化产业链，提升旅居康养的民族文化内涵，增强对旅居康养者的核心吸引力。第二，实行继承和保护分开经营的政策。民族文化保护是政府职能，政府是民族文化保护的主体，应由政府承担主体责任，安排政府财政资金落实。民族文化传承的主体是当地各族人民，特别是一些民族文化的传承人，政府应将其列为保护对象，并通过他们的传授，确保当地民族文化代代相传。第三，将攀西民族地区民族文化保护传承与正规教育相结合，扩大民族文化传承保护范围，提高保护水平。第四，将现代科技与民族文化的保护与传承相结合，通过现代科技手段加强对民族文化的保护与传承。第五，将民族文化的保护与传承和旅居康养产业的发展相结合。对适合生产保护的项目，考虑将其培育成产业，实施产业化、市场化经营；对不适合生产保护的项目，必须列入专项保护基金项目予以保护。充分挖掘攀西民族地区民族文化资源的异同，差异化打造自己独特的民族文化旅居康养产品，提升各地区特色旅居康养产品的品牌形象，规避区域之间的同质竞争；只有多种主体参与，多种政策共同实施才能真正传承和保护攀西民族地区的民族文化，为攀西民族地区旅居康养产业的发展提供持续创新，让民族文化的传承保护和旅居康养事业的发展实现双赢。此外，在规划设计攀西民族地区特色康养小镇时，当地政府应将攀西民族地区差异化的民族文化与现代建筑技术和艺术相结合，将民族文化的特殊标识融入小镇建设中，并结合地域自然环境、主题形象、民族文化特色，在城市特色文化街区、建筑风格等规划建设中，贯彻整体旅居康养理念，充分展示当地民族特色建筑、文化艺术，使民族特色建筑和小镇景观成为特色康养基本设施。

8.4.5 强化社会治理机制，为特色康养小镇发展提供安全稳定的社会环境

中华人民共和国成立以来，国家治理模式经历了三大社会治理模式升级，即从单向的"控制型行政"到有限的社会参与"社会管理"，再到多元互动的"治理有效"。随着我国主要矛盾的转化，利益相关者日益多元化和组织化。同时，随着科技的进步，互联网和自媒体的发展，多主体参与，多方互动、对话、合作的社会治理模式成为党、政府、人民、社会的治理模式。在少数民族地区，特别是在攀西民族地区，维护民族团结、社会和谐一直是攀西民族地区党和政府的主要任务之一。社会治理模式依然是"单向管理"，尚未实现社会治理模式的根本转变，不利于攀西民族地区的根本长治久安。

旅居康养行业是众所周知的薄弱高风险行业，容易受到自然灾害、安全稳定形势、突发事件等多种因素的影响。在众多影响因素中，该行业对稳定有序的社会环境的依赖尤为沉重。在全球范围内，包括我国在内的社

会环境不稳定影响地区经济社会发展的案例数不胜数。因此，稳定有序的社会环境是攀西民族地区旅居康养业可持续发展的社会保障。

由于特殊的自然地理环境、地质地貌以及民族和宗教分布的特殊性，攀西民族地区的社会治理和应急能力相对欠发达。在信息碎片化的今天，攀西民族地区区域品牌形象的建设和维护迎来了新的挑战，其对攀西民族地区的政府能力和社会治理方式和治理能力提出了更高的要求。攀西民族地区政府只有适应人民群众对社会治理能力和社会服务能力日益增长的需求，适应自媒体时代信息爆炸的宣传形势，提高自身的社会治理能力、应急能力、宣传能力，才能构建起区域内旅居康养品牌形象，让游客安心来攀西民族地区旅居康养消费，提升游客的忠诚度，进而推动攀西旅居康养产业和特色康养小镇的可持续发展。

首先，攀西民族地区各界人士要转变思想观念，改变以往单向管控的行政管理观念，树立多中心治理理念，从根本上提高攀西民族地区社会治理现代化水平，提高社会治理能力，夯实思想基础。其次，从根本上建立共建共享的社会治理机制，包括政府在内的各类社会主体（非政府组织、个人、社会组织、外来游客等）共同治理各类治理主体。相互信任、相互依赖、相互合作、资源共享，在实现群体和个人目标的基础上实现社会治理目标。在多中心治理理念的指导下，社会治理除了强调政府组织的强力控制外，更强调政府、公众、社会组织之间的沟通、对话与合作。再次，鼓励和培养当地群众积极参与社会治理的意识和能力，创新参与方式，引导群众通过社区积极参与攀西民族地区的社会治理，为群众表达创造有效的沟通渠道。再其次，外来游客涌入，形成了大规模的舆论群体。如果他们的意见不能得到重视和有效满足，势必会影响旅居康养目的地的声誉和品牌形象，因此，其必须纳入攀西民族地区社会治理主体中来。最后，建立共享的社会治理机制必须在党的领导下依法实施，确保所有社会治理主体都能共享社会治理的成果。利用现代科技提高攀西民族地区的应急响应能力，增强外来游客的安全感，打消外来游客的后顾之忧，为攀西旅居康养产业的可持续发展带来源源不断的游客，进而带动攀西民族地区特色康养小镇的可持续发展。

综上所述，攀西民族地区特色康养小镇若想要可持续发展，就应准确把握后现代消费文化下各类消费群体的消费需求变化趋势和特征，创新升级攀西民族地区的旅居康养产品；提升攀西民族地区旅居康养产品的体验和社会认同功能，着力旅居康养产品创新升级，培育和发展旅居康养新业态，引领旅居康养产业创新发展；以旅居康养产业创新发展带动特色康养小镇健康可持续发展。

文化与旅居康养的深度融合是旅居康养行业未来发展的主要趋势。攀西民族地区各民族传承下来的优秀文化资源，是攀西民族地区独有的资源，是攀西民族地区旅居康养产业创新升级的源源不断的动能和核心。因此，我们有必要加强对攀西民族地区优秀民族文化的挖掘、整理、传承和保护，促进攀西民族地区适宜的民族传统优秀文化资源的资本化利用，并融入攀西民族地区的发展规划。在旅居康养产品创新升级的过程中，要加大对攀西民族地区民族文化元素的融入，增强攀西民族地区旅居康养的文化吸引力，满足广大人民群众的多样文化需求。同时，在攀西民族地区特色康养小镇建设规划中，体现攀西民族地区民族文化的主导特色，打造民族特色旅居康养产品的文化品牌形象。

旅居康养是游客在非传统环境中的深度体验。良好的自然环境和安全健康的生活环境是基本支撑。因此，生态环境的保护和开发是前提。我们必须按照国家功能区规划进行划分，重点加强攀西民族地区生态环境保护和开发利用，为攀西民族地区旅居康养产业发展提供良好的自然生态环境，助力攀西民族地区康养产业和特色康养小镇的可持续性发展。

8.5 建立攀西民族地区乡村振兴与特色康养小镇耦合协同机制体系

推进攀西民族地区乡村振兴与特色康养小镇耦合协同发展，既是实施攀西民族地区可持续发展战略的重要内容，也是提高攀西民族地区生态环境、攀西民族地区经济增长质量的重要举措，更是建设"两型社会"的迫切需求。攀西民族地区是长江中上游最重要的水源地区，也是四川乃至全国的生态屏障。利用本地特色资源，发展建设特色康养小镇，强化攀西民族地区乡村振兴与特色康养小镇耦合协同，将特色康养小镇建设作为攀西民族地区乡村振兴的重要抓手，对攀西民族地区意义重大。随着攀西民族地区乡村振兴战略的实施，攀西民族地区经济社会呈现出良好势头，但攀西民族地区乡村振兴与特色康养小镇耦合协同发展效果普遍偏低，协同耦合效应尚未实现。主要原因可以归结为行动主体缺乏促进乡村振兴与特色康养小镇协同发展的意识，市场机制仍无法有效带动乡村振兴与特色康养小镇协调发展，以及相对落后的生产方式和现代经济手段。落后的生产方式导致攀西民族地区农村经济粗放式发展特点明显，相应的制度保障措施不够完善。

8.5.1 建立关于耦合系统协同发展的行为主体共识

乡村振兴与特色康养小镇耦合协同具有历史渊源，我国传统文化中蕴含着丰富的系统理念和协同发展理念。攀西民族地区既要把握乡村振兴与特色康养小镇耦合协同的特点和发展趋势，又要紧跟历史发展潮流和理论前沿研究，还要继承和发扬传统文化的精髓，创造更有利于人类需求的文化产品和生态环境。这一目标的实现，是基于攀西民族地区各界对乡村振兴与特色康养小镇耦合体系协调发展的共识。从主体行为分析可以看出，攀西民族地区居民的受教育水平和培训状况，以及政府对康养产业可持续发展和乡村振兴的宣传，对于促进耦合协调发展具有显著的正相关关系。结合耦合协同发展机制研究，从攀西民族地区居民行为角度出发，其可主动接受教育和现代服务技术技能培训，提高自身素质和现代服务意识。从政府行为看，其要积极创造条件支持攀西民族地区农村居民提高教育水平，并丰富培训内容，拓宽培训渠道，扩大培训受众，切实提高培训质量和效果，提升农村居民从业人员的素质和能力。此外，从政府层面，大力宣传生态环境保护和特色康养小镇可持续发展的重大意义，可以在攀西民族地区形成乡村振兴与特色康养经济耦合协同发展的共识，从而为相关政策设计提供良好建议的舆论、氛围和社会环境。

8.5.2 完善耦合协同发展的市场机制

市场行为是现代社会发展中最有效的行为方式之一。无论是国外经济发展的成功经验，还是我国改革开放以来经济建设取得的成就，都充分印证了市场机制对经济发展的重要性。尽管各地特色康养小镇建设存在较大差异，但自然生态环境具有公共产品属性，市场机制仍然是促进耦合协同发展的重要力量。但在各地实施乡村振兴战略过程中，农业产业的选择、动植物种植养殖、旅居康养产业培育、文化产品开发利用、自然资源保护与利用，似乎都是"看不见的手"在起作用。事实上，这些表面现象的背后是市场机制不完善，或者说市场越位、错位。根据前面对市场行为的理论分析，通过提高市场机制运行效率、明晰产权，可以减少资源浪费，促进耦合协同发展。党的十八大以来，我国经济体制改革进入更深层次，进一步提高了市场行为对经济发展的影响力和有效性，在经济社会发展全局中发挥着更加重要的作用。攀西民族地区是我国精准扶贫主战场，在2020年顺利完成脱贫攻坚任务后，乘势而上，面临着实现精准脱贫与乡村振兴有效衔接的艰巨任务。实施乡村振兴战略，要充分利用攀西民族地区丰富的自然资源、民族文化资源，将乡村振兴与发展特色康养小镇耦合协同起来，走出一条特色鲜明的发展道路。

因此，攀西民族地区在促进乡村振兴与特色康养小镇耦合协同发展的过程中，一方面要不断完善市场机制，为耦合协同提供不竭动力；另一方面，要通过市场力量，有效带动乡村振兴和特色康养小镇协同发展。耦合协同发展为攀西民族地区乡村振兴战略提供了坚实的基础，这也是攀西民族地区经济社会发展总体战略的客观要求。

8.5.3　强化科技与信息在耦合协同发展中的作用

科技协同和信息协同是促进耦合系统协同发展的重要内容。作为联结农业生态环境系统与农业生产系统的桥梁和纽带，人们通过科技支撑和信息强化，能推动农业生态环境与特色康养小镇可持续发展。现代科技极大地激发了现代农业发展，农业产量和质量都得到了巨大的提高，但同时，以"石油农业"为特征的农业生产现代化对生态环境造成了一定程度的负面影响。在农业生产实践中，无论是市场行为、政府行为，还是农户行为都不约而同地对"三高一低"的农业生产模式产生了依赖，在获取农业产品的同时也"伤害"了农业生态环境。面对"鱼与熊掌"不可兼得的境况，我们既不能因噎废食，否定现代科技对农业的贡献，也不能墨守成规，任由"石油农业"无节制发展。

在未来的农业生产实践中，我们一方面，要加大科研投入力度，提高农业生态环境保护的效度，转变攀西民族地区农业生产对农药、化肥等要素的过分依赖；另一方面，要加大对攀西民族地区生态环境和特色有机农业可持续发展的宣传力度，向农户提供更加科学有效的农业生产技术和信息，加快农业产业科技和有机农业生产信息的转化，真正将攀西民族地区生态环境与农业经济耦合协同发展的理念转变成为生产实践的自觉行动。

攀西民族地区作为四川地区的生态屏障，自然生态环境与农村经济耦合协同发展不但体现了生态效益、经济效益和社会效益的统一，而且还关系攀西民族地区粮食生产安全和食品安全等问题，科技和信息在整个攀西民族地区有机农业产业链中都具有不可替代的作用。因此，攀西民族地区各级政府要充分发挥科技的力量和信息沟通的作用，支撑攀西民族地区现代有机农业结构调整，建设"从田园到餐桌"的完整有机农业产业体系，促进攀西民族地区农业生态环境与农业经济耦合系统内的产业循环、能量流动、信息传递和价值转化，推进攀西民族地区有机农业产业的协同发展。

乡村振兴与特色康养小镇科技协同和信息协同是促进耦合协同发展的重要内容。特色康养小镇作为连接城乡的桥梁和纽带，通过旅居康养产业的提升，促进攀西民族地区乡村振兴和特色康养小镇的可持续发展。现代康养产业与服务业极大地刺激了特色康养小镇的发展，康养产业竞争力也有了很大提高。产业兴旺是乡村振兴最核心的内容，同时也是特色康养小镇建设的重要内容。特色康养产业的形成跟攀西民族地区自然资源和民族特色文化资源息息相关，攀西民族地区政府以本地特色资源为抓手，发展特色产业，促进攀西民族地区产业兴旺，进而推进攀西民族地区乡村振兴；推进特色康养小镇建设发展；充分挖掘利用民族文化资源，实现文化振兴，而文化又是特色康养小镇建设的根和魂；生态振兴作为乡村振兴的重要内容，同时也是建设特色康养小镇的基础，良好的生态环境是吸引外来游客和保障游客稳定的条件，只有环境好的地方才是游客选择的目的地；乡风文明是乡村振兴的一项重要内容，也是特色康养小镇建设的内容；良好的治理环境是特色康养小镇建设至关重要的一环，也是乡村振兴的内容，为乡村振兴保驾护航，关系到乡村振兴目标的实现。为此，我们要加大生态环境建设，以促进乡村振兴目标的实现。

8.5.4　以制度建设保障耦合协同发展

政府行为对乡村振兴与特色康养小镇耦合协同发展的影响主要是通过法律、法规、规章、制度、政策等"看得见的手"来进行的。对于攀西民族地区乡村振兴与特色康养小镇耦合协同而言，其公共产品属性是政府行为发挥作用的客观要求和必然选择。一方面，政府以宣传教育软约束与制度、政策硬约束相结合，并通过制度建设，营造资源节约型、环境友好型乡村振兴外部环境，规范市场行为，并为市场机制发挥有效作用提供支持，引导居民行为，采用更加科学合理的发展模式，共同促进耦合系统协同发展；另一方面，政府从落实制度建设的角度，要对失范的市场行为和农户行为监督到位、及时干预，必要时运用行政手段或法律手段进行调整，减少并摒弃对旅居康养业发展不利的方式和做法，以促进乡村振兴与特色康养小镇耦合协同发展，保障旅居康养业可持续发展、人与自然的长期科学发展。

为此，攀西民族地区各级政府在探索和推进乡村振兴与特色康养小镇耦合协同发展的过程中，除了以文化提高发展共识，以科技信息提供发展支撑之外，更要注重制度建设对耦合协同所起到的保障性作用，将耦合协同发展纳入制度控制和规范的轨道上来。首先，要强化对攀西民族地区乡村振兴与特色康养小镇耦合协同发展的科学研究，建立相关研究网络，加大相关研究投入力度，提升耦合协同发展研究的平台建设；其次，需要研究制定乡村振兴与特色康养小镇耦合协同发展规划，并根据不同地域条件提出因地而异、因时而异的实施计划和落实步骤；再次，通过乡村振兴与特色康养小镇耦合协同发展示范园区建设，推行不同的乡村振兴与特色康养小镇耦合协同发展模式，以试点带动周边乡村振兴实践，从而以示范经验促进区域乡村振兴与特色康养小镇耦合的全面协同发展；最后，通过制定相关法律、法规和政策，激发和规范市场机制给行为主体提供有效的激励，真正发挥市场的驱动作用，形成政府推进、市场驱动和居民参与的工作机制。

参考文献

一、中文专著

[1] 胡小海. 区域文化资源与旅游经济耦合研究 [M]. 南京：东南大学出版社，2015.

[2] 保罗·克鲁格曼. 地理与贸易 [M]. 北京：北京大学出版社，2000.

[3] 藤田昌久，雅克-弗朗斯瓦·蒂斯. 城市、产业区位与全球化（第二版）[M]. 上海：上海三联书店，2016.

[4] 泰勒尔. 产业组织理论 [M]. 北京：中国人民大学，1997.

[5] 阿瑟·奥沙利文. Urban economics（8th edition）[M]. 北京：中国人民大学出版社，2013.

[6] 刘易斯. 经济增长理论 [M]. 北京：机械工业出版社，2015.

[7] 佩鲁. 新发展观 [M]. 北京：华夏出版社，1987.

[8] 费孝通. 江村经济 [M]. 南京：江苏人民出版社，1986.

二、学位论文

[1] 张嘉益. 乡村振兴战略背景下河南省体育特色小镇发展路径研究 [D]. 济南：山东大学，2020.

[2] 陈文盛. 休闲农业与美丽乡村建设协同发展研究 [D]. 福州：福建农林大学，2016.

[3] 樊无双. 连片特困地区旅游发展与生态保护耦合研究 [D]. 重庆：西南大学，2016.

［4］张振.跨职能创新团队协同的混合激励耦合机制研究［D］.天津：天津大学，2014.

［5］周诚.乡村振兴背景下醴陵市五彩陶瓷特色小镇发展水平评价研究［D］.中南林业科技大学，2021.

［6］李小云.流域水污染防治耦合协同机制研究［D］.湘潭大学，2020.

［7］宗秋.现代物流与新零售的耦合机制及其协同优化研究［D］.浙江工商大学，2018.

［8］代春瑶.万州区特色农业与乡村旅游协同发展路径研究［D］.重庆三峡学院，2020.

［9］张铮.汉江生态经济带产业协同发展研究［D］.湖北工业大学，2018.

［10］张静.产学研协同创新耦合机制研究［D］.武汉理工大学，2016.

［11］高志伟.TRPM8通道双配体耦合协同作用机制的研究［D］.河北工业大学，2022.

［12］杜宇翔.中国生态保护和经济发展耦合协同关系研究［D］.西北大学，2022.

［13］李荣婧.新型城镇化进程中湖南省人口—土地—产业的协同演化特征及驱动机制研究［D］.湖南农业大学，2020.

［14］罗月云.江西省体育特色小镇发展现状及路径研究［D］.南昌大学，2021.

［15］王凯.山西省水-能源-粮食耦合协调及协同优化研究［D］.湖南师范大学，2021.

［16］侯晓璐.乡村振兴战略下多元主体协同参与特色产业发展的路径研究［D］.北京化工大学，2022.

［17］陈阳.基于协同理论的秦巴山区乡村产业与空间耦合机制研究［D］.长安大学，2021.

［18］许小月.乡村振兴战略下张郭镇特色小镇发展对策研究［D］.南京理工大学，2019.

［19］刘盟盟.跨界联盟创新生态系统协同机制研究［D］.哈尔滨工业大学，2020.

[20] 赵玉青. 县域生态保护成效与区域经济耦合协调机制及协同发展 [D]. 辽宁师范大学, 2021.

[21] 段德忠. 城乡道路网供需系统的时空协同演化与情景模拟 [D]. 华中师范大学, 2014.

[22] 谭明交. 农村一二三产业整合发展: 理论与实证 [D]. 华中农业大学, 2016.

[23] 袁旭东. 基于产业集群视角的产业布局研究: 以咸阳为例 [D]. 西北大学, 2008.

[24] 白兰. 贵州省脆弱生态环境与贫困耦合关系研究 [D]. 贵州大学, 2015.

三、中文期刊

[1] 钟掘, 胡志刚. 基于耦合机制的并行设计环境理论与方法 [J]. 机械工程学报, 2002 (9): 65-68.

[2] 王海杰, 周毅博. 战略性新兴产业与创新型城市的耦合机制研究: 基于系统动力学的视角 [J]. 当代经济研究, 2012 (9): 58-62.

[3] 傅贻忙. 战略性新兴产业技术创新与产业成长的耦合协调机制研究 [J]. 科技经济市场, 2012 (10): 54-57.

[4] 高坊洪. 鄱阳湖生态经济区城镇化与生态环境耦合发展的研究 [J]. 黑龙江生态工程职业学院学报, 2014, 27 (6): 1-2, 13.

[5] 戴宏伟, 丁建军. 社会资本与区域产业集聚: 理论模型与中国经验, 经济理论与经济管理, 2013 (2): 86-99.

[6] 周芳. 基于商业生态系统的技术、商业模式、品牌协同创新耦合机制研究 [J]. 商业经济研究, 2016 (10): 108-109.

[7] 陈娜, 袁妮, 王长青. 医养结合供需耦合系统协同发展机制 [J]. 中国老年学杂志, 2016, 36 (24): 6308-6310.

[8] 王立岩. 天津市战略性新兴产业与区域创新耦合发展研究: 京津冀协同发展的视角共享机制研究 [J]. 产业创新研究, 2017 (1): 54-59.

[9] 肖伏清. 着力补短板 走出乡村振兴新路径 [J]. 政策, 2018 (2): 23-24.

[10] 谯薇, 邬维唯. 我国特色小镇的发展模式与效率提升路径 [J]. 社会科学动态, 2018 (2): 94-99.

[11] 刘晓东. 江西特色小镇发展路径探索 [J]. 老区建设, 2018 (14)：20-23.

[12] 李璐涵. "互联网+" 背景下乡村旅游可持续发展路径探析：以安徽农旅小镇三瓜公社为例 [J]. 企业科技与发展, 2018 (8)：330-332.

[13] 崔彩周. 乡村产业兴旺的特色路径分析 [J]. 中州学刊, 2018 (8)：47-52.

[14] 常辰晖, 杨震, 郑屹. 京津冀协同发展中政府间合作的激励约束机制与耦合路径研究 [J]. 市场论坛, 2018 (8)：13-15.

[15] 杨雨佳. 乡村振兴背景下乡村特色旅游经济发展的路径研究：以四川渠县为例 [J]. 经济研究导刊, 2018 (33)：162-164, 167.

[16] 包格乐. 乡村振兴战略引领下特色农业发展面临的现实困境与路径选择：基于广西P县的调查研究 [J]. 广西农学报, 2019, 34 (1)：61-64.

[17] 陈贵华. 乡村振兴背景下产业发展研究 [J]. 河南农业, 2019 (11)：4-5.

[18] 陈杏梅. 乡村振兴战略视域下特色小镇发展路径研究 [J]. 钦州学院学报, 2019, 34 (6)：45-53.

[19] 陆海欣, 徐金荟. 乡村振兴战略下农村特色产业发展路径研究：以江苏省苏北地区为例 [J]. 价值工程, 2019, 38 (21)：27-29.

[20] 谷立霞, 董晓宏, 张立峰. 多元主体耦合促进京津冀协同创新机制研究 [J]. 中小企业管理与科技（下旬刊）, 2019 (10)：73-74, 113.

[21] 沈忱, 李桂华等. 产业集群品牌竞争力评价指标体系构建分析 [J]. 科学学与科学技术管理, 2015 (1)：88-98.

[22] 刘阿平, 张佳兴, 孙媛媛. 乡村振兴战略下凤翔泥塑产业化发展路径 [J]. 咸阳师范学院学报, 2020, 35 (1)：66-69.

[23] 樊韵雅, 方军. 乡村振兴战略下陈台村特色产业发展路径研究 [J]. 价值工程, 2020, 39 (5)：19-21.

[24] 唐琳. 协同视角下休闲农业与乡村旅游耦合的路径构建 [J]. 资源开发与市场, 2020, 36 (2)：180-184.

[25] 吴学成, 蒋琴. 新型城镇化推进与乡村旅游升级的耦合机制 [J]. 农业经济, 2020 (4)：59-60.

[26] 陈航. 乡村振兴战略背景下湖南省新田县特色产业发展路径研究 [J]. 现代营销 (经营版), 2020 (5): 74-75.

[27] 王艳. 乡村产业融合发展的路径与对策探析: 以山东省日照市为例 [J]. 新西部, 2020 (14): 39, 47.

[28] 马志东, 俞会新. 产业集聚与城镇化关系的实证分析: 基于我国东中西部差异的视角 [J]. 河北大学学报 (哲学社会科学版), 2016 (6): 80-87.

[29] 魏守华, 石碧华. 论企业集群的竞争优势 [J]. 经济理论与经济管理, 2002 (5): 21-25.

[30] 李强. 特色小镇是浙江创新发展的战略选择 [N], 今日浙江, 2016 (4): 16-19

[31] 倪妮, 何蓉. 乡村振兴背景下民族地区红色文化资源开发路径研究: 基于恩施土家族苗族自治州的调查分析 [J]. 党史博采 (下), 2020 (6): 54-56.

[32] 周晓虹. 产业转型与文化再造: 特色小镇的创建路径 [J]. 南京社会科学, 2017 (4): 12-19.

[33] 徐铭聪. 乡村振兴战略下乡村文化振兴的发展路径探析 [J]. 传媒论坛, 2020, 3 (20): 129-130.

[34] 刘晓辉. 乡村振兴战略背景下武威市特色小镇发展的维度分析 [J]. 农业科技与信息, 2020 (18): 10-11, 13.

[35] 韩增林, 赵玉青, 闫晓露, 钟敬秋. 生态系统生产总值与区域经济耦合协调机制及协同发展: 以大连市为例 [J]. 经济地理, 2020, 40 (10): 1-10.

[36] 孙烨, 曹军, 孙力, 张德顺. 文旅互动视角下的乡村旅游特色发展路径研究: 以盐城学富镇中兴街道周伙村为例 [J]. 城市建筑, 2020, 17 (30): 31-33.

[37] 席吕思. 乡村振兴背景下农村特色产业推动贫困地区发展路径研究: 以恩施巴东县为例 [J]. 特区经济, 2020 (12): 97-99.

[38] 丛婉. 乡村振兴背景下的农康旅小镇发展路径探究 [J]. 农村经济与科技, 2021, 32 (2): 40-41.

[39] 李丽娟, 孔陇. 乡村振兴战略下农村特色产业发展路径研究: 以甘肃临潭县为例 [J]. 西安航空学院学报, 2021, 39 (2): 24-31.

［40］张洁．乡村振兴战略下特色产业引领农村一二三产业融合发展路径探讨［J］．农业与技术，2021，41（7）：143-146.

［41］张玥．乡村振兴战略背景下的乡村特色产业发展研究［J］．特区经济，2021（4）：120-122.

［42］冯奎，黄曦颖．准确把握推进特色小镇发展的政策重点：浙江等地推进特色小镇发展的启示［J］．中国发展观察，2016（18）：15-18.

［43］陈莉．基于乡村振兴的特色产业发展路径研究：以武威古浪县为例［J］．商讯，2021（15）：139-140.

［44］陈立旭．论特色小镇建设的文化支撑［J］．中共浙江省委党校学报，2016（5）：14-20.

［45］范剑勇．产业集聚与地区间劳动生产率差异［J］．经济研究，2006（11）：72-78.

［46］王倩，黄顺君，彭长林，梁成湘，周勇昊．乡村振兴视域下特色农产业发展路径研究：以自贡市兔产业为例［J］．科技与经济，2021，34（3）：36-40.

［47］陈湘瑞．食用菌在玉林市乡村振兴助农兴业中的创新发展路径［J］．乡村科技，2021，12（19）：32-35.

［48］徐尚德．美丽乡村建设与农村产业融合发展的耦合机制研究［J］．农业经济，2021（8）：23-25.

［49］陈云，朱莹莹．多重资本运作下乡村特色产业发展路径：以宣恩伍家台村茶产业为例［J］．中南民族大学学报（人文社会科学版），2021，41（9）：47-54.

［50］苏婧．县域经济发展视角下特色产业发展路径探究：以河南省商城县为例［J］．信阳农林学院学报，2021，31（3）：53-57.

［51］覃成，罗希榕，杨凤飞，杨洋，江秋菊，黄春利．遵义市辣椒产业发展路径研究［J］．辣椒杂志，2021，19（3）：30-35.

［52］李卫东，杨丛权，戴居会，姚银成，姚胜磊，吴周明，李知临，周兴．西南山区乡村振兴中优势特色产业的选择与高质量发展路径探究：以湖北省恩施州农业科学院帮扶的利川市谋道镇为例［J］．农业科技管理，2021，40（5）：1-5.

［53］肖卓霖．乡村振兴战略下清远农村特色产业发展路径的优化［J］．清远职业技术学院学报，2021，14（6）：18-24.

［54］刘嗣明，胡伟博.乡村振兴背景下特色产业发展路径探析：以河南省西华县逍遥镇胡辣汤为例［J］.徐州工程学院学报（社会科学版），2021，36（6）：68-77.

［55］欧阳雅婷.乡村振兴战略下万州中药材特色产业发展路径研究［J］.种子科技，2021，39（21）：129-130.

［56］袁俊.新时期河南省县域经济助推乡村振兴的现实路径探析［J］.中小企业管理与科技（上旬刊），2021（12）：52-54.

［57］张俊涛.农业特色产业发展路径分析［J］.商业文化，2021（36）：88-89.

［58］李晓彦.河南省乡村特色文化产业创新发展路径探究［J］.决策探索（下），2021（12）：14-16.

［59］张春霞，翟晓叶，曾德超.乡村振兴战略背景下湖南省特色产业小镇发展现状及优化路径研究［J］.当代农村财经，2022（1）：45-50.

［60］毕兰雪.乡土文化助推乡村振兴的路径探析［J］.南方农业，2022，16（2）：160-162.

［61］陈爱民.乡村振兴战略背景下农村经济发展路径［J］.南方农机，2022，53（2）：99-101.

［62］崔浩琛.乡村振兴视域下特色产业驱动农村集体经济发展路径研究：以天津市津南区小站镇操场河村为例［J］.天津经济，2022（2）：16-22.

［63］宋增文，陈瑾妍，贺剑，罗希.乡村产业振兴背景下资源依托型特色村乡村旅游发展路径研究：以祁杨村为例［J］.中国农学通报，2022，38（6）：158-164.

［64］王玉玲，施琪.破解乡村特色文化产业的发展困境［J］.人民论坛，2022（4）：82-84.

［65］孔凡校，叶燕帅，张成涛.基于复杂适应系统的卓越工程师多主体培养关系协同全过程耦合机制研究［J］.中阿科技论坛（中英文），2022（3）：112-117.

［66］马苗，王冬慧.共享经济视阈下关公民俗体育与节庆旅游产业耦合研究［A］.中国体育科学学会.第十二届全国体育科学大会论文摘要汇编：专题报告（武术与民族传统体育分会）［C］.中国体育科学学会：中国体育科学学会，2022：40-42.

［67］侯利.乡村振兴背景下的乡村产业融合发展路径分析［J］.农村经济与科技，2022，33（6）：108-110.

［68］董敏瑶，孔陇.乡村振兴战略下资源型城市特色产业发展路径研究：以甘肃省金昌市为例［J］.重庆文理学院学报（社会科学版），2022，41（5）：1-12.

［69］侯金豆.文旅产业与乡村振兴有效耦合的逻辑与策略优化［J］.湖北农业科学，2022，61（13）：252-256.

［70］罗颖.乡村振兴背景下数字赋能特色村落发展路径优化研究：以长丰县马郢村为例［J］.重庆文理学院学报（社会科学版）：1-11.

［71］郭余豪，石宏伟.乡村振兴战略下农业特色小镇发展路径优化研究［J］.改革与开放，2022（16）：42-47.

［72］孙晓，夏杰长.产业链协同视角下数智农业与平台经济的耦合机制研究［J］.社会科学战线，2022（9）：92-100.

［73］中国人民银行锡林郭勒盟中心支行课题组，李登科，姜波.乡村振兴战略下金融支持欠发达地区特色产业发展的路径探索：以锡林郭勒盟绿色畜产品加工产业为例［J］.北方金融，2022（9）：104-109.

［74］屈小爽.旅游经济与生态环境耦合度及协同发展机制研究：以黄河流域省会城市为例［J］.生态经济，2022，38（10）：125-130.

［75］景舒相.乡村振兴战略背景下特色农业产业化发展路径［J］.农业开发与装备，2022（9）：4-6.

［76］李呈琛，郑诗琪，高鹏.乡村振兴背景下秦巴山区乡村特色产业发展路径探析：以宁强县罗家河村为例［J］.现代农业科技，2022（19）：201-203.

［77］梁玮，施琳.乡村振兴背景下农村特色产业发展路径优化策略［J］.公关世界，2022（21）：50-51.

［78］赵国彦.做强特色产业 推动乡村振兴：剖析望都县辣椒产业，优化河北省特色产业发展［J］.河北农业大学学报（社会科学版），2022，24（6）：63-68.

［79］王芗祥，刘杨.科技创新的"专业—产业"耦合范式与实践：以京津冀国家技术创新中心"三元耦合"协同创新机制为例［J］.中国软科学，2022（11）：176-180.

［80］汪沛，李新剑.乡村振兴背景下县域特色富民产业培育研究：

价值、模式、困境与路径［J］．成都师范学院学报，2022，38（11）：110-116.

［81］王超．成渝地区双城经济圈协同创新的空间关联效应与耦合机制研究［J］．中共乐山市委党校学报，2022，24（6）：35-43.

［82］王海军．中国二元经济结构演变与发展趋势［J］．统计与决策，2010（15）：122-124.

［83］李冠英，张建新，刘培学，等．南京市土地利用效益耦合关系研究［J］．地域研究与开发，2012，31（1）：130-134.

［84］吴金华，李纪伟，梁晶晶．土地利用程度与效益关系研究：以延安市为例［J］．中国土地科学，2011，25（8）：54-60.

［85］朱海娟，姚顺波．宁夏荒漠化治理生态经济系统耦合过程研究［J］．科技管理研究，2015（6）：242-245.

［86］许振宇，贺建林．湖南省生态经济系统耦合状态分析［J］．资源科学，2008，30（2）：185-191.

［87］郑冬梅．九龙江流域：厦门湾社会经济与生态环境耦合分析与管理策略研究［J］．中共福建省委党校学报，2012（1）：70-76.

［88］胡慧玲．产学研协同创新系统耦合机理分析［J］．科技管理研究，2015（6）：26-29.

［89］曾玉成，王俊川．企业战略管理与项目管理耦合研究［J］．四川大学学报（哲学社会科学版），2014（3）：86-96.

［90］何里文，袁晓玲，邓敏慧．我国十大城市群文化产业投入产出效率研究.［J］．统计与决策，2015（1）：134-137.

［91］徐晔，陶长琪，丁晖．区域产业创新与产业升级耦合的实证研究：以珠三角地区为例［J］．科研管理，2015，36（4）：109-117.

［92］何一清，乔晓楠．协同创新、协同创新网络与技术创新［J］．北方民族大学学报（哲学社会科学版），2015（2）：133-136.

［93］蒋永穆．基于社会主要矛盾变化的乡村振兴战略：内涵及路径［J］．社会科学辑刊，2018（2）：15-21.

［94］马义华，曾洪萍．推进乡村振兴的科学内涵和战略重点［J］．农村经济，2018（6）：11-16.

［95］牟少岩．乡村振兴的战略背景、面临的突出问题和根本障碍［J］．青岛农业大学学报（社会科学版），2018，30（2）：1-5.

［96］李周.农村经济体制改革进程［J］.中国金融，2018（7）：15-17.

［97］李孝忠.乡村振兴：历史逻辑与现实抉择［J］.中国发展观察，2018（3）：54-56.

［98］叶敬忠.乡村振兴战略：历史沿循、总体布局与路径省思［J］.华南师范大学学报（社会科学版），2018（2）：64-69.

［99］刘合光.乡村振兴战略的关键点、发展路径与风险规避［J］.新疆师范大学学报（哲学社会科学版），2018，39（3）：25-33.

［100］杨新荣，唐靖廷，杨勇军，等.乡村振兴战略的推进路径研究：以广东省为例［J］.农业经济问题，2018（6）：108-116.

［101］郑瑞强，朱述斌.新型城乡关系、乡村未来与振兴之路：寻乌调查思考［J］.宁夏社会科学，2018（3）：64-68.

［102］李晓忠.农村环境综合整治生活污水处理现状与对策研究［J］.低碳世界，2018（6）：37-38.

［103］刘升.嵌入性振兴：乡村振兴的一种路径：以贵州米村为研究对象［J］.贵州大学学报（社会科学版），2018，36（3）：135-142.

［104］王成礼，薛峰.城乡二元社会解构与乡村振兴的耦合［J］.河南社会科学，2018，26（6）：13-18.

［105］谢彦明，张倩倩.区域空间结构演变视角下乡村振兴的逻辑、障碍与破解［J］.新疆农垦经济，2018（3）：13-18.

［106］马跃.基于逆城市化视角的乡村振兴实现路径研究［J］.淮北师范大学学报（哲学社会科学版），2018，39（3）：10-14.

［107］牛永辉.乡村振兴视阈下农民工返乡创业的动因、困境及对策探究［J］.内蒙古农业大学学报（社会科学版），2018，20（1）：28-32.

［108］王敬尧.城市居民休闲农业消费行为调查研究：以天津市水高庄园为例［J］.内蒙古科技与经济，2018（21）：39-42.

［109］张天佑.试论共享经济的现状、模式及成因［J］.现代经济信息，2017（34）：5.

［110］张婷婷.金融制度的不稳健对宏观经济运行和货币政策的影响［J］.经济研究导刊，2018（20）：149-150.

［111］史纪.打造美丽乡村助推乡村全面振兴［J］.城市住宅，2018，26（6）：5.

[112] 王景新，郭海霞.村落公共产品供给机制的历史演变与当代创新 [J].农业经济问题，2018（8）：71-81.

[113] 王世杰.发展村集体经济是实现乡村振兴的关键抓手：塘约重走合作化道路的启示 [J].理论与当代，2018（4）：4-7.

[114] 姜长云.实施乡村振兴战略的难点和基点 [J].农业经济与管理，2018（3）：5-9.

[115] 魏后凯.多措并举促进乡村振兴 [J].农村工作通讯，2018（10）：49.

[116] 李强.新常态下新型城镇化建设的金融支持对策研究 [J].南方论刊，2015（10）：16-17.

[117] 雷仲敏，张梦琦，李载驰.我国特色小镇发展建设评价研究：以青岛夏庄生态农业特色小镇建设为例 [J].青岛科技大学学报（社会科学版），2017，33（3）：8-12，28.

[118] 卫龙宝，史新杰.浙江特色小镇建设的若干思考与建议 [J].浙江社会科学，2016（3）：28-32.

[119] 盛世豪，张伟明.特色小镇：一种产业空间组织形式 [J].浙江社会科学，2016（3）：36-38.

[120] 杨梅，郝华勇.特色小镇引领乡村振兴机理研究 [J].开放导报，2018（2）：72-77.

[121] 黄莹.福建省创建特色小镇的实践 [J].中国国情国力，2017（10）：69-71.

[122] 石玉."清新福建"旅游形象 DMO 投射与游客感知差距分析 [J].三明学院学报，2018，35（3）：68-76.

[123] 陈炎兵.实施乡村振兴战略推动城乡融合发展：兼谈学习党的十九大报告的体会 [J].中国经贸导刊，2017（34）：52-55.

[124] 王东林."特色小镇"与农村现代化 [J].群言，2017（10）：22-24.

[125] 柯敏.边缘城市视角下的区位导向型特色小镇建设路径：以嘉善上海人才创业小镇为例 [J].小城镇建设，2016（3）：49-53.

[126] 王振坡，薛珂，张颖，等.我国特色小镇发展进路探析 [J].学习与实践，2017（4）：23-30.

[127] 陈国庆，王辉艳，龙云安.产业集聚视角下我国特色小镇创新

体系研究 [J]. 农业经济, 2018 (3): 12-14.

[128] 李金海, 李娜, 白小虎. 特色小镇建设与浙江传统产业转型升级: 以诸暨袜艺小镇为例 [J]. 城市学刊, 2017, 38 (6): 16-22.

[129] 马斌. 特色小镇: 浙江经济转型升级的大战略 [J]. 浙江社会科学, 2016 (3): 39-42.

[130] 王景新, 支晓娟. 中国乡村振兴及其地域空间重构: 特色小镇与美丽乡村同建振兴乡村的案例、经验及未来 [J]. 南京农业大学学报 (社会科学版), 2018, 18 (2): 17-26.

[131] 张莉. 基于城乡一体化发展背景的农村土地管理制度创新研究 [J]. 信息化建设, 2016 (2): 155.

[132] 程艺, 陈玲, 张晓巍. 特色小镇对中国新型城镇化建设的影响解析 [J]. 中国名城, 2017 (10): 4-8.

[133] 曾江, 慈锋. 新型城镇化背景下特色小镇建设 [J]. 宏观经济管理, 2016 (12): 51-56.

[134] 马春梅. 乡村振兴战略中河北省特色小镇产业融合研究 [J]. 经济论坛, 2018 (4): 20-22.

[135] 李冬梅, 郑林凤, 林赛男, 等. 农业特色小镇形成机理与路径优化: 基于成都模式的案例分析 [J]. 中国软科学, 2018 (5): 79-90.

[136] 刘可立. 旧州特色小镇发展新路径 [J]. 中国投资, 2016 (6).

[137] 韩静. 花山特色小镇: 从"空心村"到文创小镇的嬗变 [J]. 小康 (中旬刊), 2017 (1): 84-87.

[138] 何爱. 以古驿道复兴带动乡村振兴: 基于广州市增城区古驿道保护与开发的思考 [J]. 城乡建设, 2018 (07): 63-65.

[139] 徐梦周, 王祖强. 创新生态系统视角下特色小镇的培育策略: 基于梦想小镇的案例探索 [J]. 中共浙江省委党校学报, 2016 (5): 33-39.

[140] 向世聪. 产业集聚理论研究综述 [J]. 湖南社会科学, 2006 (1): 92-98.

[141] 马健. 区域文化品牌建设路径 [J]. 中国党政干部论坛, 2016 (9): 76-77.

[142] 植草益. 日本公企业的民营化及其启示 [J]. 中国工业经济研究, 1994 (6): 22-29.

［143］王昕坤.产业融合：农业产业化的新内涵［J］.农业现代化研究，2007（3）：303-306，321.

［144］陈慈，陈俊红，龚晶，等.农业新产业新业态的特征、类型与作用［J］.农业经济，2018（1）：3-5.

［145］杨宏力.我国农业现代化发展水平评测研究综述［J］.华中农业大学学报（社会科学版），2014（6）：66-72.

［146］刘海清.强服务促产业发展［J］.湖南农业，2013（6）：7.

［147］王国政，卢鑫.唱响绿色主旋律：山东农信社支持低碳经济发展掠影［J］.中国农村金融，2011（1）：66-68.

四、外文文献

［1］ISO AHOLA S. The social psychology of leisure and recreation［M］. Bubuque, IA: Wm. C. Brown Publisher, 1980.

［2］CSIKSZE TMIHALYI. M. Flow: the psychology of optimal experience［M］. New York: Harper Row, 1990.

［3］MAC CANNELL D . The tourist: a new theory of the leisure class.［M］Berkeley: University of CaliforniaPress, 1980.

［4］GARY GEREFFI . International trade and industrial upgrading in the apparelcommodity chain［J］. Journal of international economics, 1999, 48: 37-70.

［5］HUMPHREY J SCHMITZ H. Governance and upgrading: linking industrial cluster and global value chain research［J］. Brighton: Institute of Development Studies, 2000.

［6］HUMPHERY J SCHMHZ H. How does insertion in global value chains affect upgrading in industrial clusters?［J］. Regional Studies, 2002.

［7］YOFFIE D B. Competing in the age of digital convergence［J］. California Management Review, 1997, 38（4）：31-53.